アヤクーチョ・ケチュア語の移動表現

ひつじ研究叢書〈言語編〉

第183巻 コピュラとコピュラ文の日韓対照研究　　　　　　　　金智賢 著
第184巻 現代日本語の「ハズダ」の研究　　　　　　　　　　　朴天弘 著
第185巻 英語の補部の関係節の統語論・意味論と先行詞の問題　　渡辺良彦 著
第186巻 語彙論と文法論をつなぐ　　　　　　　　斎藤倫明・修徳健 編
第187巻 アラビア語チュニス方言の文法研究　　　　　　　　　熊切拓 著
第188巻 条件文の日中対照計量的研究　　　　　　　　李光赫・趙海城 著
第190巻 書き言葉と話し言葉の格助詞　　　　　　　　　　　　丸山直子 著
第191巻 語用論的方言学の方法　　　　　　　　　　　　　　　小林隆 著
第192巻 話し言葉における受身表現の日中対照研究　　　　　　陳冬姝 著
第193巻 現代日本語における意図性副詞の意味研究　　　　　　李澤熊 著
第194巻 副詞から見た日本語文法史　　　　　　　　　　　　　川瀬卓 著
第195巻 獲得と臨床の音韻論　　　　　　　　　　　　　　　　上田功 著
第196巻 日本語と近隣言語における文法化　　　ナロックハイコ・青木博史 編
第197巻 プラグマティズム言語学序説　　　　　　　山中司・神原一帆 著
第198巻 日本語変異論の現在　　　　　　　　　　大木一夫・甲田直美 編
第199巻 日本語助詞「を」の研究　　　　　　　　　　　　　　佐伯暁子 著
第200巻 方言のレトリック　　　　　　　　　　　　　　　　　半沢幹一 著
第201巻 新漢語成立史の研究　　　　　　　　　　　　　　　　張春陽 著
第202巻 「関係」の呼称の言語学　　　　　　　　　　　　　　薛鳴 著
第203巻 現代日本語の逸脱的な造語法「文の包摂」の研究　　　泉大輔 著
第204巻 英語抽象名詞の可算性の研究　　　　　　　　　　　　小寺正洋 著
第205巻 音声・音韻の概念史　　　　　　　　　　　　　　　　阿久津智 著
第206巻 近現代日本語における外来語の二層の受容　　　　　　石暘暘 著
第207巻 「ののしり」の助動詞でなにが表現されるのか　　　　村中淑子 著
第208巻 近・現代日本語謙譲表現の研究　　　　　　　　　　　伊藤博美 著
第209巻 アヤクーチョ・ケチュア語の移動表現　　　　　　　　諸隈夕子 著

ひつじ研究叢書
〈言語編〉
第209巻

アヤクーチョ・ケチュア語の
移動表現

実験的手法を用いた類型論的研究

諸隈夕子 著

ひつじ書房

序文

　本書は、南米アンデス地方の先住民言語であるケチュア語、その地域変種の1つであるアヤクーチョ・ケチュア語における類型論的特徴を、移動表現に着目して分析するものである。アヤクーチョ・ケチュア語は豊富な接尾辞を用いた形態法が発達した言語であり、特に用言形態法において類型論的に興味深い特徴が数多く見られる。ケチュア語は言語学研究だけでなく社会的にも現在注目を集める言語であり、特にアヤクーチョ・ケチュア語は文法記述の更新および新たな蓄積が待望される地域変種である。

　移動表現は、1940年代から現在に至るまで言語類型論における重要な分野として研究が進められている。移動は地域や文化を問わず普遍的かつ日常的な現象であり、どの言語にも移動事象を表す言語表現があると推測される。移動という普遍的な概念の言語表現を通言語的に比較することで、言語表現の多様性、そして個別の言語を超えた普遍性の解明に大きく貢献できる。

　アヤクーチョ・ケチュア語における移動表現は、この言語における様々な領域の文法現象と関連している。例えば移動という概念の中核的な構成要素である経路は、アヤクーチョ・ケチュア語では動詞語根、格接尾辞および格接尾辞を伴う体言、動詞接尾辞という3つの文法的クラスで表現可能である。経路だけでなく様態や直示も複数の文法的クラスで表現可能な概念であり、この言語では移動を構成する概念の表示手段を柔軟に使い分けることができる。このようなアヤクーチョ・ケチュア語の移動表現は、移動表現の多様性と類型を探る上で重要な事例となる。本研究は、このような理論的貢献が期待されるアヤクーチョ・ケチュア語の移動表現分析を、言語類型論的見地から包括的に行う初の試みである。

　このように複雑な特徴を持つアヤクーチョ・ケチュア語の移動表

現を分析するため、本稿では実験的手法に基づく調査を行った。この実験的手法（A 実験、C 実験）は、移動表現の国際共同研究プロジェクト Motion Event Description across Languages（MEDAL）で共通して用いられるものである。統一された手法を用いることにより、得られたデータを多言語間で比較することができる。本稿ではこの手法で得られたアヤクーチョ・ケチュア語の移動表現を他の言語と比較することにより、その類型論的特徴を明らかにする。

そして本稿は、アヤクーチョ・ケチュア語の移動表現の類型論的特徴として、以下の4点を主張する。

ⅰ）アヤクーチョ・ケチュア語は特に主体移動において経路の両表示が非常に頻繁に用いられる言語である。経路両表示とは、経路が主動詞と主動詞以外の要素で同時に表される表示パターンである。特に動詞接尾辞 -yku は単独で経路を表すことがほとんど無く、原則として主動詞など他の経路表示と共に現れる。

このようなアヤクーチョ・ケチュア語における経路両表示の頻度の高さは、この言語の話者による選好と文法的要請の両者が重なった結果と言える。アヤクーチョ・ケチュア語の話者は、経路を主要部で表示する表現を好む。一方で、アヤクーチョ・ケチュア語の移動表現において参照物に言及する場合、参照物を指示する名詞句は必ず格接尾辞を伴う。このとき使われる格接尾辞は原則として経路を表示するものであり、したがって参照物に言及する時には経路主要部表示の有無にかかわらずほぼ必ず経路主要部外表示が現れる。アヤクーチョ・ケチュア語の経路両表示は、経路主要部表示を好むという選好と経路主要部外表示を義務的に行うという文法的要請の組み合わせによって起きるものである。

ⅱ）アヤクーチョ・ケチュア語の移動表現は、移動のタイプによって大きく異なる特徴を見せる。移動のタイプとは、移動事象において移動物が自律的に移動するか（主体移動）、他者からの使役行為によって移動するか（客体移動）、実際には移動していないが、疑似的に移動していると解釈されるか（抽象的放射）による移動事象の分類である。

アヤクーチョ・ケチュア語は主体移動においては経路主要部表示

および両表示を強く好む言語であるが、客体移動と抽象的放射においては経路主要部外表示が経路主要部表示に比べてはるかに優勢である。移動表現の類型論は主体移動の分析を中心に発展してきたが、近年では主体移動と客体移動・抽象的放射の間の差異にも注目が集まっている。アヤクーチョ・ケチュア語の移動表現は移動のタイプによる移動表現の多様性の大きさを示している。

iii）アヤクーチョ・ケチュア語の移動表現は、同じ主体移動であっても経路の種類によって大きく異なる特徴を見せる。i）で述べた通り、アヤクーチョ・ケチュア語は主体移動の全体的な特徴として経路主要部表示および経路両表示を好む。しかし、経路の種類を細分化すると、経路主要部表示がほとんど見られない経路も存在することがわかる。経路主要部を好む経路場面の傾向は、単純経路局面場面と複雑経路局面場面で異なっており、単純経路局面場面で主要部で表示されることが多い経路場面の中には、/Up/ 場面のように複雑経路局面場面の構成要素として表される場合はほとんど主要部で表されないものもある。移動表現の類型論的研究は経路表示を分析の基礎としてきた。アヤクーチョ・ケチュア語の移動表現は、経路全体の表示方法だけでなく、経路そのものの多様性に着目した分析の重要性を示している。

iv）アヤクーチョ・ケチュア語には、少数の経路場面でのみ用いられる単機能的な経路表示手段と、幅広い経路場面で用いられる多機能的な経路表示手段がある。経路表示手段の多機能性と単機能性は、表示手段の文法的クラスによる傾向が見られる。具体的には、経路動詞と位置名詞は単機能的であり、格接尾辞と動詞接尾辞は多機能的である。動詞接尾辞 -*yku* は従来指摘されていた「下へ」「中へ」に限らず、より抽象的な「特定の参照物へ」という経路も表す多機能性を持っているという点で興味深い。さらに、経路動詞 *pasa*「通る」（スペイン語からの借用語）はこの傾向に対する興味深い例外である。この経路動詞は、経路動詞のほとんどが単機能的であるのに対し、直示表示の機能も併せ持つ特異な多機能性を見せる。

これらの本研究における発見は、ケチュア語の文法研究だけでな

く、移動表現の類型論的研究に多くの示唆を与える。主体移動において経路両表示を強く好むというアヤクーチョ・ケチュア語の類型論的特徴は、膠着的な形態法や方向接尾辞をはじめとする用言形態法の発達など、ケチュア語特有の文法的特徴と強く結びついている。単純経路局面の経路タイプおよび単純経路局面と複雑経路局面の間の経路表示パターンの違いはこの言語の文法からは予想できない特徴であり、移動表現の類型における重要な理論的ポイントとなる。このように、本稿が明らかにしたアヤクーチョ・ケチュア語の移動表現の類型論的特徴は、個別言語の文法研究と言語類型論の両方の分野に大きく貢献する。

　なお、本書の第2章の内容は、諸隈（2022）の内容を発展させたものである。

目　次

序文	V
略号一覧	XV
本研究で用いた実験キット	XIX

第1章　はじめに　1
1.1　理論的背景：移動表現研究史　4
1.1.1　Talmyの類型論　5
1.1.2　松本の類型論　7
1.2　ケチュア語と移動表現　9
1.3　本書の構成　10

第2章　アヤクーチョ・ケチュア語　13
2.1　ケチュア語研究の概観　13
2.1.1　ケチュア語の社会的位置づけと歴史　13
2.1.2　ケチュア語の地域変種　16
2.1.3　アヤクーチョ・ケチュア語　19
2.1.4　ケチュア語文法研究　20
2.2　音韻論　21
2.2.1　音素目録　21
2.2.1.1　母音　21
2.2.1.2　子音　23
2.2.2　音節構造　25
2.2.3　アクセント　27
2.3　形態論　29
2.3.1　品詞分類　29

	2.3.2	体言形態法	32
		2.3.2.1　格標示	33
		2.3.2.2　所有者の人称・数標示	36
		2.3.2.3　数標示	38
		2.3.2.4　体言派生接尾辞	39
	2.3.3	用言形態法	41
		2.3.3.1　人称・数標示	41
		2.3.3.2　テンス	46
		2.3.3.3　アスペクト	47
		2.3.3.4　ヴォイス	48
		2.3.3.5　方向接尾辞	51
		2.3.3.6　交替指示	53
		2.3.3.7　体言化接尾辞	56
		2.3.3.8　体言・用言の形態法テンプレート	57
2.4	統語論		58
	2.4.1	アラインメント	59
	2.4.2	語順	60
		2.4.2.1　基本語順	60
		2.4.2.2　体言修飾	61
	2.4.3	否定文・疑問文	61
		2.4.3.1　否定文	61
		2.4.3.2　疑問文	62
		2.4.3.2.1　極性疑問文	62
		2.4.3.2.2　疑問詞疑問文	63
	2.4.4	従属節	63
		2.4.4.1　交替指示による副詞従属節	64
		2.4.4.2　体言化による従属節	65
		2.4.4.2.1　体言化従属節の機能	66
		2.4.4.2.2　体言化従属節の内の項標示	68
2.5	アヤクーチョ・ケチュア語における移動事象の表現手段		70
	2.5.1	動詞による移動表現	70
		2.5.1.1　主体移動表現で用いられる動詞	71
		2.5.1.2　客体移動表現で用いられる動詞	72
		2.5.1.3　抽象的放射表現で用いられる動詞	73
	2.5.2	動詞接尾辞による移動表現	73
	2.5.3	格接尾辞による移動表現	74
		2.5.3.1　格接尾辞を伴う体言による経路表示	76
		2.5.3.2　格接尾辞を伴う体言による直示表示	76

	2.5.3.3 格接尾辞を伴う体言による使役手段表示	77
2.5.4	副詞による移動表現	78
2.6	結語	78

第3章 調査方法 83

3.1	フレームワーク	83
3.2	Motion Event Descriptions across Languages（MEDAL）プロジェクト	86
	3.2.1 A実験	88
	3.2.2 C実験	92
3.3	調査地と調査協力者	95

第4章 A実験：アヤクーチョ・ケチュア語の移動表現の全体的特徴 97

4.1	主体移動	98
	4.1.1 結果の概観	99
	4.1.1.1 構文の選択	99
	4.1.1.2 経路、様態、直示の表示頻度	101
	4.1.1.3 主要部が表現する意味	106
	4.1.2 経路表示	108
	4.1.2.1 経路の表示頻度	109
	4.1.2.2 経路の表示手段	110
	4.1.2.3 経路タイプごとの経路表示	115
	4.1.2.3.1 経路タイプごとの経路表示手段	115
	4.1.2.3.2 経路タイプごとの経路表示の頻度	119
	4.1.2.3.3 経路タイプごとの経路表示パターン	121
	4.1.2.4 様態・直示タイプごとの経路表示	128
	4.1.3 様態表示	132
	4.1.4 直示表示	136
4.2	客体移動	140
	4.2.1 概観	140
	4.2.1.1 構文の選択	140
	4.2.1.2 移動を構成する概念の表示頻度	145
	4.2.1.3 主要部が表現する意味	150
	4.2.2 経路表示	153
	4.2.2.1 経路の表示手段	154
	4.2.2.2 経路の表示パターン	158

- 4.3 抽象的放射 … 162
  - 4.3.1 経路表示 … 165
- 4.4 議論 … 167
  - 4.4.1 アヤクーチョ・ケチュア語の移動表現の類型論的位置づけ … 167
  - 4.4.2 理論的示唆 … 171

第5章 C実験：経路タイプによる移動表現の多様性 … 175
- 5.1 単純経路局面場面 … 176
  - 5.1.1 結果の概観 … 176
    - 5.1.1.1 構文の選択 … 176
    - 5.1.1.2 移動を構成する概念への言及頻度 … 178
    - 5.1.1.3 経路の多重表示 … 180
    - 5.1.1.4 主要部が表現する意味 … 183
    - 5.1.1.5 経路の表示パターン … 185
  - 5.1.2 経路タイプによる経路表示の違い … 187
    - 5.1.2.1 経路タイプごとの経路表示手段 … 187
    - 5.1.2.2 経路タイプごとの経路表示の頻度 … 190
    - 5.1.2.3 経路タイプごとの経路表示パターン … 193
- 5.2 複雑経路局面場面 … 196
  - 5.2.1 構文の選択 … 197
  - 5.2.2 移動を構成する概念に言及する回答の頻度 … 205
    - 5.2.2.1 移動を構成する概念の表示頻度 … 211
    - 5.2.2.2 経路の多重表示 … 216
  - 5.2.3 主要部が表示する概念 … 218
  - 5.2.4 経路表示のパターン … 220
- 5.3 議論 … 227
  - 5.3.1 アヤクーチョ・ケチュア語における経路タイプの類型 … 228
    - 5.3.1.1 単純経路局面の類型：境界越えと上下の移動 … 228
    - 5.3.1.2 単純経路局面と複雑経路局面の違いから見る経路タイプの類型 … 230
  - 5.3.2 経路タイプの類型論におけるアヤクーチョ・ケチュア語の位置づけ … 232

第6章 アヤクーチョ・ケチュア語の経路表示の個別言語的特徴 … 235
- 6.1 経路動詞 … 236
  - 6.1.1 A実験主体移動場面における経路動詞の使用 … 236

	6.1.2	C実験単純経路局面場面における経路動詞の使用	239
	6.1.3	直示場面、様態場面ごとの経路動詞 *pasa*「通る」の使用	245
		6.1.3.1 様態場面ごとの *pasa*「通る」の使用	246
		6.1.3.2 直示場面ごとの *pasa*「通る」の使用	249
6.2	名詞形態法		251
	6.2.1	格接尾辞	251
		6.2.1.1 A実験主体移動場面における格接尾辞の使用	251
	6.2.2	C実験単純経路局面場面における格接尾辞の使用	254
	6.2.3	位置名詞	257
		6.2.3.1 A実験主体移動場面における位置名詞の使用	257
		6.2.3.2 C実験単純経路局面場面における位置名詞の使用	259
6.3	動詞接尾辞		262
	6.3.1	A実験主体移動場面における動詞接尾辞 *-yku* の使用	262
	6.3.2	C実験単純経路局面場面における動詞接尾辞 *-yku* の使用	263
6.4	議論：経路表示手段の単機能性と多機能性		265
	6.4.1	経路表示手段の文法的クラスと単機能性・多機能性	265
	6.4.2	動詞 *pasa* の多機能性	267
	6.4.3	動詞接尾辞 *-yku* の多機能性	268

第7章	結語	271
7.1	本稿の発見のまとめ	271
7.2	本稿の理論的貢献	273
7.3	おわりに	276

参考文献	277
付録A　実験協力者の一覧	281
付録B　用語集	283
あとがき	287
索引	291

略号一覧

1	first person
2	second person
3	third person
ABL	ablative
ACC	accusative
AG	agentive
APPL	applicative
ASS	assistive
AUG	augmentative
BEN	benefactive
CAUS	causative
COM	comitative
COMPL	completive
CONT	continuative
CONTR	contrastive
COP	copula
CSL	causal
DAT	dative
DIM	diminutive
DIR	directional
DS	different subject
DUB	dubitative
DUR	durative
EMPH	emphasis
EUPH	euphonism
F	feminine

FOC	focus
FUT	future
GEN	genitive
HYS	hearsay
IMP	imperative
INCH	inchoative
INCL	inclusive
INF	infinitive
IRR	irrealis
ITER	iterative
LIM	limitative
LOC	locative
M	masculine
NEG	negative
NMLZ	nominalizer
NOM	nominative
NUM	numeral
OBJ	object
PL	plural
POSS	possessive
PROG	progressive
PST	past
Q	question particle
REAL	realis
REFL	reflexive
RQU	directional *-rqu*
SBJ	subject
SG	singular
SR	switch reference
SS	same subject
TOP	topic
VBLZ	verbalizer

VEN	venitive
YKU	directional -*yku*

　さらに本書では、スペイン語からの借用語を <u>*pasa*</u>「通る」のように下線で示している。

本研究で用いた実験キット

　本研究で用いた A 実験および C 実験の実験キットは、(https://bit.ly/3TubyeN) から視聴可能である。さらに、実験の理論的背景や目的などの関連情報は、Motion Event Descriptions across Languages プロジェクト（代表者：松本曜（国立国語研究所））公式サイト (https://medalmotionevent.wordpress.com/) に掲載中である。

第1章
はじめに

　ケチュア語は、ペルー、ボリビア、エクアドルを中心に南米アンデス地方一帯で使用される先住民言語である。ケチュア語はアンデス社会において古来より重要な地位を持つ。かつてこの地域に繁栄したインカ帝国はケチュア語を公用語として制定し、領内の移住政策を通じてケチュア語の普及に努めた。16世紀にスペインがインカ帝国を侵略・支配して以来しばらくは、キリスト教の布教活動を通じてさらにケチュア語の普及が進んだ。スペインによる植民地政策下でケチュア語は次第に抑圧を受けるようになったものの、現代では先住民のアイデンティティの象徴の1つとして保存・復興・継承に向けた政策が推進されている。このようにケチュア語は、インカ帝国の時代から現代に至るまで、この地域のリンガ・フランカおよび文化的紐帯として重要な機能を持っている。

　ケチュア語研究は、この地域の歴史学・社会学・文化人類学研究に貢献する基礎研究である。ケチュア語は、16世紀末にリマ近郊のワロチリ地域で語られていた神話・伝説を記した『ワロチリ文書』など、この地域の歴史的史料にも見られる言語である。さらにアンデス地域にスペイン語が広く普及している現代においても、高齢者や農村地域の住民を中心にケチュア語モノリンガルおよびケチュア語を第一言語として使用する個人やコミュニティが存在する。日常生活におけるコミュニケーション手段としてだけでなく、現代の文学作品やポップ・カルチャーの場においてもケチュア語の使用が見られる。したがって、ケチュア語はスペイン語と並ぶアンデス地域研究における重要な媒介言語である。

　さらにケチュア語はアンデス地域の媒介言語としてこの地域の研究に貢献するだけでなく、それ自体が言語学的に興味深い特徴を数多く持つ言語である。ケチュア語は膠着的な形態法を取る言語であ

り、人称、数、格、テンス、ヴォイスなど種々の文法的カテゴリを接尾辞によって標示する。この接尾辞の中には動作の方向だけでなく、話し手による感情的評価など幅広い意味を表す動詞接尾辞である「方向接尾辞」など、類型論の分野で注目を集める機能を持つものも見られる。

　ケチュア語の中でもアヤクーチョ・ケチュア語［ISO639-3:quy］は、その重要性にもかかわらず研究の蓄積が遅れている言語である。アヤクーチョ・ケチュア語はケチュア語の地域変種のうち、ペルー南部に位置するアヤクーチョ県、ワンカベリカ県、アプリマク県西部に分布する変種である。アヤクーチョ・ケチュア語は、ケチュア語の中でも特に研究の蓄積が進んだ変種であるクスコ・ケチュア語とほとんど共通した文法的特徴を持つ（細川 1988a）言語とされている。しかし一方で、アヤクーチョ・ケチュア語は音韻的特徴や形態法においてクスコ・ケチュア語をはじめとする系統的に近い言語には無い特徴も見せる言語である。アヤクーチョ・ケチュア語の文法研究は、文法記述やドキュメンテーション（Parker 1963; Parker and Sola 1964; Parker 1969）が行われた1960年代以降2000年代（Zariquiey and Córdova 2008）に至るまで蓄積が停滞しており、個別の文法現象に着目した研究は未だ数少ない。このような背景において、アヤクーチョ・ケチュア語の文法研究は、言語類型論におけるケチュア語の事例研究として貢献するだけでなく、ケチュア語地域変種間の共通性と多様性に注目した研究の基礎ともなる。

　このような背景から、本稿はアヤクーチョ・ケチュア語の文法の類型論的特徴を、移動事象の表現に着目して記述することを目的にしている。移動は地域・文化を超えた普遍的かつ日常的な現象であり、ある概念を表す言語表現の多様性とその類型を探る上で現在注目を集める研究領域である。移動に関係する概念がどのような形態統語的手段で表現されるかは、言語類型論で注目を集める言語特徴の1つである。例えば、「上へ」「中へ」など移動の経路の概念は、スペイン語では主動詞で表されやすく、英語では不変化詞や前置詞で表されやすい。一方「歩く」「走る」など移動の様態の概念は、

スペイン語では動詞の分詞形で表されやすく、英語では主動詞で表されやすい（Talmy 2000）。このように、移動の言語表現において、経路や様態といった移動事象を構成する概念がどのような形態的・統語的な手段で示されるかによって、言語を類型化できる。

　アヤクーチョ・ケチュア語は、移動事象を表現する手段を様々な形態統語的クラスに持つ言語である。具体的には、動詞、名詞句や代名詞を伴う格接尾辞、方向接尾辞と呼ばれる動詞接尾辞、副詞で移動事象における経路、様態、直示の各概念を表せる。その上、経路・様態・直示のいずれの概念も、複数の手段で表示*1されうる。例えば、中へ向かう移動の経路の概念は、動詞 *yayku*「入る」のほか、名詞 *uku*「中」と対格あるいは与格標示の組み合わせや動詞接尾辞 *-yku* によっても表現可能である。このように移動概念の表示手段を豊富に持つアヤクーチョ・ケチュア語における移動表現の記述・分析は、移動表現の類型論的において重要な事例研究となる。豊富な表示手段の中からどのような条件でどのような手段が選ばれるかを明らかにすることで、新たな類型の観点を提示できる。

　本稿の記述と分析は、実験的手法に基づく調査で得られたデータに基づいている。本稿では調査方法として、国際共同研究プロジェクト Motion Event Descriptions across Languages（MEDAL）で使用される実験キットを使用している。この実験キットは、映像刺激を用いることで移動表現を文脈に明確にしながら体系的に収集するデザインになっている。この実験手法に基づき、本稿はアヤクーチョ・ケチュア語の移動表現の網羅的な記述と類型論的分析を行う。

　そして本稿は、アヤクーチョ・ケチュア語の移動表現の類型論的特徴として、以下の4点を主張する。

ⅰ）アヤクーチョ・ケチュア語は特に主体移動において、経路が主動詞と主動詞以外の要素で同時に表される経路両表示（ambi-positional coding）を強く好む言語である。（第4章）

ⅱ）アヤクーチョ・ケチュア語の移動表現は、移動のタイプによって大きく異なる特徴を見せる。具体的には、主体移動においては経路主要部表示および両表示を強く好む言語であるが、

客体移動と抽象的放射においては経路主要部外表示が経路主要部表示に比べてはるかに優勢である。(第4章)

ⅲ) アヤクーチョ・ケチュア語の移動表現は、同じ主体移動であっても経路の種類によって大きく異なる特徴を見せる。具体的には、アヤクーチョ・ケチュア語は主体移動の全体的な特徴として経路主要部表示および経路両表示を好むが、経路の種類を細分化すると、経路主要部表示がほとんど見られない経路も存在することがわかる。さらに同じ経路であっても、継続的な移動であれば主要部で表される傾向が強い一方で、瞬間的な移動であればほとんど主要部で表されないものもある。(第5章)

ⅳ) アヤクーチョ・ケチュア語の経路表示手段には、単機能的なものと多機能的なものがある。単機能的な経路表示手段は、少数の経路場面で集中的に用いられる。一方多機能的な経路表示手段は、多くの種類の経路場面で用いられる。経路動詞と位置名詞は単機能的な経路表示手段であり、格接尾辞と動詞接尾辞-*yku* は多機能的な経路表示手段である。しかし、経路動詞 *pasa*「通る」はこの傾向に対する興味深い例外である。この経路動詞は、経路動詞のほとんどが単機能的であるのに対し、直示表示の機能も併せ持つ特異的な多機能性を見せる。(第6章)

以下、本章では導入として本稿の背景と議論の概略を述べる。第1.1節では、移動表現研究の理論的枠組みとその概史を記述する。第1.2節では、移動表現研究におけるケチュア語の位置づけを述べる。第1.3節では本書の構成を述べる。

1.1 理論的背景:移動表現研究史

移動現象は、人間にとって非常に身近であり、地域や文化の差異を越える普遍的な現象の1つである。例えば「人が歩いて建物に入る」「物が机の下に落ちる」といった現象は、「建物」や「机」とい

った物の具体的な形状や名称に差異はあれど、どのような文化圏においても日常的に見られる現象と考えられる。したがって、どのような言語にもこれらの移動事象を表現する手段があり、その具体的な表現方法には個別の言語による多様性と類型性が生まれることが期待される。

移動表現の類型論的研究は1940年代（Bergh 1948）に始まり、現在に至るまで世界中の様々な言語および様々な類型論的観点から研究が進んでいる。特に近年ではデジタル技術を活用した大規模かつ国際的な移動表現研究プロジェクトも複数進展しており、今後も発展が期待される研究分野である。

移動表現の類型論的研究においては、Talmy（1991）以来移動する人や物体が描く軌跡である経路の表現方法が分析の主要な焦点となってきた。具体的には、経路が動詞語根、側置詞、格標示などどのような表示手段によって表現されるのか、そしてある表示スロットが経路だけでなくその他の意味要素を表しうるとき、どのような条件でどちらの要素が表されるかが類型化の基準となっている。

本書では、松本（2017）の枠組みに従ってアヤクーチョ・ケチュア語の移動表現を分析する。松本（2017）は、移動表現研究における記念碑的な理論的枠組みである Talmy（1991, 2000）の枠組みを発展させたものである。この枠組みでは Talmy（1991, 2000）が提唱する動詞・附随要素の対立に代わり、主要部・主要部外の対立を表示手段の類型化の基準としている。さらに松本（2017）では、経路表示のパターンを類型化の主軸としつつ、経路とは独立の概念としての直示、移動のタイプといった新たな視点を加えている。

以下では、本書における分析の前提となる Talmy の理論的枠組み（第1.1.1節）および松本の理論的枠組み（第1.1.2節）の概略を記述する。

1.1.1 Talmy の類型論

移動表現研究においては、Leonard Talmy による類型化（Talmy 1985, 1991, 2000）が多くの分析の基礎となっている。Talmy の類

型論においては、図（移動する人や物）、地（人や物体が何に対してどのように移動するかの基準点）、経路（人や物体が移動する軌跡）、様態（人や物体が移動する際に伴う手足等の動き）などの概念を移動事象の構成要素として分析している。例えば図1.1は、例文（1）が表す移動事象を図式化したものである。

(1) The bottle floated out of the cave. (Talmy 1985, p. 69)

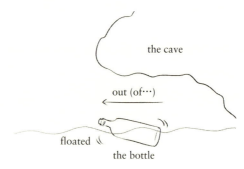

図1.1　例文（1）の図式化

(1)では、*the bottle*「瓶」が図にあたる。この瓶がどのように移動しているかを分析する基準点、つまり地は *the cave*「洞窟」である。移動の軌跡である経路は「（洞窟から）外へ」であり、不変化詞 *out* が表示している。最後に移動の様態は「浮かびながら（水面を上下しながら）」であり、主動詞 *float (ed)* が表示している。

　Talmy（1985）は、これらの概念のうちどの概念が動詞として表されるかに着目した類型化を行っている。例えば英語は（1）における *float* のように様態を表す動詞（様態動詞）が多く、文中においても様態動詞が主動詞として用いられることが多い。一方スペイン語や日本語は、英語とは対称的に *salir*「出る」のような経路を表す動詞（経路動詞）を数多く持ち、文中においても経路動詞が主動詞として用いられることが多い。さらに、稀な例として、アツゲウィ語など図を表す動詞を数多く持つ言語も見られる。この中でも、様態動詞を主要部として用いる傾向が強い言語（様態言語）と経路動詞を主要部として用いる傾向が強い言語（経路言語）という分類が特に注目されるポイントとなる。

　Talmy（1991, 2000）では、イベント統合の類型論（typology

of event integration）の観点から、経路の表示手段にさらに注目している。この枠組みでは、経路を中核スキーマ（core schema）とする枠付けイベント（framing event）と様態をはじめとする共イベント（co-event）が単一の節で表される表現を分析の対象とする。このような表現において、経路がどのような手段で表示されるかが類型化の基準となる。具体的には、経路を主動詞*2（verb）で表す傾向にある言語は動詞枠付け言語（verb-framed language）、と動詞と姉妹の位置にあり、動詞を修飾する要素である附随要素（satellite）で表す傾向にある言語は附随要素枠付け言語（satellite-framed language）と類型化される。

1.1.2　松本の類型論

　本書が採用する松本による類型的枠組み（松本 2017）は、Talmy の枠組みに独自の観点を加えて発展させたものである。松本（2017）による枠組みの中でも、本稿の分析において重要なポイントは以下の4点である。

　ⅰ）分析対象とする表現を枠付けイベントと共イベント、つまり経路と様態が単一節内で共起する例に限らない。
　ⅱ）主動詞と附随要素ではなく、主動詞とそれ以外の表現手段という二項対立を類型化の基準とする。
　ⅲ）移動事象表現タイプというパラメタを導入する。
　ⅳ）直示を経路とは独立した概念として導入する。

以下では各ポイントについて解説する。
　ⅰ）について、松本（2017）の類型論では、経路と様態が1つの節の中で共起しない表現も分析対象とする。例えば、様態の表現が現れない「彼女は建物に入った」や経路の表現が現れない「彼は走った」、経路と様態の表現が重文中の異なる文に現れる「彼は走った。そして建物の中に入った」などの表現は Talmy の枠組みでは分析対象とならない。松本（2017）はこのような表現が好まれる言語もあることに着目し、経路と様態が単一節内で共起する表現

と同様に分析対象としている。

　ⅱ）について、松本（2017）は、Talmy の類型論における主動詞と附随要素という対立に代わり、主動詞とそれ以外の要素という対立を類型化の基準としている。これは附随要素の一部分が経路を表示する事例を正確に分析するためである。例えば動詞の項となる名詞句や前置詞句は附随要素と分析される。Talmy の枠組みでは、この名詞句や前置詞句の一部である格標示や前置詞のみが経路を表示する事例を正確に分析できない。このように松本（2003）は、Talmy（2000）の定義による附随要素という概念では主動詞以外の要素を漏れなく分析できないことを指摘し、附随要素に代わり主動詞以外の要素という枠組みで包括的な分析を目指している。

　このような理由から、松本（2017）は経路の表示手段を主動詞とそれ以外の要素に二分し、前者を主要部（head）、後者を主要部外（head-external）要素と呼んでいる。そして主要部による経路表示を好む言語を主要部表示型（言語）、主要部外要素による経路表示を好む言語を主要部外表示型（言語）と呼んでいる。

　ⅲ）について、松本（2017）の枠組みでは、移動事象表現タイプを分析のパラメタとして導入する。従来の移動表現分析においては、「人が階段を駆け降りる」のように移動物が主語として表される表現が主に分析対象となってきた。このような表現を主体移動表現と呼ぶ。松本（2017）ではこの主体移動表現に加え、「ボールを屋根の上に蹴り上げる」のように移動物が目的語として表される表現を客体移動表現、「部屋の中を見る」のように、視線や道など、項として現れない概念が疑似的に移動物として解釈される表現を抽象的放射表現として、新たな分析の観点として導入している。

　本書ではこの移動事象表現タイプに関連して、移動物の移動の方法に着目した移動事象の分類に注目する。松本（2017, pp. 1–2）の言う移動事象表現タイプとは、言語表現における移動物表現方法に着目した分類である。この移動事象表現タイプに概ね相当する分類は、移動事象のレベルでも可能である*3。具体的には、「人が階段を駆け降りる」のように移動物が自律的に移動する事象は主体移動、「ボールを屋根の上に蹴り上げる」のように移動物が外部から

の働きかけ（ここでは蹴ること）によって移動する事象は客体移動、「部屋の中を見る」のように、物理的な移動物は存在しないが、視線や道などが疑似的に移動物として解釈される事象は抽象的放射と分類できる。これらの分類を、本稿では移動（の）タイプと呼ぶ。主体移動、客体移動、抽象的放射はそれぞれ典型的には主体移動表現、客体移動表現、抽象的放射表現で表現されるが、抽象的放射が客体移動表現で表される「視線を投げかける」のように例外も見られる。

　最後に iv) について、松本（2017）では、経路・様態と対立する移動概念として直示の概念を導入する。直示とは「来る」（話者へ向かって）のような、移動物と話者との相対的位置関係の変化を指す。Talmy（1991, 2000）において直示は経路の一種として分析されているが、松本（2017）では直示を経路から独立した概念として分析する。

　これは、多くの言語で直示の表示は直示の意味を持たない経路とは異なる特徴を示すためである。例えば、ドイツ語は経路動詞をほとんど持たないが、直示動詞 *kommen*「来る」や *gehen*「行く」は頻繁に用いられる（松本 2017, p. 14）。さらに日本語では、直示と経路は「入って（経路）/ 来た（直示）」のように、複合動詞の中でそれぞれ固有の表示位置を取る。直示と経路の区別は、このような事実を鑑みたものである。

　本書の分析は、この松本（2017）の枠組みに基づく。これは、本研究が採用した調査方法（第3章参照）のデザインが松本（2017）の枠組みに基づくためである。

1.2　ケチュア語と移動表現

　ケチュア語における移動表現の研究は未だ蓄積の少ない分野である。ケチュア語の移動表現を分析した研究は、管見の及ぶ限りアプリマク・ケチュア語の分析を行った Chow（2021）のみである。アプリマク・ケチュア語は本稿の分析対象であるアヤクーチョ・ケチュア語の使用域に隣接する地域で使用される地域変種であり、系

統的にもアヤクーチョ・ケチュア語と近い関係にある。Chow (2021) は映像刺激を用いた実験調査*4の結果に基づき、アプリマク・ケチュア語の移動表現を類型論的観点から分析している。その結果、Chow (2021) はアプリマク・ケチュア語を附随要素枠付け型言語と評価している。

　本研究は、ケチュア語の移動表現に対する実験的アプローチという点でChow (2021) に倣いつつ、最新の理論的ポイントを踏まえ、さらに包括的な記述・分析を行うことを目指す。本書は、Talmy (1991, 2000) の理論を新たな分析の観点を踏まえて発展させた、松本 (2017) の理論的枠組みに従って分析と記述を行う。この枠組みの中で、Chow (2021) が分析対象とした主体移動に加え、客体移動や抽象的放射という移動タイプの違いに注目しながら分析を行う。さらに本書では経路の種類を細分化し、経路の種類による移動表現のパターンの違いを分析する。これにより、ケチュア語の移動表現をより多角的な視点から議論することができる。

1.3　本書の構成

　本書の構成は以下のとおりである。第2章は本書の記述・分析の前提となる情報を提示する。具体的には、アヤクーチョ・ケチュア語の地理的分布・系統的位置づけと形態統語的特徴を概観する。その上で、アヤクーチョ・ケチュア語の移動表現における各概念の表示手段を紹介する。

　第3章は方法論の解説である。本稿における用語法を解説した上で、本研究で用いた実験的手法を紹介する。

　第4章ではA実験の実験結果を提示する。アヤクーチョ・ケチュア語は主体移動の表現においては経路を明示的に表示する傾向が強く、経路を主要部と主要部外の要素の両方で同時に表す傾向がある。一方、客体移動と抽象的放射の表現においては、経路は主に主要部外要素でのみ表示される。

　第5章ではC実験の実験結果を提示する。A実験の調査結果は、アヤクーチョ・ケチュア語が主体移動場面では経路主要部表示を好

む言語であることを示している。しかし経路の種類を細分化したC実験では、経路主要部表示がほとんど見られず、経路主要部外表示に強く依存する経路場面が見られる。具体的には、閉鎖空間の入り口など境界をまたぐ経路場面と上下の移動を含む経路場面では経路主要部表示の頻度が高い一方、境界をまたがず上下の移動も含まない経路場面では経路主要部表示の頻度が非常に低い。さらに、単純経路局面と複雑経路局面の間にも経路主要部表示の頻度に大きな差異が見られる。単純経路局面場面においては上下の移動を含む場面での経路主要部表示の頻度が高い一方で、複雑経路局面場面における上下の移動を含む場面での経路主要部表示の頻度は低い。

　第6章では個々の経路表示手段の機能を、A実験、C実験における使用頻度から分析する。アヤクーチョ・ケチュア語の経路の表示手段の中には、少数の経路場面でのみ用いられる単機能的なものと、幅広い経路場面で用いられる多機能的なものがある。具体的には、経路動詞と位置名詞は単機能的な経路表示手段であり、格接尾辞と動詞接尾辞は多機能的経路表示手段である。ただし、経路動詞 *pasa*「通る」は単機能的なものがほとんどである経路動詞の中では特異的な多機能性を見せる。*pasa* は経路表示として多機能的であるだけでなく、「あちらへ」という直示を表示する機能も併せ持っている。さらに動詞接尾辞 -*yku* は従来指摘されていた「下へ」「中へ」に限らず、「特定の参照物へ」というより抽象的な経路を表す多機能性を持っている。

　第7章は結語である。本書での調査・分析結果を振り返り、その理論的意義を述べる。

＊1　本書では、ある形態それ自体が主に移動にかかわる概念を表現する場合、「ある形態がある概念を表示する」と表現する。例えば経路動詞 *yayku*「入る」が用いられるとき、「*yayku* が経路 TO.IN（『入る』）を表示する」のように表現する。一方、ある形態で指示される指示対象がある文法的機能を取り、その文法的機能が別の形態の存在によって示されるとき、「ある形態がある文法的機能を標示する」と表現する。例えば対格接尾辞 -*ta* が目的語となる名詞句に

接続するとき、「-ta が目的語を標示する」のように表現する。
＊2 Talmy（1991, 2000）では単に動詞と表現しているが、動詞の分詞形を動詞として分析していないことから、主動詞を指すと解釈するのが適切と考えられる。
＊3 松本（2017）は表現の分類である移動事象表現タイプと事象の分類の区別に言及しているが、後者の分類にはラベルを与えていない。
＊4 具体的なデザインは本研究で採用した A 実験・C 実験と異なる。

第2章
アヤクーチョ・ケチュア語

　本章では、本書の研究対象であるアヤクーチョ・ケチュア語の概説を提示する。移動表現はアヤクーチョ・ケチュア語の文法現象が多面的に影響する表現であるため、この言語の全体的な特徴を議論の前提として記述する。具体的には、まず導入としてアヤクーチョ・ケチュア語の地理・社会・歴史的な位置づけを本節で述べる。次にアヤクーチョ・ケチュア語の文法的特徴を音韻（第2.2節）・形態（第2.3節）・統語（第2.4節）の3つの観点から俯瞰的に記述し、その類型論的全体像を概説する。そして、本書で着目する移動表現に特に関わる語彙や文法的特徴を記述する（第2.5節）。

2.1 ケチュア語研究の概観

　本節では導入として、ケチュア語およびアヤクーチョ・ケチュア語の地理・社会的位置づけと、研究史の概略を記述する。

2.1.1 ケチュア語の社会的位置づけと歴史

　ケチュア語（Quechua、Runa simi）とは、南米大陸西部に位置するアンデス地方で使用される先住民言語の1つである。ケチュア語の話者数は現在800万人程度とされる（Adelaar 2012b, p. 578; Adelaar 2012a）。図2.1は、現代におけるケチュア語のおおよその使用域を示したものである。

　図2.1に示すように、ケチュア語は現在のコロンビアからアルゼンチン北部にかけて使用されている。中でもペルー・ボリビア・エクアドルの3ヶ国では現在ケチュア語が公用語の1つとして制定されており、保全・教育政策が進められている（Adelaar and Muysken 2004, pp. 605–609; Adelaar 2012a, pp. 19–30）。

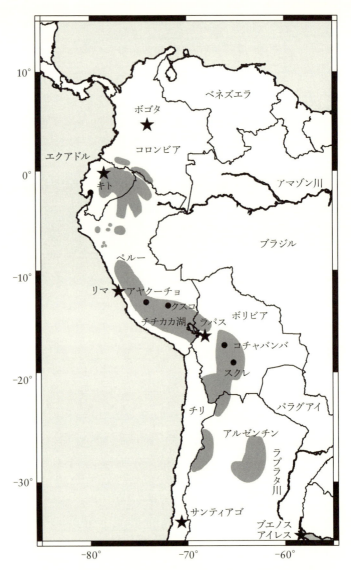

図2.1 ケチュア語の使用域(細川1988b, p. 1593、Adelaar and Muysken 2004, p. 169、van de Kerke and Muysken 2014, p. 129を元に作成)

　ケチュア語の祖地については、インカ帝国の首都であるクスコ周辺を祖地とする説が伝統的である。ペルー中央部の高原地帯から現在のリマ周辺にあたる海岸部にかけての地域とする説、アンデス地

方東部の森林地帯とする説も唱えられている（Adelaar and Muysken 2004, pp. 180–182）。これらの中では伝統的なクスコ祖地説が現在でも強い影響力を持つ一方で、比較言語学的観点からはペルー中央部を祖地とする説が妥当と主張されている（Adelaar and Muysken 2004, pp. 180–182; Adelaar 2012b, pp. 587–589）。

　ケチュア語は、歴史的な観点ではインカ帝国の公用語としてとりわけ注目されている。インカ帝国は、12世紀にクスコを首都として興ったケチュア族（インカ族）の王国を起源とし、15世紀から16世紀にかけてアンデス地方一帯を支配した帝国である（Encyclopædia Britannica n.d.）。ケチュア語はインカ帝国の成立以前にペルー各地で使用されていたとされる（Adelaar and Muysken 2004, pp. 180–182; Adelaar 2012b, pp. 587–589）。インカ帝国は *mitma**1 と呼ばれる領内の植民政策によってケチュア語話者を各地に移住させ、ケチュア語のさらなる普及に努めた（Adelaar and Muysken 2004, p. 167; van de Kerke and Muysken 2014, p. 139）。

　ケチュア語の普及には、アンデス地方に対するスペインの植民地政策も大きく寄与している。インカ帝国は1532年にフランシスコ＝ピサロらによって征服され、以降スペインによる植民地支配を受けた。スペイン人宣教師がインカ帝国領民へのキリスト教布教にケチュア語を用いたことにより、アンデス地域へのケチュア語の普及・定着がさらに進んだとされる（Adelaar and Muysken 2004, pp. 182–183; Adelaar 2012b, pp. 589–590; van de Kerke and Muysken 2014, p. 139）。

　このように、ケチュア語のアンデス地域における普及には、(i) インカ帝国成立以前の使用域の拡張（Adelaar and Muysken 2004, p. 23）、(ii) インカ帝国による公用語化、(iii) スペイン人によるキリスト教布教活動におけるケチュア語の使用の3つの段階があるとされる。インカ帝国による言語政策はケチュア語をリンガ・フランカとして普及させたものの、ケチュア語をアンデス地域一帯の主要な言語として定着させた最も大きな要因はスペイン人による布教および支配政策であるとされる（細川 1988b, p. 1598; van de

Kerke and Muysken 2014, p. 127)。

　キリスト教布教の過程でアンデス地域へのケチュア語の普及が進んだ一方、信仰および行政の場におけるケチュア語の使用は1770年以降抑圧されるようになった。以降ケチュア語は、アンデス地域諸国の独立を経てもなお200年にわたる社会的抑圧を受けることとなる。

　ケチュア語の復興・保存活動は1970年代に始まり（Valdivia-Flores 2014, p. 95）、現代に至るまで取り組みが続いている。そして現代でもケチュア語はアンデス地方で最も話者の多い先住民言語として現代でも大きな影響力を持っている（Adelaar and Muysken 2004, pp. 165–167, 254–259）。

2.1.2　ケチュア語の地域変種

　ケチュア語はバラエティに富んだ地域変種を持つ言語である。ケチュア語の地域変種はケチュアI（Torero 1964）あるいはケチュアB（Parker 1963）と呼ばれる系統と、ケチュアIIあるいは（Torero 1964）ケチュアA（Parker 1963）と呼ばれる系統[*2]の2つに大別される。ケチュアI（Torero 1964）はペルー中央部で使用される変種からなり、より古いケチュア語の特徴を残すとされる。それ以外の変種は、ケチュアIIに属する。

　ケチュア語諸変種の系統を論じる上では、一般にケチュアIとケチュアIIの下位分類であるIIA、IIB、IICからなる4つの系統が分類の基本として扱われている。ケチュアIIに属する変種はユンガイ（Yungay）語群とチンチャイ（Chinchay）語群に二分され、ユンガイ語群がケチュアIIAと呼ばれる。チンチャイ語群はさらにケチュアIIBとケチュアIICの2つの系統に下位分類される。図2.2は、ケチュア語諸変種の系統関係を、代表的な変種名を挙げながら体系化したものである。図2.2では分類の基本となる系統名を四角、本書で扱うアヤクーチョ・ケチュア語を丸で囲んでいる。

　本書が記述するアヤクーチョ・ケチュア語は、ケチュアIICに属する変種である。

　ケチュア語の諸系統は、概ね地理的にグループ化可能である。図

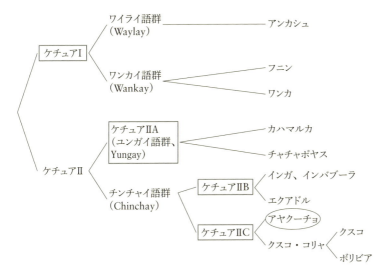

図 2.2　ケチュア語諸変種の系統関係（細川 1988b, p. 1593 を簡略化）

2.3 はアンデス地方の主要な都市*3・地名および現代における各系統のおおよその分布を示したものである。

　図 2.3 で示す通り、ケチュア I に属する変種はペルー中央部、ケチュア IIA に属する変種はペルー北部、IIB に属する変種はエクアドル・コロンビアからペルー北部にかけて、ケチュア IIC に属する変種はペルー南部およびボリビア以南に分布している。

　ケチュア語の各地域変種は、伝統的には概ね「ケチュア語の〈地域名〉の方言」として呼ばれてきた*4。具体的な言語特徴として、接頭辞を持たず接尾辞を多用する膠着的な形態法や、おおよその音韻体系などは変種を通じて共通している。一方で、動詞形態法における接尾辞の体系、および個々の接尾辞の形態を中心に、形態法における差異は変種によって大きく異なる（細川 1988b, p. 1595）。中でもケチュア I に属する諸変種とケチュア II に属する諸変種の間では音韻・形態的な差異が大きく、相互理解が非常に困難となる（Adelaar and Muysken 2004, p. 168; Luykx, García Rivera, and Julca Guerrero 2016）。さらに、地域変種間の差異は必ずしも連続的なものではなく、特に音韻や動詞の形態法においては非連続的な差異が見られる（細川 1988b, p. 1589）。

第 2 章　アヤクーチョ・ケチュア語　17

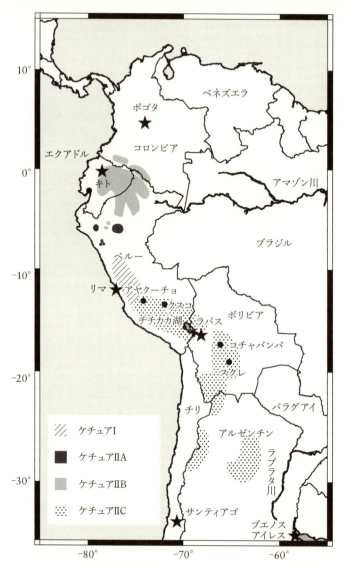

図2.3 ケチュア語の4系統の分布（細川 1988b, p. 1593、Adelaar and Muysken 2004, p. 169、van de Kerke and Muysken 2014, p. 129を参照）

　このような地域変種間の差異の大きさから、特に通地域変種的な視点でのケチュア語研究においては、各地域変種を1つの言語として扱い、地域変種の総称は Quechuan languages（ケチュア諸語、

ケチュア語族）と呼ぶことが現在一般化している（Adelaar and Muysken 2004, p. 168; 細川 1988b, pp. 1589–1591）。ケチュア語地域変種間の差異はケチュア語研究における重要な問題であるが、本書の趣旨からは外れるため、本書では地域変種全体を慣例的な呼称であるケチュア語と呼ぶ。そして本書の分析の対象である Ayacucho Quechua や Chanka と呼ばれる言語変種を「アヤクーチョ・ケチュア語」、その他の地域変種は「〈地域名〉・ケチュア語」と呼ぶこととする。

2.1.3 アヤクーチョ・ケチュア語

本書が記述の対象とするアヤクーチョ・ケチュア語（ケチュア語アヤクーチョ方言、アヤクチョ語、チャンカ語とも）は、ペルー南部のアヤクーチョ県・アプリマク県東部を中心に使用される変種である。話者はおよそ90万人（University of Hawaii at Manoa 2022）とされ、中高年および郊外・農村部からの通勤者を中心に、都市部でもしばしば日常的に使用されている。話者の多くはスペイン語との流暢なバイリンガルである一方、主に農村部の話者や都市部の高齢者の話者の中にはアヤクーチョ・ケチュア語のモノリンガルも見られる。バイリンガル・モノリンガルを問わず、スペイン語からの借用語*5は頻繁に用いられる。

アヤクーチョ・ケチュア語は、ケチュア語の中でも特異な特徴を見せる言語であり、ケチュア語地域変種間の類型論や系統関係を分析する上で重要な変種である。アヤクーチョ・ケチュア語はケチュア語の系統におけるケチュア IIC（第2.1.2節、図2.2参照）に属し、文法的特徴は同系統のクスコ・ケチュア語との共通性が非常に高いとされる（細川 1988a）。一方で、有気音・放出音の区別が無い（Adelaar and Muysken 2004, p. 187）など、同系統の言語変種には無く、系統的には離れたケチュア I の変種と共通する特徴も見せる（細川 1988b p. 1598; 細川 1988a, pp. 457–458）。このように、アヤクーチョ・ケチュア語の文法記述とその類型論的特徴の分析は、ケチュア語の類型論的研究の一事例としてのみでなく、ケチュア語内の類型論的多様性を論じる上でも重要である。

2.1.4 ケチュア語文法研究

ケチュア語の文法研究は、古くには 16-17 世紀の宣教師による文法記述（González Holguín 1607; Santo Tomás 1560a,b）に始まり、各方言の参照文法やドキュメンテーション（Adelaar 1977; Parker and Sola 1964; Parker 1969; Shimelman 2017; Soto Ruiz 1976; Weber 1989; Zariquiey and Córdova 2008）、生成文法をはじめとする言語理論の分野（Cole and Hermon 2011; Lefebvre and Muysken 1988）、文法現象の類型論（Campbell 2012; Guillaume and Rose 2010; van Gijn 2014; 諸隈 2022 など）と広がりを見せている。南米の先住民言語研究におけるケチュア語研究の概略は、Adelaar (2012a)、Adelaar and Muysken (2004) と van de Kerke and Muysken (2014) などで記述されている。

ケチュア語は、典型的な膠着的形態法を取る言語として知られる。人称・数・格・テンス・アスペクト・ムードなど、種々の文法的カテゴリーを接尾辞で標示する。膠着的な形態法をはじめとするケチュア語文法の全体的な特徴に対しては、系統・地域を超えた言語類型の1つである「アルタイ型言語」としての類型性が指摘されている（風間 2014）。

さらにケチュア語の個別的な文法現象にも、言語学的に興味深い特徴を見せるものが多い。具体的には、オノマトペ（Morokuma 2022）、示差的項標示（differential argument marking: DAM: Cole and Hermon 2011; Lefebvre and Muysken 1988; 諸隈 2023）、「方向接尾辞」による空間・時間的ダイクシス表現（Kalt 2015）などが、音韻論、形態統語論、意味論、語用論など理論言語学の様々な分野で研究されている。さらに近年では移動表現（Chow 2021）や附随移動の表現（associated motion: Guillaume and Rose 2010）など、言語類型論研究においても注目を集めている。

本節では、本書の分析・記述の前提となるアヤクーチョ・ケチュア語の文法の特徴を概説する。本節の記述は、これまでの文法記述（Parker 1969; Soto Ruiz 1976; Zariquiey and Córdova 2008）に加えて筆者のフィールドワークで得られた最新のデータに基づく。そして具体的な分野としては音韻・形態・統語法の3点に注目しつ

つ、この言語の文法とその類型論的な特徴を総覧的に記述する。

　提示する例文は基本的に先行研究（Parker 1969; Soto Ruiz 1976; Zariquiey and Córdova 2008）やテキスト（Parker 1963）からの引用または筆者がフィールドワークで得たデータ*6であり、出典を併記している。例文を元にしたバリエーションについては筆者の作例である。

　以下、アヤクーチョ・ケチュア語の文法的特徴について、第2.2節では音韻論、第2.3節では形態論、第2.4節では統語論に注目して記述する。第2.5節は、アヤクーチョ・ケチュア語における移動事象の表現手段を総覧的に記述する。第2.6節は結語である。

2.2　音韻論

　本節では、アヤクーチョ・ケチュア語の音韻論的特徴を概説する。第2.2.1節では音素目録、第2.2.2節では音節構造、第2.2.3節ではアクセントについて記述する。

2.2.1　音素目録

　アヤクーチョ・ケチュア語の音素目録は小規模である。以下では母音目録を第2.2.1.1節、子音目録を第2.2.1.2節で概説する。

2.2.1.1　母音

　本稿ではParker（1969, p. 21）およびZariquiey and Córdova（2008, pp. 32–34）による分析に従い、アヤクーチョ・ケチュア語の母音を3母音体系として記述する。具体的なアヤクーチョ・ケチュア語の母音の音素目録は表2.1の通りである（Parker 1969, pp. 17–18; Zariquiey and Córdova 2008, p. 32）。表2.1における音声表記は筆者の調査に基づく著者の分析である。

　アヤクーチョ・ケチュア語の母音体系は /a/、/i/、/u/ の3音素からなる。短母音と長母音の区別は報告されていない。

　アヤクーチョ・ケチュア語の母音のうち、/i/ と /u/ は後述する子音 /q/ の直前・直後および /nq/、/rq/、/lq/、/wq/ の直前*7に現れ

表 2.1 アヤクーチョ・ケチュア語の母音（Zariquiey and Córdova 2008, p. 32 を元に、筆者による音声の分析を追記）

	前舌	中舌	奥舌
狭母音	i[i～e]		u[W～u～o]
広母音		a[a～æ]	

る場合、それぞれ［e］、［o］の異音を取る（細川 1988b, p. 1602)。(1a) と (1b)、(2a) と (2b) はそれぞれ /i/ と /u/ が /q/ の前後とそれ以外の子音の前後で実現する異音を示す例である（4例ともParker 1969, p. 21 より引用）。

(1) a. *qina*
　　　［χena］
　　　「ケーナ（縦笛の一種）」

　　b. *hina*
　　　［xina］
　　　「～のように、～のような」

(2) a. *muqu*
　　　［moχo］
　　　「膝」

　　b. *muhu*
　　　［muxu］
　　　「種」

このように、アヤクーチョ・ケチュア語固有の音素体系においては［e］および［o］を /i/ と /u/ の条件異音とし、全体を 3 母音体系とする分析（Parker 1969, p. 21; Zariquiey and Córdova 2008, pp. 32–34）が一般的である。

　先行研究には、ケチュア語の母音体系を 5 母音体系として分析するものもある。例えば Adelaar and Muysken（2004, p. 196）は、現代のケチュア語において従来の音韻規則からは予測不可能な［e］と［o］の分布が見られることを指摘し、現代のケチュア語・スペイン語バイリンガルによるケチュア語を /a/、/i/、/u/、/e/、/o/ の 5 母音体系として分析している。アヤクーチョ・ケチュア語にもこの音韻規則から予測できない位置にも［o］が現れうることが報告されており（Parker 1969, p. 22)、アヤクーチョ・ケチュア語においても音韻体系が /a/、/i/、/u/、/e/、/o/ の 5 母音体系へと変化してい

ることが示唆される。

　しかし、筆者が観察する限りにおいて、5母音体系としての分析を支持する程の［o］の出現例は確認できなかった。3母音体系を元にする音韻規則からは予測不可能な［o］および［e］の出現が周辺的な現象に留まることから、アヤクーチョ・ケチュア語を3母音体系として記述するのが妥当であると筆者は判断する。

2.2.1.2　子音

　アヤクーチョ・ケチュア語の子音体系は15種類の子音からなる。具体的な子音の音素目録は表2.2の通りである（Zariquiey and Córdova 2008, p. 28）。表2.2における音声表記は筆者の調査に基づく著者の分析である。

　表2.3は、表2.2に示した各子音を語頭に持つ語彙素の例である。語彙素の選定は筆者による。

　このように、アヤクーチョ・ケチュア語には有声音・無声音の区別が見られない。ただし、スペイン語を中心とした借用語ではスペイン語の音素体系に準じた有声・無声等の区別が見られる。

　筆者が観察する限り、この子音体系のうち /h/ と /q/ の区別は曖昧である。Parkerが調査・記述した1969年時点でも「若い話者」の一部でこの2つの区別が曖昧化していることが報告されており（Parker 1969, pp. 17–18）、曖昧化が進んでいることが示唆される。

　アヤクーチョ・ケチュア語の子音体系は、ケチュア語諸変種の中では2つの大きな特徴を見せる。1つは閉鎖音に対する有気音・放

表2.2　アヤクーチョ・ケチュア語の子音（Zariquiey and Córdova 2008, p. 28を元に、筆者による音声の分析を追記）

	両唇音	歯茎音	硬口蓋音	軟口蓋音	口蓋垂音
閉鎖音	p[p]	t[t]	ch[tʃ]	k[k]	
鼻音	m[m]	n[n]	ñ[ɲ]		
摩擦音		s[s]		h[x~h]	q[X~h]
はじき音		r[ɾ]			
側面音		l[l]	ll[ʎ]		
わたり音	w[w]		y[j]		

第2章　アヤクーチョ・ケチュア語

表 2.3　アヤクーチョ・ケチュア語の各子音を語頭に持つ語彙素

語頭子音	語彙素	音声転記	意味
（子音無し）	inti	[inti]	「太陽」
p	punchaw	[puntʃaw]	「日・昼」
t	tuta	[tuta]	「夜」
ch	chisi	[tʃisi]	「夕方・夕暮れ時」
k	killa	[kiʎa]	「月」
m	musquy	[musχoj]	「夢」
n	nina	[nina]	「炎」
ñ	ñawi	[ɲawi]	「目」
s	sinqa	[senχa]	「鼻」
h	huñu	[huɲu]	「集まり」
q	quyllur	[χojʎur]	「星」
r	rinri	[ɾinɾi]	「耳」
l	lawa	[lawa]	「ポタージュ風のスープ」
ll	lliklla	[ʎikʎa]	「伝統的な手織りの布」
w	wiqi	[weχe]	「涙」
y	yuyay	[jujaj]	「知識」

出音の区別が見られないことである（細川 1988a, p. 457）。例えば、クスコ・ケチュア語では tanta [tanta]「集まり」、thanta [tʰanta]「ぼろ布」、t'anta [t'anta]「パン」のように、閉鎖音 t、有気音 tʰ、放出音 t' が対立している。この対立はクスコ・ケチュア語やコチャバンバ・ケチュア語など、アヤクーチョ・ケチュア語と同系統であるケチュア IIC の変種を中心に見られる（細川 1988b, pp. 1592, 1602）。アヤクーチョ・ケチュア語にこのような対立は無く、これらの変種と対応する語彙素は全く異なる形態を取る（i.e. クスコ・ケチュア語 tanta [tanta]「集まり」 vs. アヤクーチョ・ケチュア語 huñu [huɲu]「集まり」）か、同音異義語となっている（i.e. クスコ・ケチュア語 wayta [wajta]「花」、wayt'a [wajt'a]「泳ぐ」 vs. アヤクーチョ・ケチュア語 wayta [wajta]「花」「泳ぐ」）。

この特徴は、アヤクーチョ・ケチュア語とその他の地域変種との分化が早期の段階で起きたことを示すものとされる（細川 1988a, p. 457）。ケチュア語における有気音・放出音と無標の閉鎖音の対立はアイマラ語（Campbell 2012, p. 269）ないしケチュア語普及以前に使用されていた先住民言語（Adelaar and Muysken 2004, pp. 599–600) との接触により獲得したものと分析されている。そしてこの対立は、アヤクーチョ・ケチュア語では失われた特徴とされる（細川 1988a, p. 457）。

　もう1つの特徴は、/q/ の摩擦音としての実現である（細川 1988a, p. 457）。ケチュア語の変種の多くでは /q/ が閉鎖音［q］として実現し、音節末では摩擦音（［χ］）化しうる（細川 1988b, p. 1602）。例えば、ポトシ・ケチュア語における /q/ は、音節頭子音としては *alqu*［ɑlqɔ］「犬」、*nuqa*［nɔɢa］のように閉鎖音［q］または［ɢ］、音節末では *llaqta*［ʎaχta］「町」のように摩擦音［χ］として実現する（具体例は細川 1988b p. 1602 より引用）。一方アヤクーチョ・ケチュア語では、*allqu*［aʎχo］「犬」、*ñuqa*［nɔχa］「私」、*llaqta*［ʎaχta］「町、村」のように、音節頭、音節末を問わず摩擦音［X］として実現する（細川 1988a, p. 457、語彙素例は筆者による）。

2.2.2　音節構造

　アヤクーチョ・ケチュア語で見られる音節構造は V、CV、VC、CVC の4通りである（Zariquiey and Córdova 2008, p. 35）。V および VC 音節は語頭以外には現れない。(4) は、アヤクーチョ・ケチュア語の2音節語における音節構造の例である（Zariquiey and Córdova 2008, p. 35 による例示に、筆者の選出した *a.tuq*「キツネ」、*ku.nan*「今日、今」、*un.quy*「病気」、*kaw.say*「生命」の4つを追加）。(3) においてピリオドは音節境界を示す。

(3)　a. *a.qu*　　　　　　　　b. *a.tuq*
　　　V.CV　　　　　　　　　V.CVC
　　　「砂」　　　　　　　　　「キツネ」

　　c. *ru.na*　　　　　　　　d. *ku.nan*
　　　CV.CV　　　　　　　　　CV.CVC
　　　「人、男」　　　　　　　「今日、今」

　　e. *all.qu*　　　　　　　　f. *un.quy*
　　　VC.CV　　　　　　　　　VC.CVC
　　　「犬」　　　　　　　　　「病気」

g. *war.mi*　　　　　　　　h. *kaw.say*
CVC.CV　　　　　　　　CVC.CVC
「女」　　　　　　　　　「命、生活」

(3) に示すように、借用語を除いてアヤクーチョ・ケチュア語に母音連続は見られない（Parker 1969, p. 19）。

アヤクーチョ・ケチュア語では借用語を除き、一音節内での子音連続は見られない（Zariquiey and Córdova 2008, p. 35）。子音で終わる語幹に単子音の接尾辞（一人称単数所有者標示-y など）や子音連続で始まる接尾辞（二人称単数所有者標示-yki など）が接続する場合、音節内の子音連続を避けるため、意味を持たない接尾辞-ni が語幹と接尾辞の間に置かれる（Zariquiey and Córdova 2008, pp. 35, 91–92）。(4) は子音連続を避ける-ni が使われる例である。

(4) *kawsay*(-ni)-n*
　　生命-（意味無し）-3SG.POSS

　　「彼/彼女/それの生命/生活」

(4) では、子音で終わる体言 *kawsay*「生命、生活」に対し、接尾辞-n によって所有者の人称・数が標示されている。ここでは、語末が子音連続となる*kawsay-n が許容されないため、語幹 *kawsay* と-n の間に-ni が挿入されている。

同音節内の子音連続が起きない場合にも例外的に-ni が挿入される場合がある。例えば体言派生接尾辞-yuq「～を持つ」が子音終わりの語幹に接続する場合、-ni が挿入される（Zariquiey and Córdova 2008, p. 178）。(5) は例外的に-ni が挿入される例である。

(5) *kimsa　　chunka　huk*(-ni)-yuq*
　　3　　　　10　　　1-（意味無し）-POSS

　　「31」

(5) では、子音で終わる数詞 *huk*「1」に対し、-yuq が接続している。この場合、*huk-yuq* は音韻規則上許容される音節構造であるものの、*huk* の後に-ni が挿入されている。

アヤクーチョ・ケチュア語の語根は、オノマトペを除きほとんどが 2 音節の構造を取る（Morokuma 2022）。表 2.4 は、Morokuma (2022) の調査による、音節数ごとに集計した非オノマトペ語根の

表2.4 音節数ごとの非オノマトペ語根の数

音節数	語根の数	全語根に占める割合
1	21	1.4 %
2	1156	76.6 %
3	270	17.9 %
4	57	3.8 %
5	5	0.3 %

数である。

　表2.4に示す通り、アヤクーチョ・ケチュア語に見られる語根はほとんどが2音節であり、1音節または4音節以上の語根は非常に少ない。4音節以上の語根は、ほとんどが *kunununu*「地面などが震える」、*llipipipi*「瞬く」のようなオノマトペである（Morokuma 2022）。

2.2.3　アクセント

　アヤクーチョ・ケチュア語のアクセントはストレスアクセント[*8]である（Parker 1969, p. 18）。アクセントは語根・接尾辞・接語が結合した音韻語につき1つ現れる。アクセント位置は一音節語はその音節つまり語全体がアクセントを持つ。例えば *ñán*「道」や *qám*「あなた」などは語全体がアクセントを持つ。

　二音節以上の語のアクセント位置はほぼ一貫して語末から二番目の位置である（Parker 1969, p. 18; Zariquiey and Córdova 2008, p. 34）。(6)は2音節から4音節の語彙素について、そのアクセント位置を示したものである（単語の選出は筆者による）。

(6) a. *ú.ku*
　　「中、下」
　b. *u.kú.cha*
　　「鼠」
　c. *u.ku.má.ri*
　　「熊」

さらに、二音節以上のアクセントは接尾辞・接語の添加等で1音節増えるごとに1音節後ろへ移動する。(7)は二音節語 *misi*「猫」を

元に、接尾辞・接語を添加した際のアクセント位置の変化を示したものである（例は筆者による選出）。

(7) a. *mí.si*

  misi

  猫

  「猫」

 b. *mi.sí.cha*

  misi-cha

  猫-DIM

  「子猫」

 c. *mi.si.chá.lla*

  misi-cha=lla

  猫-DIM=だけ

  「子猫だけ」

このようにアヤクーチョ・ケチュア語のアクセント位置は原則として各語の音節数で決定し、語彙的にアクセントを持つ語はほとんど無い。

 例外として、*achacháw*「かわいそうに！」など特殊なアクセント位置を語彙的に持つ感嘆詞がある（Parker 1969, p. 24）。さらに、語幹や焦点を示す接語=*m* (*i*)、=*s* (*i*) などに強調の接語=*Á* が接続し、語末へアクセント位置が移動する現象（Parker 1969, p. 85）が見られる。-*Á* は異形態として、語幹と接語=*ya*、=*wa* に接続するときは明示的な形態が無くアクセントの移動のみ、それ以外に接続する場合は=*á* として実現する*9。例えば、*apura-ykú-y=ya*「急げ」や *wasi-n=s* (*i*)*10「彼/彼女の家だそうだ」に対して-*Á* が接続すると、*apura-yku-y=yá*「急げ！」、*wasi-n=sá*「彼/彼女の家だって！」のようにアクセントが最終音節に移動する（Parker 1969, p. 85、形態素分析および=*Á* 接続前の語形は筆者による）。

2.3 形態論

 アヤクーチョ・ケチュア語は、他のケチュア語諸変種と同様に

（第 2.1.4 節参照）接尾辞を多用する膠着的形態法を取る言語である。格・人称・テンスなどの屈折、体言化・動詞化などの派生が意味的透明性の高い接尾辞で標示される。接尾辞を豊富に持つ一方で、接頭辞は一切持たない。アヤクーチョ・ケチュア語が持つ接語も接尾辞と同様、ホストとなる語に後続する後接語（enclitic）であり、前接語（proclitic）は持たない。

　アヤクーチョ・ケチュア語の形態法は、体言形態法と用言形態法の 2 つの体系に分類できる。体言の形態法には格標示や所有者の人称・数標示といった屈折のほか、所有者を表す体言化、指小、動詞化などの派生が含まれる。用言の形態法には主語・目的語の人称・数標示、テンス、アスペクト、ヴォイスの屈折や、移動の方向標示、体言化などの派生が含まれる。

　以下では、第 2.3.1 節でアヤクーチョ・ケチュア語の形態法の前提となる品詞分類の概観を述べる。その上で、アヤクーチョ・ケチュア語の形態法を体言形態法（第 2.3.2 節）、用言形態法（第 2.3.3 節）の 2 体系に分けて記述する。そして第 2.3.3.8 節では、体言と用言それぞれの形態法のテンプレートを記述する。

2.3.1　品詞分類

　ケチュア語諸変種において、動詞と体言はそれぞれ固有の形態法を取る異なる品詞クラスとして分類される（Adelaar 2012b, p. 594）。その他の小規模な品詞は体言と共通した特徴を持つため、動詞と非動詞への分類がより妥当とする指摘もある（Adelaar 2012b, p. 594）。個別の地域変種*11 の文法記述においては、品詞として動詞、体言（substantive: Parker 1969; Weber 1989; Shimelman 2017, sustantivo: Zariquiey and Córdova 2008, noun; Adelaar 1977）の 2 つのカテゴリーを立てるのが一般的であり、さらに不変化詞（particle: Parker 1969; Adelaar 1977; Shimelman 2017）や間投詞（Adelaar 1977）が独立の品詞としてしばしば設けられる。

　これらの先行研究では、動詞・体言・不変化詞は概ね以下のように記述されている。動詞はごくわずかな例外を除き、拘束形態素か

つ末尾が母音となる語幹を持つ語である。動詞は-r(q)a（過去時制標示）等一部の接尾辞を伴うか、体言化接尾辞によって体言化される場合などの例外を除き、主語の人称・数を標示する接尾辞を必ず伴って現れる。体言化接尾辞を伴う場合、体言化接尾辞以降は体言の形態法を取る。

動詞は自動詞と他動詞に下位分類が可能であるが、形態法に違いは見られない。例えば-ni（一人称単数主語）や-chi（使役化）など、自動詞puri「歩く」に接続しうる接尾辞は、他動詞qawa「見る」にも同じ形態で接続しうる。

体言は代名詞の一部を除き、自由形態素を語幹とする語である。体言は動詞と異なり、misi「猫」、atuq「キツネ」のように母音と子音のどちらも末尾に現れうる。体言は文中の主語として現れる場合か、体言化従属節内の目的語として現れる場合か、他の体言を修飾する場合に、接尾辞を伴わず現れうる。それ以外の場合、その節で示される出来事における役割に応じた格接尾辞を伴う。

体言の下位分類として、他の体言を修飾する体言はしばしば形容詞と呼ばれ、主に動詞の項として機能する名詞と区別される。ただし、形容詞と名詞は語彙的には区別されず、ある体言が形容詞であるか名詞であるかは実例内でしか判断不可能である。例えば体言uchuyは「小さい」としてuchuy wasi「小さい家」のように他の体言を修飾する場合もあれば、uchuy-ta「小さいものを」のように格接尾辞（ここでは対格-ta）を伴い動詞の項として機能する場合もある。同様に体言rumiは「石」としてrumi-ta「石を」のように格接尾辞を伴い動詞の項として機能する場合もあれば、rumi wasi「石づくりの家」（wasi「家」）のように他の体言を修飾することもある。

動詞と体言は、屈折が起きる品詞である。一方、不変化詞は屈折が起きない。不変化詞は接尾辞＊12を伴わず現れる。不変化詞には副詞kunan「今日、今」や接続詞icha「または」のような自由形態素のほか、主題標示の接語=qaのような拘束形態素も含まれる。

以上の記述を踏まえ、本稿では用言・体言・不変化詞の3カテゴリーをアヤクーチョ・ケチュア語の基本的な品詞分類とする。表

2.5は、本書におけるアヤクーチョ・ケチュア語の主要な品詞分類とその下位分類、主要な屈折・派生のカテゴリーおよび具体的な接尾辞の例を整理したものである。

　用言は体言と対立するカテゴリーであり、動詞つまり屈折の起きる拘束形態素語根を下位カテゴリーとする。体言と不変化詞の分類基準は従来の記述に従い、屈折の起きる自由形態素語根を体言、屈折の起きない語根を不変化詞と呼ぶ。

　先行研究においては、両義詞（ambivalent: Parker 1969; Shimelman 2017）が独立の品詞カテゴリーとして設けられる場合がある。両義詞は動詞としても体言としても機能しうる語幹を持つ語である。例えば *para* は *para-chka-n*（雨が降る-PROG-3SG）「雨が降っている」のように動詞形態法を取り、動詞「雨が降る」として機能しうる。この *para* は *para-rayku*（雨-CSL）「雨のせいで」のように体言形態法を取り、体言「雨」としても機能しうる。両義詞が動詞と体言のどちらとして機能するかは、実例内でのみ判断可能

表2.5　アヤクーチョ・ケチュア語の基本的な品詞分類

品詞名	主要な下位分類	主な屈折・派生のカテゴリー	具体的な接尾辞の例
体言	名詞	格	*ta*（対格）、*man*（与格）、*pa*（属格）
		所有者	*y*（一人称単数）、*yki*（二人称単数）、*n*（三人称単数）
		数	*kuna*
		指小辞・指大辞	*cha*、*su*
		体言化	*yuq*、*sapa*
		動詞派生	*ya*、*cha*
	形容詞	（無し）	
用言	動詞	主語・目的語の人称・数	*ni*（一人称単数）、*nki*（二人称単数）、*n*（三人称単数）
		テンス	*ru*（過去）
		アスペクト	*chka*（進行）
		ヴォイス	*chi*（使役）、*ku*（再帰）
		動作の方向	*yku*、*mu*
		交替指示	*spa*、*stin*、*pti*
		体言化	*y*、*q*、*sqa*、*na*
不変化詞	副詞	（無し）	
	接続詞	（無し）	
	小辞	（無し）	

である。

　両義詞はケチュア語の語彙研究においては重要な分析であるが、本稿では品詞分類としては採用しない。その理由は以下の3点である。(i) 両義詞は固有の形態法を持たない。両義詞は文中においては原則として用言または体言のいずれかの形態法のみを取り、用言にも体言にも適用されない形態法を取ったり、体言化などの品詞変化派生無しに用言の形態法と体言の形態法が同時に現れたりすることも無い。(ii) アヤクーチョ・ケチュア語において複数のクラスの形態法を取りうる形態は、*para* のように用言と体言の形態法を取るものに限られない。例えば *kunan*「今日、今」をはじめとする時間を表す形態や *hina*「〜のような（不変化詞）」「〜のようである（動詞）」のように、不変化詞または体言の形態法を取る形態、不変化詞または用言の形態法を取る形態も存在する。従来の両義詞の定義では *kunan* や *hina* のような形態が分類不可能である。(iii) 単一の形態が複数のクラスの形態法を取る現象は、英語や日本語をはじめ通言語的によく見られる現象であり、アヤクーチョ・ケチュア語において特筆すべき特徴ではない。以上の理由から、アヤクーチョ・ケチュア語の形態法に着目する本稿において、両義詞を独立の品詞カテゴリーとするメリットは少ないと筆者は考える。

　このような前提の元、以下ではアヤクーチョ・ケチュア語の体言形態法と動詞形態法を概観する。従来両義詞として分類された形態は、ゼロ派生の関係にある体言と用言という異なる形態素として分析する。

2.3.2　体言形態法

　アヤクーチョ・ケチュア語の体言は、一部の例外を除き格と所有者の人称・数を義務的に標示する。これらの義務的な標示の他には、指示対象の数、指小辞をはじめとする派生が随意的に標示される。以下ではアヤクーチョ・ケチュア語の体言形態法を、格標示（第2.3.2.1節）、所有者の人称・数標示（第2.3.2.2節）、数標示（第2.3.2.3節）、派生接尾辞（第2.3.2.4節）の3点から記述する。

2.3.2.1 格標示

体言の形態法で最も代表的なものは格標示である。体言には、その指示対象が果たす意味役割によって異なる格接尾辞が接続する。体言が明示的な形態を持つ格接尾辞を伴わないのは、(a) 節の主語として機能する場合、(b) 体言化従属節内の目的語として機能する場合の一部（第 2.4.4.2.2 節参照）、(c) 他の体言を修飾する場合である。

研究者によって分析が異なるものの、アヤクーチョ・ケチュア語では 10 前後の接尾辞が格標示として機能する（Parker 1969, pp. 39–44; Zariquiey and Córdova 2008, pp. 93–98）。表 2.6 は本稿の分析によるアヤクーチョ・ケチュア語の格接尾辞の一覧*13 である。

このうち主格-ø、対格-ta、与格-man は、それぞれ主語、直接目的語、間接目的語を標示する。(8)、(9)、(10) は、それぞれ自動詞文、他動詞文、複他動詞文における格標示の例である。

(8) Juana-ø　　　wasi-n-pi=m　　　　　puñu-chka-n.
　　フアナ-NOM　家-3SG.POSS-LOC=FOC　寝る-PROG-3SG

「フアナが自分の家で寝ている」

(Zariquiey and Córdova 2008, p. 94)

(9) ñuqa-ø　　carro-ta=m　　riku-chka-ni.
　　私-NOM　車-ACC=FOC　　見る-PROG-1SG

表2.6　アヤクーチョ・ケチュア語の格接尾辞

格のラベル	格接尾辞	標示する主な機能
主格	-ø（形態無し）	主語
対格	-ta	直接目的語、移動の通路
与格	-man	間接目的語、移動の目的地
奪格	-manta	移動の起点
所格	-pi	場所
属格	-pa	所有者
共格	-wan	随伴者、道具
受益者格	-paq	目的、受益者
原因格	-rayku	原因
限界格	-kama	移動の限界点、通路
集団格	-pura	相互行為を行う集団
分配格	-nka	授受行為における1人当たりの個数

「私は車を見ている」　　　　　　（Zariquiey and Córdova 2008, p. 95）

(10) ñuqa-ø　　Maria-man　　chocolate-ta=m　　qu-ni.
　　 私-NOM　　マリア-DAT　　チョコレート-ACC=FOC　　与える-1SG

「私はマリアにチョコレートをあげる」

（Zariquiey and Córdova 2008, p. 94）

　このような必須項の機能を標示する文法格の他、付加詞の機能を標示する意味格がアヤクーチョ・ケチュア語には数多く見られる。(11)(12) は、アヤクーチョ・ケチュア語における付加詞の格標示の例である。

(11) huk　　qari=m　palmera-pa　waqta-n-pi　　muyu-chka-n.
　　 1.NUM　男=FOC　ヤシ-GEN　そば-3SG.POSS-LOC　回る-PROG-3SG

「ある男がヤシのそばで回っている」

（筆者のフィールドワークより）

(12) ñuqa　　tanta-ta=m　　ranti-chka-ni　　Juana-paq
　　 私　　　パン-ACC=FOC　買う-PROG-1SG　フアナ-BEN

「私はフアナのためにパンを買う」

（Zariquiey and Córdova 2008, p. 96）

　(11)では行為の行われる場所となる付加詞 palmera-pa waqta「ヤシのそば」が所格-pi で標示されており、(12)では行為の受益者となる付加詞 Juana「フアナ」が受益者格-paq で標示されている。このように、アヤクーチョ・ケチュア語は豊富な接尾辞で文法格および意味格を標示する。

　アヤクーチョ・ケチュア語の格標示は動詞の項または付加詞の機能を標示するだけでなく、体言修飾に用いられる場合もある。体言修飾に用いられる代表的な格標示は属格-pa である。属格-pa は、主に所有者を標示する。(13) は属格による所有者標示の例である。

(13) mama-y-pa　　　　suti-n　　　　　Aurora=m.
　　 母-1SG.POSS-GEN　名前-3SG.POSS　アウロラ=FOC

「私の母の名前はアウロラです」

（Zariquiey and Córdova 2008, p. 45）

　(13)では、suti「名前」の所有者である mama-y「私の母」が属格-pa で標示されている。そして、属格で標示された所有者 mama-y-pa「私の母の」が suti を修飾している。

　動詞の項・付加詞の標示と体言修飾の標示のどちらにも用いられる格接尾辞も存在する。例えば奪格-manta は、移動の起点を表す付加詞だけでなく、材料を表す体言修飾を標示する場合もある。(14a)、(14b) はそれぞれ、-manta が移動の起点を表す付加詞と材料を表す体言修飾を標示する例である。

(14) a. <u>amiga-y</u>　　　　pabellon-man　yayku-ru-n　kay-manta.
　　　友達(女)-1SG.POSS　建物-DAT　　　入る-PST-3SG　これ-ABL

　　「私の友達がここから建物へ入った」

　　　　　　　　　　　　　　　　　　　（筆者のフィールドワークより）

b. kaspi-manta　　<u>tiyana</u>
　 木-ABL　　　　椅子

　「木でできた椅子」　　　（Zariquiey and Córdova 2008, p. 97)

(14a) では移動の起点となる付加詞 kay「これ、ここ」が奪格-manta で標示されている。一方（14b）では、<u>tiyana</u>「椅子」の材料となる kaspi「木」が-manta で標示され、kaspi-manta が <u>tiyana</u> を修飾している。

　アヤクーチョ・ケチュア語では、格標示の連続が見られる (Parker 1969, p. 44)。例えば、(15) は属格-pa に奪格-manta が後続する例である。

(15) ñuqa-pa-manta　　ri-n.
　　 私-GEN-ABL　　　行く-3SG

　　「彼／彼女／それは私の（ところ）から行きます」

　　　　　　　　　　　　　　　　　　　　（Parker 1969, p. 44）

(15) では、属格で標示された ñuqa-pa「私の」が被修飾句を伴わず「私のもの、ところ」を表す体言として機能しており、これに奪格接尾辞が接続している。このように、格標示によって体言修飾として機能する体言が、修飾される体言無しに項や付加詞として機能することで、格標示が連続する場合がある。

　体言修飾を表さない格標示が連続する例も見られる（Parker 1969, p. 44）。(16) は、体言修飾を表さない格接尾辞である対格-ta と限界格-kama が連続する例である。

(16) ñan-ta-kama=m　　huk　　warmi　ri-chka-n
　　　道-ACC-LIM=FOC　1.NUM　　女　　行く-PROG-3SG

「ある女の人が道を行く」　　　（筆者のフィールドワークより）

(16) では、対格 -ta の後ろに限界格 -kama が接続している。アヤクーチョ・ケチュア語ではこのように、体言修飾を表さない格接尾辞も連続しうる。

　筆者の調査結果においては、(16) のような体言修飾を表さない格接尾辞の連続は随意的である。(17a)、(17b) はそれぞれ、(16) と同様に移動の通路を表す体言に対し、対格または限界格が単独で用いられる例である。

(17) a. huk　　warmi　puri-chka-n　　carretera-n-ta
　　　　1　　　女　　歩く-PROG-3SG　道-3SG.POSS-ACC

「ある女の人が道を歩いている」

　　　　　　　　　　　　　　　（筆者のフィールドワークより）

　　　b. warmi=m　　　puri-chka-n　　carretera-n-kama
　　　　　女=FOC　　　　歩く-PROG-3SG　道-3SG.POSS-LIM

「女の人が道を歩いている」　　（筆者のフィールドワークより）

(16)、(17a)、(17b) はいずれも道を歩くという事象を表現した発話であり、-ta-kama、-ta、-kama は全て移動の通路である ñan「道」または carretera「道」を標示している。よって、(16) における格標示の連続は義務的なものではなく、対格単独、限界格単独でも移動の通路を標示できる。このように、アヤクーチョ・ケチュア語には随意的な格標示の連続も見られる。

2.3.2.2　所有者の人称・数標示

　アヤクーチョ・ケチュア語の体言は、格の他にも所有者の人称・数によって屈折する（Parker 1969, p. 26; Zariquiey and Córdova 2008, pp. 90–92）。所有者の人称・数を表す接尾辞の一覧は表 2.7 の通りである。

　アヤクーチョ・ケチュア語の一人称複数は、聞き手を含む包括形と聞き手を含まない除外形の区別を持つ。一人称複数の包括形と除外形の区別は、動詞の一致にも見られる（第 2.3.3 節参照）。さら

表2.7 アヤクーチョ・ケチュア語の所有人称接尾辞（Parker 1969, p. 26; Zariquiey and Córdova 2008, pp. 90–92、表への整形は筆者による）

	単数	複数
一人称	-y	-yku（除外形）
		-nchik（包括形）
二人称	-yki	-ykichik
三人称	-n	-nku

に表2.7が示す人称・数標示は、体言化においては体言化を受ける動詞の主語の人称・数を標示する。

　所有者が属格で明示される場合、所有者の人称・数が所有物の側にも接尾辞で標示される（Zariquiey and Córdova 2008, p. 90）。(18)で示すように、所有者の人称・数標示を省略することはできない。

(18) *Carlos-pa*　　　　*wasi*(-n).*
　　　カルロス-GEN　　　家-3SG.POSS

　　「カルロスの家」　　　　（Zariquiey and Córdova 2008, p. 94）

ただし、筆者が観察する限り、属格を用いない体言修飾で所有関係を示す場合は所有者の人称・数標示は随意的である。この現象は *uku*「下、中」や *hawa*「上、外」などの位置名詞が別の名詞によって修飾される場合に起きる。(19a)(19b)は、位置名詞が属格を用いない体言修飾を受ける例である。

(19) a. *pelota-ta*　　　*hayta-chka-n*　　*huk*
　　　　ボール-ACC　　 蹴る-PROG-3SG　　1

　　　runa　　　　*wasi*　　　*uku-n-man*
　　　男　　　　　　家　　　　　中-3SG.POSS-DAT

　　「ある男性がボールを家の中へ蹴っている」

　　　　　　　　　　　　　　　　（筆者のフィールドワークより）

　　b. *huk*　　　　　*runa=m*　　*hayta-ru-n*
　　　 1　　　　　　　男=FOC　　　蹴る-PST-3SG

> pelota-n-ta　　　　wasi　　　uku-man
> ボール-3SG.POSS-ACC　家　　　中-DAT

「ある男性がボールを家の中へ蹴った」

(筆者のフィールドワークより)

(19a) および (19b) では、wasi「家」が位置名詞uku「中、下」を属格で標示されること無く修飾している。この場合、wasiの人称・数に対応する所有人称接尾辞を (19a) のようにukuに接続しても、(19b) のように省略しても文法的に適格である。このように、所有者が属格で標示されていない場合は、所有者の人称・数の標示が随意的になる。

2.3.2.3　数標示

体言の数は単数と複数が随意的に区別される。複数は-kunaで標示される。例えばruna「人」が単数を表すのに対し、runa-kuna「人々」は複数を表す。

-kunaによる複数標示は義務的ではない (Parker 1969, p. 39)。意味的には複数の指示対象が形態的には-kunaを伴わず現れる場合もある。(20) は複数の指示対象を表す体言が明示的な複数標示無しで現れる例である。

> (20) Visperas San Juan-pi=m　　llapa　　dueño,　pito-wan
> 　　 聖ヨハネの前夜祭-LOC=FOC　全ての　主人　　ホイッスル-COM
>
> tambor-wan=pas,　musica-pi　qunuku-nku.
> 太鼓-COM=も　　　音楽-LOC　　かがり火を燃やす-3PL

「聖ヨハネの前夜祭では、全ての人がホイッスルや太鼓で音楽を奏でながらかがり火を燃やします」

(Zariquiey and Córdova 2008, p. 123)

(20) では主語のllapa dueñoが無標つまり単数の形態で現れている一方、動詞には三人称複数主語を表す-nkuが接続している。

さらに、-kunaによって明示的に複数が標示されているにもかかわらず、動詞が単数主語の一致標示を取る場合もある (Parker 1969, p. 39)。(21) は明示的な複数標示を受けている主語に対し、単数の主語一致標示が用いられる例である。

(21) *chay   llaqta-pi   wasi-kuna=lla   ka-n.*
　　それ　　町-LOC　　家-PL=のみ　　COP-3SG

「その町には家ばかりある」

　　　　(Zariquiey and Córdova 2008, p. 184; 形態素分析とグロスは筆者による)

(21) では主語の *wasi-kuna=lla* は *-kuna* によって明示的に複数が標示されている。一方動詞 *ka*「〜である」に接続している主語一致標示は、三人称単数を表す *-n* となっている。このように、アヤクーチョ・ケチュア語における体言の単複標示・一致は随意的である。

2.3.2.4　体言派生接尾辞

アヤクーチョ・ケチュア語は、体言を派生させる様々な接尾辞を持つ。代表的には、表 2.8 のような接尾辞が体言を語基とする派生に用いられる。

アヤクーチョ・ケチュア語の体言派生接尾辞には、指小辞 *-cha*「小さな〜」、指大辞 *-su*「大きな〜」のように語基の指示対象に特殊な意味を添加する接尾辞と、所有者体言化 *-yuq*「〜を持つ人、物」、*-sapa*「〜を豊富に持つ人、物」のように語基の指示対象と関係する概念を派生する接尾辞と、*-ya*「〜化する」、*-cha*「〜を作る、除く」のように語基の指示対象と関係する動詞を派生する接尾辞が見られる。

-cha は指小辞（diminutive）である（Zariquiey and Córdova 2008, p. 237）。*wasi*「家」や *warmi*「女性」などの一般名詞のほ

表 2.8　アヤクーチョ・ケチュア語の体言派生接尾辞（Parker 1969, pp. 57–60, 62–63 より、主要なものを筆者の判断で選出）

形態素	派生後の品詞	機能
-cha	体言	指小辞
-su	体言	指大辞
-yuq	体言	所有者体言派生
-sapa	体言	所有者体言派生、「〜を豊富に持つ」
-ya	用言	「〜化する」
-cha＊14	用言	「〜を作る」「〜を除く」

第 2 章　アヤクーチョ・ケチュア語　　39

か Ursula「ウルスラ（女性名）」のような固有名詞にも接続し、wasi-cha「小さな家」、warmi-cha「背の低い女性、女の子」、Ursula-cha「ウルスラさん、ウルスラちゃん」のように接続した体言が指す指示対象の小ささ、幼さ、親しみなどを表現する。-cha は、丁寧かつ親しみのある呼びかけで多用される（Parker 1969, p. 60)。-cha と対称的な接尾辞に指大辞（augmentative)-su があり、allqu「犬」に対する allqu-su「大きな犬」のように物理的な大きさや性質の大きさを表す。この-su と-cha は共起不可能である（Parker 1969, p. 60)。

　-yuq は所有者体言化を表し、語基の指示対象を所有する人や物を表す体言を派生する（Parker 1969, p. 58; Zariquiey and Córdova 2008, p. 181)。例えば wasi「家」に-yuq が接続した wasi-yuq「家持ち」は、家を持つ人や物を指す体言として用いられる。類似した機能を持つ接尾辞には-sapa があり、wasi「家」に対する wasi-sapa「家をたくさん持つ（人や物）」や ñawi「目」に対する ñawi-sapa「大きな目を持つ（人や物）」のように、語基が指す指示対象を持ち、かつその指示対象の量や規模が大きい人や物を指す体言を派生する。このように、接続した体言からメトニミー的に想起される、モノ的な概念を指す語を派生するという点で、-yuq や-sapa は体言を元にする体言化（Shibatani 2019）を表す接尾辞と言える。

　-ya は「語基の表す状態になる」という意味の動詞を派生する（Parker 1969, p. 63; Zariquiey and Córdova 2008, p. 177)。(22) は接尾辞-ya による派生の例である。

(22)... sunqu-n=si　　　　　iskay-ya-n.
... 心臓-3SG.POSS=FOC.HYS　2.NUM-VBLZ-3SG

「彼の心臓が2つになる（＝とても疲れている）」

(Parker 1969, p. 35)

(22) では、体言の1つである数詞 iskay「2」に-ya が接続し、iskay-ya「2つになる」という動詞を派生している。同様の機能を持つ接尾辞に-cha があり、wasi「家」から wasi-cha「家を建てる」、qura「草」から qura-cha「雑草を抜く」のように語基の指示対象

を作成あるいは破壊・除去する事象を指す動詞を派生する（Parker 1969, p. 62; Zariquiey and Córdova 2008, p. 176）。

2.3.3　用言形態法

　アヤクーチョ・ケチュア語は豊富な動詞接尾辞を持つ言語である。主語や目的語の人称や数（第 2.3.3.1 節）、テンス（第 2.3.3.2 節）、アスペクト（第 2.3.3.3 節）、ヴォイス（第 2.3.3.4 節）は、動詞接尾辞として標示される。さらに、移動や動作の方向を表す方向接尾辞（第 2.3.3.5 節）や交替指示（第 2.3.3.6 節）、体言化接尾辞（第 2.3.3.7 節）など、類型論的に興味深い特徴を持った動詞接尾辞も見られる。本節では、これらの接尾辞による用言形態法を総覧する。

2.3.3.1　人称・数標示

　アヤクーチョ・ケチュア語の動詞には、主語と目的語の人称・数が標示される（Parker 1969, pp. 27–28, 47; Zariquiey and Córdova 2008, pp. 83, 165–168）。本節における主語とは自動詞文の必須項および他動詞文においてより能動的な役割を果たす項を指す。本稿における目的語とは、他動詞文においてより被動的な役割を果たす項を指す（第 2.4.1 節参照）。主語・目的語の人称・数標示は、未来時制の場合に時制標示とのかばん形態素となる（第 2.3.3.2 節参照）。

　主語の人称標示は一部の条件下を除き義務的に現れる（Parker 1969, pp. 26–27）。表 2.9 は、自動詞文かつ現在時制の場合に動詞に接続する主語の人称・数の標示の一覧である。

　体言の所有者標示と同様に（第 2.3.2.2 節参照）、一人称複数の主語標示は聞き手を含む包括形と聞き手を含まない除外形の区別を持つ。これらの人称・数の標示は、過去時制標示 -r(q)a、-s(q)a など一部の接尾辞を伴う場合を除いて現れる。

　アヤクーチョ・ケチュア語における主語の人称・数標示は、-ni、-nki、-n からなる人称を表す要素と、-ku、-chik からなる数を表す要素に分析できる。以下では前者を人称標示、後者を数標示と呼ぶ。

　アヤクーチョ・ケチュア語において、複数の一致標示は随意的で

表2.9 アヤクーチョ・ケチュア語の主語の人称・数標示 (Parker 1969, pp. 27-28, 47; Zariquiey and Córdova 2008, p. 83 より、表への整形は筆者による)

	単数	複数
一人称	-ni	-ni-ku（除外形）
		-n-chik（包括形）
二人称	-nki	-nki-chik
三人称	-n	-n-ku

ある (Parker 1969, p. 39: 第2.3.2.3節参照)。(23) は明示的な複数標示を受けている主語に対し、単数の主語一致標示が用いられる例である (第2.3.2.3節から再掲)。

(23) chay llaqta-pi wasi-kuna=lla ka-n.
   それ 町-LOC 家-PL=LIM COP-3SG

「その町には家ばかりある」

(Zariquiey and Córdova 2008, p. 184; 形態素分析とグロスは筆者による)

(23) では主語の wasi-kuna=lla は -kuna によって明示的に複数が標示されている。一方動詞 ka「～である」に接続している主語一致標示は、三人称単数を表す -n となっている。

　主語の人称・数標示は、どのテンス・アスペクトでも一貫して表2.9に示す体系を取る一方、ムードによっては異なる体系を取る。例えば命令法のパラダイムにおいて一人称主語は存在せず、二人称単数、二人称複数、三人称単数、三人称複数が区別される (Zariquiey and Córdova 2008, pp. 168-169)。表2.10は、命令のムードにおける主語の人称・数標示を整理したものである。

　命令法のうち三人称への命令は、「(三人称の指示対象に)～させろ」という間接命令の意味を表す (Zariquiey and Córdova 2008, pp. 168-169)。

　さらに、勧誘法は他のムードと異なり、主語が話し手と聞き手の2人だけか、話し手と聞き手を含む3人以上かを区別する (Zariquiey and Córdova 2008, p. 169)。表2.11は、勧誘のムード

表 2.10 命令のムードにおける主語の人称・数標示(Zariquiey and Córdova 2008, pp. 168–169、表への整形は筆者による)

	単数	複数
一人称	—	—（除外形）
		—（包括形）
二人称	-y	-y-chik
三人称	-chun	-chun-ku

における主語の人称・数標示を整理したものである。

-sun および -sunchik は、未来時制における主語の人称・数標示のうち一人称複数包括形と形態的に共通している（第 2.3.3.2 節参照）。未来時制標示としての -sun と -sun-chik の使い分けは自由変異とされている（Soto Ruiz 1976, pp. 93–94）が、勧誘のムードとしては最小形（minimal）と拡大形（augmented）を形態的に区別すると言える。

他動詞文においては、主語と目的語の人称・数の組み合わせに応じた標識が動詞に現れる。表 2.12 は、Parker（1969, p. 27）および筆者の聞き取り調査*15 に基づく、現在時制における主語・目的語の人称・数ごとの一致標識の一覧である。

アヤクーチョ・ケチュア語の他動詞文における人称・数標示は、自動詞文の主語人称・数標示における人称標示と数標示に加え、-wa（一人称目的語）、-yki（一人称主語・二人称目的語）、-su（三人称主語・二人称目的語）のように主語と目的語の人称の組み合わせを標示する要素の3つの要素に分析可能である。以下ではこれらの主語と目的語の人称の組み合わせを標示する要素を、人称階層標

表 2.11 勧誘のムードにおける主語の人称・数標示(Zariquiey and Córdova 2008, p. 169、表への整形は筆者による)

主語の人称・数	標示
話し手と聞き手の2人	-sun
話し手と聞き手を含む3人以上	-sun-chik

表2.12 アヤクーチョ・ケチュア語の主語・目的語の人称・数標識（Zariquiey and Córdova 2008, p. 27、表への整形は筆者による）

		目的語の人称・数					
		一単	一複（除）	一複（包）	二単	二複	三単・複
主語の人称・数	一単	—	—	—	-yki	-yki-chik	-ni
	一複(除)	—	—	—	-yki-ku	-yki-chik	-ni-ku
	一複(包)	—	—	—	—	—	-n-chik
	二単	-wa-nki	-wa-nki-ku	—	—	—	-nki
	二複	-wa-nki-chik	-wa-nki-chik	—	—	—	-nki-chik
	三単・複	-wa-n	-wa-n-ku	-wa-n-chik	-su-nki	-su-nki-chik	-n
	三複	-wa-n	-wa-n-ku	-wa-n-chik	-su-nki	-su-nki-chik	-n-ku

示と呼ぶ。

　他動詞文における人称標示および数標示は、主語に一致する場合もあれば目的語に一致する場合もある。例えば人称標示について、二人称単数主語・一人称単数目的語を標示する*-wa-nki*では*-nki*が主語の人称に一致している一方、三人称単数主語・二人称単数目的語を標示する*-su-nki*では*-nki*が目的語の人称に一致している。数標示について、一人称複数（除外形）主語・二人称単数目的語を標示する*-yki-ku*では*-ku*が主語の数に一致している一方、二人称単数主語・一人称複数（除外形）目的語を標示する*-wa-nki-ku*では*-ku*が目的語の数に一致している。

　他動詞文におけるアヤクーチョ・ケチュア語の人称・数標識のうち、数標示の出現には調査ごとにゆれが見られる。表2.13は、Zariquiey and Córdova（2008, pp. 167–168）に基づく主語・目的語の人称・数ごとの一致標識の一覧である*16。

　表2.13に示す人称・数標識のパラダイム（Zariquiey and Córdova 2008, pp. 167–168）は、表2.12に示すパラダイム（Parker 1969, p. 27）と比べて*-chik*および*-ku*の出現パターンが異なっている。さらに前者には、後者には見られない*-chik*と*-ku*の連続が見られる。このように主語または目的語の数を標示する部分にゆれが見られるのは、この言語における単数・複数の区別の随意性（第2.3.2.3節参照）と関連することが示唆される。

　人称階層標示と人称標示・数標示は、一部の接尾辞によって分離される。（24）は、人称階層標示と人称標示がアスペクトの標示に

表2.13 アヤクーチョ・ケチュア語の主語・目的語の人称・数標識（Zariquiey and Córdova 2008, pp. 167–168、表への整形は筆者による）

		目的語の人称・数					
		一単	一複（除）	一複（包）	二単	二複	三単・複
主語の人称・数	一単	—	—	—	-yki	-yki-chik	-ni
	一複(除)	—	—	—	-yki-ku	-yki-chik-ku	-ni-ku
	一複(包)	—	—	—	—	—	-n-chik
	二単	-wa-nki	-wa-nki-ku	—	—	—	-nki
	二複	-wa-nki-chik	-wa-nki-chik-ku	—	—	—	-nki-chik
	三単	-wa-n	-wa-n-chik	-wa-n-chik	-su-nki	-su-nki-ku	-n
	三複	-wa-n-ku	-wa-n-chik-ku	-wa-n-chik-ku	-su-nki-chik	-su-nki-chik-ku	-n-ku

よって分離される例である。

(24) *wasi   hawa-n-manta   qawa-mu-wa-chka-n.*
　　 家　　外-3SG.POSS-ABL　　見る-VEN-1.OBJ-PROG-3SG.SBJ.1SG.OBJ

「（彼/彼女は）家の外から私を見ている」

(筆者のフィールドワークより)

(24)では、主語・目的語の一致標識における人称階層標示の*-wa*と人称標示の*-n*が、進行のアスペクトを示す*-chka*によって分離されている。人称標示と数標示の間に出現する接尾辞は存在しない。

人称階層標示は、直接目的語以外の項の人称・数を反映する場合もある。例えば、移動の目的地が「私」や「あなた」に関連する場所である場合、直接目的語が一人称や二人称以外であっても人称階層標示が現れる。(25)は、直接目的語が三人称であるにもかかわらず目的語の一致標示が現れる例である。

(25) *ñuqa-pa   lado-y-man   apa-ra-mu-wa-n   silla-ta.*
　　 私-GEN　そば-1SG.POSS-DAT　運ぶ-PST-VEN-1.OBJ-3SG.SBJ　椅子-ACC

「私のそばに椅子を持ってきた」　（筆者のフィールドワークより）

(25)における動詞*apa*「持つ、運ぶ」の直接目的語は対格*-ta*で標示される*silla*「椅子」であり、三人称単数である。したがって、(25)に現れる*-wa*は直接目的語の人称・数の標示ではない。与格で標示される*ñuqa-pa lado-y*「私のそば」も三人称単数に相当する指示物であり、動詞*apa*に対しては省略可能な付加詞である。したがって、(25)では一人称単数の指示対象は項や付加詞として表現されていない。このように、動詞の一致標示は、直接目的語やその他の項・付加詞が直接示す人称・数だけでなく、これらの項・付加

詞と意味的に関連する指示対象の人称・数を標示する場合もある。

2.3.3.2 テンス

アヤクーチョ・ケチュア語は、現在・過去・未来の3つのテンスを用言形態法によって区別する。(26) (27) (28) はそれぞれ現在、過去、未来のテンスを示す例文である。

(26) ñuqa　　　tiya-ni.
　　 私　　　　住む-1SG

　　「私は住む」　　　　　　　(Zariquiey and Córdova 2008, p. 83)

(27) ñuqa　　　tiya-rqa-ni.
　　 私　　　　住む-PST-1SG

　　「私は住んだ」　　　　　　(Zariquiey and Córdova 2008, p. 162)

(28) ñuqa　　　apa-saq.
　　 私　　　　持っていく-FUT.1SG

　　「私は持っていくだろう」　(Zariquiey and Córdova 2008, p. 225)

(26) で示すように、現在時制は無標であり、明示的な形態で標示されない。過去時制は (27) における-r(q)aのようにテンスを示す接尾辞で標示される。未来時制は (28) における-saqのように、テンスと主語や目的語の人称を同時に表す接尾辞で標示される。

過去時制はさらに、証拠性によって (27) のような直接経験の過去-r(q)aおよび-r(q)u*17と、伝聞の過去-s(q)a*18が区別される (Parker 1969, pp. 48–49; Zariquiey and Córdova 2008, pp. 161–163)。(29) は-r(q)uによる直接経験の過去標示、(30) は-s(q)aによる伝聞過去標示の例である。

(29) pay　　mochila-ta　　hapi-spa　　lluqsi-ru-n...
　　 3SG　　リュック-ACC　掴む-SR.SS　出る-PST-3SG

　　「彼 / 彼女がリュックを掴んで出た」

　　　　　　　　　　　　　　　　　（筆者のフィールドワークより）

(30) huk　　siñora=s,　　huk
　　 1.NUM　女=FOC.HYS　1.NUM

　　 warma-ta　uywa-sqa　　wasi-n-pi...
　　 少年-ACC　育てる-PST.HYS　家-3SG.POSS-LOC

「ある女の人が、自分の家である少年を育てていたそうな、
……」　　　　　　　　　　　　　　　　　(Parker 1963, p. 19)

(29)は筆者の過去の体験談を話者の監修の下ケチュア語に翻訳したものである。ここでは動詞 lluqsi「出る」に-r(q)u が接続し、過去時制かつ直接経験の証拠性を標示している。(30) は説話の書き起こしからの引用である。ここでは動詞 uywa「育てる」に-s(q)a が接続し、過去時制かつ伝聞の証拠性を標示している。現在および未来時制の標示には、このような証拠性の区別は無い。

　未来時制は、主語・目的語の人称・数とのかばん形態素で標示される (Parker 1969, p. 48; Zariquiey and Córdova 2008, pp. 224–225)。表 2.14 は、未来時制かつ目的語が三人称の場合の主語の人称・数標示の一覧である。

表 2.14　動詞の主語を表す人称接尾辞：未来形 (Parker 1969, p. 48; Zariquiey and Córdova 2008, pp. 224–225 より、表への整形は筆者による)

	単数	複数
一人称	-saq	-saq-ku（除外形） -sun(-chik)（包括形）
二人称	-nki	-nki-chik
三人称	-nqa	-nqa-ku

　このうち、一人称複数包括形の-sun (chik) は、勧誘のムードの標示としても用いられる。勧誘法の標示として用いる場合は、最小形-sun と拡大形-sunchik が区別される（第 2.3.3.1 節参照）。

2.3.3.3　アスペクト

　アヤクーチョ・ケチュア語において、固有の形態で明示的に動詞に標示される主要なアスペクトは進行である[*19]。進行のアスペクトは-chka によって標示される (Zariquiey and Córdova 2008, pp. 84–85)。(31) は、-chka が進行のアスペクトを示す例である。

(31) Maqta-kuna=qa　　toca-chka-nku=s.
　　　若者-PL=TOP　　　演奏する-PROG-3PL=FOC.HYS

「若者たちは演奏しているそうだ」　　　（Parker 1963, p. 49）

-chka は様々な動詞に生産的に接続し、語彙的に接続不可能な動詞は報告されていない。

　-chka の他、移動の方向を表す動詞接尾辞（第 2.3.3.5 節参照、以下方向接尾辞）がアスペクトを示す場合も指摘されている。例えば、アヤクーチョ・ケチュア語において過去のテンスを表示する -r(q)u（第 2.3.3.2 節参照）は、歴史的には方向接尾辞の 1 つ（Kalt 2015）であり、完了の意味を表すことが指摘されている（Parker 1969, p. 67; Kalt 2015, pp. 38–49）。さらに、移動の方向として「中へ」「下へ」を表す方向接尾辞 -yku も、「完全に」という完了のアスペクトも表しうることが指摘されている（Kalt 2015, pp. 38–49）。

2.3.3.4　ヴォイス

　アヤクーチョ・ケチュア語における主要なヴォイス標示は使役 -chi と再帰 -ku である。

（32）は、-chi が使役のヴォイスを標示する例である。

　（32）Ñuqa=qa　　　Pedro-man　　　tusu-chi-ni.
　　　 私=TOP　　　　ペドロ-DAT　　　踊る-CAUS-1SG

　　　「私はペドロを躍らせた」（Zariquiey and Córdova 2008, p. 171）

（32）では、自動詞 tusu「踊る」が -chi によって使役化されている。使役化によって使役者は主格で表示され、被使役者は与格で標示されている。被使役者は与格だけでなく、対格によっても標示されうる（Parker 1969, pp. 67–68）。

　他動詞も -chi によって使役化できる。（33）は他動詞が使役化される例である。

　（33）Ñuqa=qa　　wallpa-man　　sara-ta　　　　miku-chi-ni.
　　　 私=TOP　　　にわとり-DAT　とうもろこし-ACC　食べる-CAUS-1SG

　　　「私はにわとりにとうもろこしを食べさせた」

（Zariquiey and Córdova 2008, p. 171）

他動詞文では、主語が主格、目的語は対格で標示される（第 2.4.1 節参照）。他動詞を使役化した場合、使役者は主格、使役化する前

の主語である被使役者は与格のほか共格、目的語は対格で標示される。被使役者が与格と共格のいずれで標示されるかは、被使役者が受容者と行為者のどちらの役割を果たすかによる。受容者となる被使役者は（33）のように与格で標示され、行為者となる被使役者は共格で標示される（Parker 1969, p. 68）。

　アヤクーチョ・ケチュア語は使役一般を表す -chi のほか、補助随伴使役（assistive sociative causation; Shibatani and Pardeshi 2002, pp. 147–153）を標示する接尾辞 -ysi を持つ。（34）は -ysi が適用を標示する例である。

(34) Ñuqa　　machula-ta　　puri-ysi-ni.
　　 私　　　おじいさん-ACC　歩く-CAUS.ASS-1SG

「私はおじいさんに連れ立って歩く（おじいさんが歩くのを助ける）」　　　　　　　　（Zariquiey and Córdova 2008, p. 173）

（34）では、ñuqa「私」が machula「おじいさん」と共に歩き、おじいさんの歩く行為を介助している随伴使役が -ysi によって示される。ここでは介助者である ñuqa「私」が主格で標示され、被介助者である machula「おじいさん」が対格で標示されている。一人称または二人称の指示対象が被介助者となる場合、puñu「寝る」に対する puñu-ra-ysi-sa-yki（寝る-DIR.RQU-CAUS.ASS-FUT-1.SBJ.2.OBJ）「私はあなたと共に寝る」のように被介助者の人称・数が目的語の人称・数として標示される（Parker 1969, p. 68）。この -ysi のように他の使役からは独立して随伴使役を表す形態を持つ言語は通言語的に珍しく、南アメリカに集中的に分布することが指摘されている（Guillaume and Rose 2010, pp. 390–391）[*20]。

　接尾辞 -ku は再帰を表す。（35）は -ku が再帰を標示する例である。

(35) Qam　　espejo-pi　　qawa-ku-rqa-nki.
　　 あなた　鏡-LOC　　　見る-REFL-PST-2SG

「あなたは鏡越しに自分を見た」
　　　　　　　　　　　（Zariquiey and Córdova 2008, p. 171）

（35）では、動詞 qawa「見る」に -ku が接続し、見る行為における行為者が被行為者を兼ねることを表している。

　アヤクーチョ・ケチュア語は、受動のヴォイスを明示的に標示す

る単一の形態を持たないが、使役-*chi* と再帰-*ku* の組み合わせで受動を表現し得る。(36) は使役-*chi* と再帰-*ku* の組み合わせが受動のヴォイスを標示する例である。

(36) *uyari-y-ni-ki-ta-wan=puni*　　　*pawa-mu-nki*　　*mana*
聞く-NMLZ.INF-EUPH-2SG-COM=EMPH　飛ぶ-VEN-2SG　　NEG

musya-chi-ku-spa-yki
知覚する-CAUS-REFL-SR.SS-2SG

「あなたは（扉を叩くのを）聞いたら、気づかれないように飛び出してきて」 (Parker 1963, p. 37)

(36) では、*musya*「知覚する」に-*chi* と-*ku* が接続し、「知覚される、気づかれる」という意味を表現している。この文脈において知覚する行為の主体は第三者、対象は聞き手である。動詞句 *musya-chi-ku-spa-yki* における人称標示-*yki* は主語が二人称単数、目的語が無しまたは三人称であることを表す（第2.3.3.1節参照）*21 ため、ここでは被動作主である聞き手が文法的には主語として標示されている。したがって、(36) においては-*chi* と-*ku* の連続が受動のヴォイスを表現している。

　アヤクーチョ・ケチュア語は、使役と再帰の他、適用 (applicative) を表す動詞接尾辞を持つ。-*pu* は受益者を導入する適用標示である。(37) は-*pu* が適用を標示する例である。

(37) *Juan*　　　*huk*　　*chocolate-ta*
フアン　　　1.NUM　チョコレート-ACC

Maria-man/-ta　　*ranti-pu-rqa-n.*
マリア-DAT/-ACC　買う-APPL.BEN-PST-3SG

「フアンはマリアのためにチョコレートを買った」
(Zariquiey and Córdova 2008, p. 172)

(37) では、フアンがマリアの利益となるように、あるいはマリアの代理でチョコレートを買ったことが-*pu* によって示されている。ここでは行為者であるフアンが主格で標示され、受益者であるマリアが与格あるいは対格で標示されている*22。一人称または二人称の指示対象が受益者となる場合、-*ysi* における被介助者と同様に受益者の人称・数が目的語の人称・数として標示される（Parker

1969, p. 71)。このように-*pu*は、受益者を目的語あるいは斜格項として導入する適用を標示する。

2.3.3.5　方向接尾辞

アヤクーチョ・ケチュア語は、ケチュア語文法研究において方向接辞（directional affix）あるいは方向接尾辞（directional suffix）と呼ばれるいくつかの接尾辞を持つ。方向接尾辞は、動詞に接続し、主に行為の方向を示す接尾辞である。何を方向接尾辞と分類するかは研究者によって異なるものの、表2.15に挙げる接尾辞がケチュア語諸変種における方向接尾辞として言及されている。

表2.15に挙げる接尾辞には、地域変種によっては現在使用されていないものや、動作の方向標示ではない機能を持っているものもある。例えば-*rku*、-*rpu*はケチュアIに属する変種では方向標示として生産的に用いられる（Adelaar and Muysken 2004, p. 231）が、アヤクーチョ・ケチュア語では報告されていない。-*rqu*はケチュアIIに属する変種であるクスコ=コリャ・ケチュア語でも用いられる一方、動作の方向「外へ」を表す用法は化石化している（archaic）とされる（Kalt 2015, p. 39）。

表2.15に挙げた接尾辞のうち、アヤクーチョ・ケチュア語で使用される方向接尾辞は表2.16に挙げる5つである。

5つのうち、共時的に方向標示としての報告があるのは-*rqu*「外へ」、-*yku*「中へ、下へ」、-*mu*「こちらへ」「あちらで」の3つである。例えば、動詞*apa*「持ち運ぶ」に対し-*rqu*、-*yku*、-*mu*が接

表2.15　ケチュア語諸変種で見られる方向接尾辞

形態	意味	方向接尾辞として挙げている研究
-*rqu*	「外へ、上へ」	Adelaar and Muysken (2004, p. 231), Kalt (2015)
-*yku*	「中へ、下へ」	Adelaar and Muysken (2004, p. 231), Kalt (2015)
-*rku*	「上へ」	Adelaar and Muysken (2004, p. 231)
-*rpu*＊23	「下へ」	Adelaar and Muysken (2004, p. 231), van de Kerke and Muysken (2014, p. 143)
-*mu*	「こちらへ」	Campbell (2012), Kalt (2015)
-*pu*	「あちらへ」	Campbell (2012), Kalt (2015)
-*ku*＊24	「主語の方へ」	Kalt (2015)

続すると、*apa-rqu*「持ち出す」、*apa-yku*「入れる」、*apa-mu*「持ってくる」を表す（Zariquiey and Córdova 2008, p. 169）。*-pu*と*-ku*はそれぞれ適用標示、再帰標示（第2.3.3.4節参照）として使用されるものの、方向標示としての使用は一部の例外*25を除き報告されていない。

興味深いことに、方向接尾辞はしばしば類似した意味を表す動詞や名詞句、動詞接尾辞と随意的に共起する。例えば*-yku*は、動詞*yayku*「入る」や名詞句*uku-man*「中へ」など、しばしば同様の方向を表す動詞に接続したり、名詞句と共起する。(38) は、*-yku*が方向概念「中へ」を示す他の標示手段と共起する例である。

(38) *kay*　　*runa=m*　　*yayku-yku-n*
　　これ　　男=FOC　　入る-DIR.YKU-3SG

　　danza-stin　*wasi*　*uku-man*
　　踊る-SR.SS　　家　　中-DAT

　「この男の人が踊りながら家の中に入り込む」

（筆者のフィールドワークより）

(38) では*-yku*が動詞*yayku*「入る」に接続し、さらに名詞句*uku-man*「中へ」と共起している。つまり、(38) では「中へ」を表示する手段が3回現れていることになる。

同様に*-mu*も、類似した機能を持つ一人称目的語標示*-wa*（第2.3.3.1節参照）と随意的に共起する場合がある。例えば「彼/彼女が私を見ている」という出来事は、*qawa-wa-chka-n*、*qawa-mu-chka-n*、*qawa-mu-wa-chka-n*（*qawa*「見る」、*-chka*「〜ている」、*-n*「彼/彼女が」）のいずれでも表されうる。このような類似概念

表2.16　アヤクーチョ・ケチュア語で見られる方向接尾辞

形態	意味
-rqu	「外へ」「荒々しく、急に、唐突に」「完全に」「ちょうど〜したところだ」、過去標示
-yku	「中へ、下へ」、丁寧さ・荒々しさ・恐れ・驚きなどの標示
-mu	「こちらへ」「あちらで」
(-pu)	受益者を導入する適用（applicative）
(-ku)	再帰

を標示する方向接尾辞と他の標示手段の共起現象は、言語表現の経済性（Haiman 1983, p. 802, Haspelmath 2021）に反する重要な事例である。

他の地域変種と同様、-*rqu*と-*yku*には動作の方向標示以外にも様々な機能が報告されている。例えば-*rqu*は、「完全に～した」という意味を表しうることが指摘されている（Zariquiey and Córdova 2008, p. 175）。(39)は-*rqu*が「完全に」の意味を表す例である。

(39) Juan cerveza-ta upya-rqu-rqa-n.
  フアン ビール-ACC 飲む-DIR.RQU-PST-3SG
 「フアンはビールを飲み干した」
    （Zariquiey and Córdova 2008, p. 175、グロスは筆者による）

(39)では、*upya*「飲む」に-*rqu*が接続し、*upya-rqa*「完全に飲む、飲み干す」の意味を表している。さらに-*rqu*は、第2.3.3.2節で見たように過去標示として機能する場合もある。

-*yku*は「中へ、下へ」の方向標示の他にも、種々の感情的評価を表しうることが指摘されている。(40)は、-*yku*が「丁寧に、慎重に」の意味を表す例である（Zariquiey and Córdova 2008, pp. 174–175）。

(40) Juan mikuna-ta yanu-yku-rqa-n.
  フアン 食べ物-ACC 料理する-DIR.YKU-PST-3SG
 「フアンは食べ物を慎重に料理した」
    （Zariquiey and Córdova 2008, p. 175、グロスは筆者による）

(40)では、*yanu*「料理する」に-*yku*が接続し、*yanu-yku*「慎重に料理する」の意味を表している。このようにアヤクーチョ・ケチュア語の方向接尾辞は動作の方向を表すだけでなく、テンス・ヴォイスのような文法的カテゴリーや感情的評価など、より抽象的な概念も標示しうる非常に幅広い機能を持った接尾辞である。

2.3.3.6　交替指示

アヤクーチョ・ケチュア語は、複数の節において、それらの主語が同じであるか異なるかを標示する交替指示（switch-reference）

の機能を持つ接尾辞を3つ持つ。交替指示による従属節は、副詞従属節として機能する。表2.17は、アヤクーチョ・ケチュア語で用いられる3種類の交替指示接尾辞と、それぞれの接尾辞によって作られる副詞従属節の機能を示したものである。

このように3種類の交替指示-*spa*、-*stin*、-*pti*は、主節に対する時間的関係と主語の交替の有無が異なっている（Parker 1969, pp. 50, 182–183, 239–240、表への整形は筆者による）。

-*spa*は出来事の継起または共起を表し、かつ主語の交替が起きていないことを示す。(41) は-*spa*による交替指示の例である。

(41) *allqu*　*arco-manta*　　*lluqsi-ru-spa-n*　　*mesa*
　　　犬　　ゴール-ABL　　　出る-PST-SR.SS-3SG　　テーブル

　　　uku-n-ta　　　　　*pasa-ru-n.*
　　　中-3SG.POSS-ACC　　通る-PST-3SG

　　「犬がゴールを出て、テーブルの下を通った」

（筆者のフィールドワークより）

(41) では、「犬がゴールを出る」という出来事と「犬がテーブルの下を通る」という出来事の継起関係が、動詞*lluqsi*「出る」に接続する-*spa*で示されている。さらに-*spa*は、これが接続する動詞*lluqsi*「出る」の主語と主動詞*pasa*「通る」の主語が*allqu*「犬」で一致していることを標示している。

-*spa*の後には (41) における-*n*（三人称単数）のように主語の人称・数標示が随意的に接続する。この人称・数標示は、形態的には体言形態法における所有者人称・数標示の形態を取る。(42) は、

表2.17　アヤクーチョ・ケチュア語の交替標示接尾辞とその従属節の機能（Parker 1969, pp. 50–52, 182–183, 239–240、表への整形は筆者による）

接尾辞	従属節の機能	主語の交替
-*spa*	継起、共起	無し
-*stin*	共起	無し
-*pti*	継起、共起	あり

-spaの後に二人称単数の主語標示が接続する例である。

(42) Mamá-y,　ama　　 hina　　　ka-spa-yki,　　　　kay
　　 母-1SG.POSS　IMP.NEG　そのような　COP-SR.SS-2SG.POSS　これ

　　 pampa-pi　suya-yku-wa-y　　　　　　huk　rato-cha=lla.
　　 原-LOC　　待つ-DIR.YKU-1.OBJ-IMP　1.NUM　しばらく-DIM=だけ

　　「ご婦人、そんな風（頭部だけの女性の姿をした怪物が、話し手の首に寄生している）にしないで、この原っぱでほんの少しの間だけ私を待ってくださいよ」　(Parker 1963, p. 7)

(42) では、コピュラ動詞 ka の主語である聞き手の人称・数（二人称単数）が、二人称単数の所有者人称・数標示と同形の -yki で標示されている。

　-stin は出来事の共起を表し、かつ主語の交替が起きていないことを示す。(43) は、-stin による交替指示の例である。

(43) huk　　 qari=m　　alto-kuna-man
　　 1.NUM　男=FOC　　高い-PL-DAT

　　 pawa-stin　　calle-n-ta　　　 hamu-chka-n
　　 飛ぶ-SR.SS　道-3SG.POSS　　来る-PROG-3SG

　　「ある男の人が高く飛び跳ねながら道に沿って来る」

　　　　　　　　　　　　　　　　　（筆者のフィールドワークより）

(43) では、「ある男の人が高く飛び跳ねる」という出来事と「ある男の人が道に沿って来る」という出来事の共起関係が、動詞 pawa「飛ぶ、跳ぶ」に接続する -stin によって示されている。-spa は継起関係と共起関係の両方を表し得るが、-stin はこのような共起関係のみを表す。さらに -stin は、交替指示標示を受ける動詞 pawa「飛ぶ、跳ぶ」と主動詞 hamu「来る」の主語が huk qari「ある男」で一致していることを標示している。

　-pti は、出来事の継起または共起を表し、かつ主語が交替することを示す。(44) は -pti による交替指示の例である。

(44) wasi　hawa-manta　qawa-ri-pti-n=ña=taq,
　　 家　　上-ABL　　　 見る-INCH-SR.DS-3SG.POSS=COMPL=CONTR

　　 nina　trueno　kununu-y=lla=ña　　hamu-chka-sqa.
　　 火　　雷　　　轟く-INF=だけ=COMPL　来る-PROG-PST.HYS

「(若者が) 家の上から見ると、雷の火花が轟きながらやって来ていたそうだ」 (Parker 1963)

(44) では、「(若者が) 家の上から見る」という出来事と、「雷の火花が轟きながらやってくる」という出来事が共起していることが、-ptiによって表されている。さらに-ptiは、交替指示を受ける動詞qawa「見る」と主動詞hamu「来る」の主語が異なっていることを示している。qawaの主語は明示されていない「若者」であり、hamuの主語はnina trueno「雷の火花」である。

-spaと異なり、-ptiの後には主語の人称・数標示が義務的に現れる。この主語の人称・数標示は、-spaと同様に所有者の人称・数標示と同形である。例えば (44) において*qawa-ri-pti=ña=taqのように三人称単数の主語標示-nを省略することはできない。

2.3.3.7 体言化接尾辞

アヤクーチョ・ケチュア語は、4種類の体言化接尾辞を持つ (Parker 1969, pp. 54–56)。表2.18は、アヤクーチョ・ケチュア語の体言化接尾辞と、それぞれの体言化接尾辞で作られる体言化の主な機能を示したものである。

-yは、元の動詞で表される行為一般を表す体言を作る。例えば動詞kuya「愛する」に対し、-yはkuya-y「愛すること、愛」という体言を派生する。-qは、動詞で表される行為の動作主を表す体言を作る。例えば動詞llamka「働く」に対し、-qはllamka-q「働く人、労働者」という体言を派生する。-sqaは、動詞で表される行為における結果物や結果状態を表す体言を作る。例えば動詞

表2.18 アヤクーチョ・ケチュア語の体言化接尾辞と体言化の機能 (Parker 1969, pp. 54–56, 82, 87–88, 160, 223、表への整形は筆者による)

接尾辞	主な機能
-y	行為の語彙的体言化、テンスを持たない補文
-q	動作主の語彙的体言化、動作主の関係節化、行為の目的を表す副詞節
-sqa	結果物の語彙的体言化、動作主以外の関係節化 (非未来)、補文節化 (非未来)
-na	道具の語彙的体言化、動作主以外の関係節化 (未来)、補文節化 (未来)

upya「飲む」に対し、*-sqa* は *upya-sqa*「酔っぱらった」という体言を派生する。最後に *-na* は、動詞で表される行為の道具などを表す体言を作る。例えば動詞 *puñu*「寝る」に対し、*-na* は *puñu-na*「寝床、ベッド」という体言を派生する。

　これらの体言化接尾辞は、このような語彙的体言化だけでなく、*Maria qillqa-sqa*「マリアが書いた（もの）」のような文法的体言化 (Shibatani 2019) にも用いられる。内部の項構造を持ち、従属節として機能する文法的体言化の機能と文法的特徴については、第 2.4.4 節で扱う。

2.3.3.8　体言・用言の形態法テンプレート

　本節では、アヤクーチョ・ケチュア語の体言・用言の形態法のテンプレートを記述する。アヤクーチョ・ケチュア語の体言・用言の形態法について、接尾辞の接続する順番を網羅的に記述した研究は管見の及ぶ限り無い。以下の記述は、Parker (1969)、Zariquiey and Córdova (2008) における文法記述と例文、さらに筆者のフィールドワークにおける調査結果に基づくものである。

　アヤクーチョ・ケチュア語の体言形態法のテンプレートは、概ね文法的カテゴリーごとに固有のスロットを取る。表 2.19 は、名詞に接続する接尾辞の順を整理したものである。

　名詞接尾辞の中でも複数標示である *-kuna* は、語の意味に応じて位置が変化する。例えば「複数の子供を持っている人」は *wawa-kuna-yuq*、「子供を持つ複数の人」は *wawa-yuq-kuna* と表される。

　アヤクーチョ・ケチュア語の用言形態法のテンプレートは体言形態法のテンプレートに比べて複雑である。アヤクーチョ・ケチュア語の動詞接尾辞は、概ね表 2.20 に示す順番で現れる。

　アヤクーチョ・ケチュア語の動詞接尾辞は主語・目的語の人称・数標示における人称階層標示 *-wa* と *-yki*、*-su* のように、同じ文法的カテゴリーのクラスであっても別のスロットに現れるものがある。

　さらに動詞接尾辞の中でも、*-chi* と *-ku* は共起する接尾辞によって局所的な順番の変化が見られる。表 2.21 は、三人称単数主語かつ現在時制の時に *-chi*、*-ku*、*-rqu* が共起する際の順番を整理した

第 2 章　アヤクーチョ・ケチュア語

表2.19 アヤクーチョ・ケチュア語の体言形態法テンプレート

文法範疇(語根)	指小辞・指大辞	数	体言ベース体言化	所有者人称・数標示	数	格標示
接尾辞例	-cha -su	-kuna	-yuq -sapa	-y -yki -n	-kuna	-ta -manta

ものである。

　しかし、アヤクーチョ・ケチュア語の動詞接尾辞の出現スロットについては未解明の部分が多く、今後の研究が待たれる。

表2.20 アヤクーチョ・ケチュア語の用言形態法テンプレート

形態(語根)	-yku -ysi	-r(q)u -chi	-ku	-pu	-mu -wa	-chka	-r(q)a -su -sqa -yki	-ni -nki -n	-chik -ku
文法範疇	方向 ヴォイス (随伴使役)	方向 テンス ヴォイス (過去)(使役)	方向 ヴォイス (再帰)	方向 ヴォイス (適用)		人称・数 (人称階層)	アスペクト テンス 人称・数 (過去)(人称階層)	人称・数 人称・数 (人称)(数)	

表2.21 -r(q)u、-chi、-ku が共起する際の接尾辞の位置関係

語根	-r(q)u	-chi	-ku	-r(q)u	主語人称・数標示	全体の語形と意味
arma	-r(q)a*26	-chi			-n	arma-r(q)a-chi-n「洗わせた」
arma			-ku	-r(q)u	-n	arma-ku-r(q)u-n「自分を洗った」
arma		-chi	-ku		-n	arma-chi-ku-n「洗われる」
arma	-r(q)a	-chi	-ku		-n	arma-r(q)a-chi-ku-n「洗われた」

2.4　統語論

　アヤクーチョ・ケチュア語では種々の接尾辞を用いた形態法が発達しているのに対し、統語的特徴は比較的単純である。アラインメントは一貫して対格型である（第2.4.1節）。語順はSOVを基本語順とするものの、項と動詞の間および主節と従属節の間では基本的に自由である（第2.4.2.1節、第2.4.4節）。体言修飾では修飾部が被修飾部に前置される（第2.4.4.2節）。一方、体言化従属節（第2.4.4.2節）は機能の幅が広く、統語法・形態法・意味が相互作用する複雑な示差的項標示の現象を見せる。

2.4.1 アラインメント

アヤクーチョ・ケチュア語のアラインメントは格標示と人称・数の一致のどちらも一貫して対格型である。主節や副詞従属節では自動詞文の必須項と他動詞文のより能動的な項が同じ主格で標示され、他動詞文のより被動的な項が対格で標示される（第 2.3.2.1 節参照）。(45) は自動詞文、(46) は他動詞文における格標示の例[27]である。

(45) *Juana-ø   wasi-n-pi=m   puñu-chka-n.*
フアナ-NOM   家-3SG-LOC=FOC   寝る-PROG-3SG

「フアナが自分の家で寝ている」

(再掲：Zariquiey and Córdova 2008, p. 94)

(46) *ñuqa-ø   carro-ta=m   riku-chka-ni.*
私-NOM   車-ACC=FOC   見る-PROG-1SG

「私は車を見ている」 　(再掲：Zariquiey and Córdova 2008, p. 95)

(45) において、唯一の必須項である *runa*「人」が主格-ø で標示されている。(46) においては、より能動的な項である *runa*「人」が主格-ø、より被動的な項 *pelota*「ボール」が対格-*ta* で標示されている。このように、アヤクーチョ・ケチュア語の格標示におけるアラインメントは対格型である。

アヤクーチョ・ケチュア語における人称・数の一致も、格標示と同じく対格型のアラインメントを示す。具体的には、自動詞文の必須項と、より被動的な項が三人称である他動詞文の能動的な項は、人称・数の一致標識が同じ形態を取る。(47) は自動詞文、(48) は他動詞文における一致標示の例である。

(47) *ñuqa-ø=qa   tusu-ni.*
私-NOM=TOP   踊る-1SG

「私は踊る」 　　　(Zariquiey and Córdova 2008, p. 171)

(48) *ñuqa-ø=qa   sara-ta   miku-ni.*
私-NOM=TOP   とうもろこし-ACC   食べる-1SG

「私はとうもろこしを食べる」

(Zariquiey and Córdova 2008, p. 171)

(47) における唯一の必須項と (47) におけるより能動的な項は共

にñuqa「私」であり、動詞に接続する人称・数の一致標識は-niで共通している。このように、アヤクーチョ・ケチュア語では人称・数の一致標示も対格型のアラインメントを取る。

　他動詞文のより被動的な項が三人称以外である場合、より能動的な項とより被動的な項それぞれの人称・数の組み合わせに応じた一致標識が動詞に現れる。ただし、自動詞文や他動詞文の付加詞が一人称または二人称の指示対象と意味的に関連する場合も、他動詞文のより被動的な項が一人称や二人称の場合と同じ一致標識が現れ得る（第2.3.3節参照）。

2.4.2　語順

　アヤクーチョ・ケチュア語の語順は、項と動詞の間では任意である。一方体言修飾においては、原則的に修飾語が被修飾語に前置される。以下では具体例を挙げながらアヤクーチョ・ケチュア語の語順を記述する。

2.4.2.1　基本語順

　アヤクーチョ・ケチュア語の基本語順はSOVとされる（Soto Ruiz 1976, p. 59）が、他の語順も柔軟に許容される。(49)は基本語順となるSOV語順を取る例、(50)はSVO語順を取る例である。

(49) *amigo-y*　　　　　*pelota-ta*
　　友達（男）-1SG.POSS　ボール-3SG.POSS-ACC

　　hayta-mu-wa-n
　　蹴る-VEN-1.OBJ-3SG.SBJ.1SG.OBJ

　　「友達がボールを私の方へ蹴る」

（筆者のフィールドワークより）

(50) *runa-cha*　*hayta-ru-n*　*pelota-n-ta*　　　　*sacha-man*
　　人-DIM　　蹴る-PST-3SG　ボール-3SG.POSS-ACC　草-DAT

　　「人がボールを草（草むら）へ蹴る」

（筆者のフィールドワークより）

SOV、SVO以外の語順も文法的には許容される。

2.4.2.2 体言修飾

アヤクーチョ・ケチュア語の体言修飾では、修飾語が被修飾語に前置される。(51) は形容詞が名詞を修飾する例である。

(51) sumaq　　sipas
　　　美しい　　少女

　　　「美しい少女」　　　　　　　　　　　　　(Parker 1969, p. 34)

(51) では、形容詞 sumaq「美しい」が後置される名詞 sipas「少女」を修飾している。

指示詞や数詞も形容詞と同様に被修飾語に前置される。例えば指示詞 kay「この、これ」は kay runa「この人」、数詞 kimsa「3」は kimsa runa-kuna「3人の人たち」のように、それぞれ名詞（ここでは runa「人」）に前置される。

格標示を伴う体言修飾も同様の語順を取る。例えば属格で標示される所有者は所有物に前置される。(52) は属格を用いた体言修飾の例である。

(52) qam-pa　　wasi-yki
　　　あなた-GEN　家-2SG

　　　「あなたの家」　　　　(Zariquiey and Córdova 2008, p. 91)

(52) では、所有者を表す qam-pa「あなたの」が後置される名詞 wasi「家」を修飾している。

2.4.3　否定文・疑問文

2.4.3.1　否定文

アヤクーチョ・ケチュア語の否定文は、副詞 mana および小辞 =chu を用いて表す（Parker 1969, pp. 25, 94; Zariquiey and Córdova 2008, pp. 104–105）。(53) はアヤクーチョ・ケチュア語における否定文の例である。

(53) mana=m　　yacha-chi-q=chu　　ka-ni.
　　　NEG=FOC　　知る-CAUS-AG=NEG　　COP-1SG

　　　「私は教師ではありません」

　　　　　　　　　　　(Zariquiey and Córdova 2008, p. 105)

(53) では、否定副詞 mana と共に、否定小辞 =chu がコピュラ動詞

の補語 yacha-chi-q「教師 (lit. 知らせる人)」に接続して現れている。このようにアヤクーチョ・ケチュア語の否定文は、自由形態素である mana と拘束形態素である =chu の共起によって表す。

mana、=chu は共に、語用論的要請によって任意の位置に現れる。特に =chu は、文中で否定の対象となる要素に品詞を問わず接続する。例えば (53) においてはコピュラ動詞の補語 yacha-chi-q「教師 (lit. 知らせる人)」に接続することで、主語である「私」の身分が教師ではないことを表している。

形容詞を否定する場合や従属節内の否定では =chu は現れない。例えば allin amigo「良き友人」に対し、mana allin amigo「良くない友人」では mana が =chu と共起せず形容詞 allin を否定している。

2.4.3.2 疑問文

アヤクーチョ・ケチュア語の疑問文において、極性疑問文は疑問小辞 =chu (Parker 1969, pp. 81–82; Zariquiey and Córdova 2008, pp. 104–105)、具体的な指示対象を問う疑問文は疑問代名詞を用いて作られる (Parker 1969, pp. 36–37; Zariquiey and Córdova 2008, pp. 98–103)。

2.4.3.2.1 極性疑問文

アヤクーチョ・ケチュア語の極性疑問文は、小辞 =chu を用いて表す。(54) はアヤクーチョ・ケチュア語における極性疑問文の例である。

(54) Pedro=chu ka-nki?
　　 ペドロ=Q　　COP-2SG

「あなたはペドロですか？」

(Zariquiey and Córdova 2008, p. 104)

(54) では、小辞 =chu がコピュラ動詞の補語 Pedro に接続して現れている。

=chu の現れる位置は否定文と同様に語用論的要請に従い自由である。(54) ではコピュラ動詞の補語 Pedro に接続することで、主語である「あなた」がペドロであるのかどうかが疑問の焦点である

ことを表している。

2.4.3.2.2　疑問詞疑問文

アヤクーチョ・ケチュア語において具体的な指示対象を尋ねる疑問文は、疑問代名詞を用いて作られる。(55) は疑問代名詞を用いた疑問文の例である。

(55) *pi=m*　　*ka-nki*　　*ima-ta=m*　　*muna-nki*？
　　　誰=FOC　　COP-2SG　　何-ACC=FOC　　望む-2SG

　　「お前は誰だ、何を望むのか」　　　　（Parker 1963, p. 19）

(55) では、疑問代名詞 *pi*「誰」や *ima*「何」によって疑問が表されている。極性疑問文と異なり、=*chu* は現れない。

アヤクーチョ・ケチュア語では、*pi*「誰」、*ima*「何」の他に表 2.22 に示す疑問代名詞が用いられる。

これらの疑問代名詞について、厳密な語順の規則は報告されていない。筆者の管見の限りでは、疑問代名詞は文頭に置かれることが多い。

表 2.22　ケチュア語の疑問代名詞（Parker 1969, pp. 36–37; Zariquiey and Córdova 2008, pp. 98–103、表への整形は筆者による）

意味	疑問代名詞
何	*ima*
誰	*pi*
どこ	*may*
いつ	*haykapi*
どのように	*imayna*
どれだけ	*hayka*
どの	*mayqin*

2.4.4　従属節

アヤクーチョ・ケチュア語の従属節は、交替指示（第 2.3.3.6 節

参照）や体言化（第2.3.3.7節参照）によって作られる。本節では交替指示による従属節（第2.4.4.1節）と体言化による従属節（第2.4.4.2節）について、統語的特徴を記述する。

2.4.4.1　交替指示による副詞従属節

アヤクーチョ・ケチュア語では、交替指示標示によって主節の出来事に対して継起または共起関係にある出来事を表す副詞従属節を作ることができる。交替指示標示は-spa、-stin、-ptiの3種類があり、それぞれ主節に対する時間的関係と主語の交替の有無で異なっている（第2.3.3.6節参照）。

これらの交替指示による従属節は、主節の中で任意の位置で現れうる。(56)は交替指示従属節が主動詞より前に現れる例である。

(56) wak　　runa=m　　danza-stin
　　 あれ　　男=FOC　　踊る-SR.SS

　　 hamu-ru-n　　carretera-n-ta
　　 来る-PST-3SG　道-3SG.POSS-ACC

「あの男の人が踊りながら道に沿って来た」

（筆者のフィールドワークより）

(56)では、交替指示従属節 *danza-stin*「踊りながら」が主動詞 *hamu-ru-n*「来た」に先行している。一方(57)は交替指示従属節が主動詞より後に現れる例である。

(57) kay runa=m yayku-yku-n　　danza-stin　wasi　uku-man
　　 これ 男=FOC 入る-DIR.YKU-3SG　踊る-SR.SS　家　中-DAT

「この男の人が踊りながら家の中に入り込む」

（筆者のフィールドワークより）

(57)では(56)とは逆に、主動詞 *yayku-yku-n*「入る」が交替指示従属節 *danza-stin*「踊りながら」に先行している。

このような従属節の位置のバリエーションは、(57)および(56)のような共起を示す従属節だけでなく、継起を示す従属節にも見られる。(58)は、継起関係を表す交替指示従属節が主動詞より前に現れる例である。

(58) amiga-y　　　Maria-ta　　　qaya-pti-n
　　　友達-1SG.POSS　マリア-ACC　　呼ぶ-SR.DS-3SG.POSS

　　　Maria　　hamu-n　　pabellon-man.
　　　マリア　　来る-3SG　　建物-DAT

　　　「私の友達がマリアを呼び、マリアが建物へ来る」

(筆者のフィールドワークより)

(58) では、交替指示従属節 <u>amiga-y Maria-ta haya-pti-n</u>「私の友達がマリアを呼ぶ」が主動詞 hamu-n「来る」に先行している。一方 (59) は、継起関係を表す交替指示従属節が主動詞より後に現れる例である。

(59) Maria　　yayku-n　　pabellon-man
　　　マリア　　入る-3SG　　建物-DAT

　　　kay-manta　　amiga-y　　qaya-pti-n.
　　　これ-ABL　　友達-1SG　　呼ぶ-SR.DS-3SG.POSS

　　　「私の友達が呼び、マリアがここから建物へ入る」

(筆者のフィールドワークより)

(59) では、主動詞 yayku-n「入る」が交替指示従属節 <u>amiga-y haya-pti-n</u>「私の友達が呼ぶ」に先行している。

このように継起関係を表す従属節の位置が自由であることは、類型論的に興味深い現象である。(58)(59) 共に、従属節内で表される出来事は主動詞で表される出来事に対して時間的に先行している。このような場合に、(58) のように従属節が主動詞に先行する語順だけでなく (59) のように従属節が主動詞よりも後に現れる語順も許されることは、出来事と言語表現の類像性に反するという点で注目に値する。

2.4.4.2　体言化による従属節

アヤクーチョ・ケチュア語の体言化による従属節は、非常に幅広い機能を持つ。特に -sqa と -na による従属節は主語・目的語をはじめとする内部の項構造を柔軟に明示できるため、複雑な内容を従属節として表現できる。以下第 2.4.4.2.1 節では -y、-q、-sqa、-na それぞれによる従属節の機能、第 2.4.4.2.2 節では体言化従属節内の

項標示について記述する。

2.4.4.2.1 体言化従属節の機能

-yで作られる従属節は動詞が表す行為をモノ・コト的に表し、主に補文として機能する。-yで作られる従属節は、例えば(60)のように意志動詞の目的語として用いられる。

(60) *atuq-ta   hapi-y-ta   muna-ni.*
　　 キツネ-ACC   掴む-INF-ACC   欲する-1SG

　　「私はキツネを捕まえたい」　　　（筆者のフィールドワークより）

(60)では動詞*hapi*「掴む、捕まえる」が-yによって体言化され、動詞*muna*「〜を欲する、好む」の目的語として機能している。

-qで作られる従属節は、動詞が表す行為を行う主体を表す。(61)は-qによる従属節の例である。

(61) *tanta-ta   miku-q   runa*
　　 パン-ACC   食べる-AG   人

　　「パンを食べる人」　　　　　（筆者のフィールドワークより）

(61)では動詞*miku*「食べる」が-qによって体言化され、「パンを食べる主体」を表している。この*miku-q*「パンを食べる主体」が名詞*runa*「人、男」を修飾し、(61)全体で「パンを食べる人」を表している。

-sqa、-naで作られる従属節は、動詞が表す行為の結果や道具など、行為に関連する主体以外の概念を表す。(62)は、-sqaで作られる従属節が関係節として機能する例である。

(62) *warmi=qa   kay   runa   riqsi-sqa-n*
　　 女=TOP   これ   人   知る-NMLZ.PST-3SG.POSS

　　 punchaw-manta,   pay=lla-pi=ña   pinsa-n
　　 日-ABL   彼/彼女=LIM-LOC=COMPL   考える-3SG

　　「女はこの男を知った日から、彼のことばかり考えている」

　　　　　　　　　　　　　　　　　　　　（Parker 1963, p. 23）

(62)では、動詞*riqsi*「知る」が-sqaによって体言化され、「この男を知ったことに関連する概念」を表している。「この男が知った」の主語である*warmi*「女」の人称・数は、三人称単数の所有者人

称・数標示である-nによって標示されている。このkay runa riqsi-sqa-nが体言punchaw「日」を修飾し、kay runa riqsi-sqa-n punchaw全体で「この男を知った日」を表現している。

-sqaと-naはテンスの観点で異なり、-sqaは過去または現在のテンス、-naは未来のテンスを表す。例えばrura-na-yki wasi=qa...（作る-NMLZ.FUT-2SG.POSS 家=TOP）「あなたが建てる家は……」（Zariquiey and Córdova 2008, p. 223）では、関係節が示す「家を建てる」という出来事は未来の出来事であることが示される。

このような-sqaや-naで作られる関係節は、(62)におけるpunchaw「日」のように関係節内における行為の主体以外の要素を修飾できる。一方、*kay runa riqsi-sqa-n warmi（「この男を知った女」を意図）のように、行為の主体となる要素を修飾することはできない。

さらに、アヤクーチョ・ケチュア語の-sqaおよび-naによって作られる関係節は、外の関係（寺村1992）の体言修飾も可能である。(63)はアヤクーチョ・ケチュア語における外の関係の例文である。

(63) ñuqa-pa　　 llamka-sqa-y　　　　 qullqi
　　　1SG-GEN　　働く-NMLZ.PST-1SG.POSS　お金

「私が働いて得たお金（lit. 私が働いたお金）」

(筆者のフィールドワークより)

(63)における被修飾名詞であるqullqi「お金」は、関係節ñuqa-pa llamka-sqa-y「私が働いた」内の項や付加詞として解釈不可能である。例えば、*qullqi-ta llamka-ni（お金-ACC 働く-1SG）のように、動詞llamkaの直接目的語として解釈することはできない。このように-sqaや-naによる関係節は、関係節内の項や付加詞とは解釈できない体言も修飾可能である。

-sqa、-naで作られる従属節は、格標示を伴い補文として機能する場合もある。(64)は、-naで作られる従属節が動詞の目的語として機能する例である。

(64) suya-chka-n　　 yarqa-y-manta　　　runa
　　　待つ-PROG-3SG　　飢える-INF-ABL　　　 人

ura-yka-mu-na-n-ta
降りる-中へ-VEN-NMLZ.FUT-3SG.POSS-ACC

「(魔女は) 男が飢えで (木から) 降りてくるのを待っている」 (Parker 1963, p. 9)

(64) では、*-na* によって作られた体言化従属節 *ura-yka-mu-na-n* 「降りてくる」が対格標示を受け、主動詞 *suya-chka-n* 「待っている」の目的語として機能している。

2.4.4.2.2 体言化従属節の内の項標示

アヤクーチョ・ケチュア語の体言化従属節のうち、*-y* と *-q* による従属節では目的語を明示できる一方、主語を明示することはできない。この2種類の従属節の中では目的語の格標示に *-ta* と *-ø* (標示無し) の2通りが見られる。

-sqa と *-na* による従属節の中では、主語と目的語の両方が明示できる。文法的には主語と目的語を同時に明示可能であるが、実際のテキストにおいて主語と目的語を同時に明示する例は稀である。

-sqa と *-na* による従属節内では、主語と目的語の格標示にそれぞれ2通りのバリエーションが見られる (諸隈 2023)。同様の体言化従属節での示差的主語標示 (differential subject marking, DSM) および示差的目的語標示 (differential object marking, DOM) はクスコ・ケチュア語 (Cole and Hermon 2011; Lefebvre and Muysken 1988) やフニン・ワンカ・ケチュア語 (Cole and Hermon 2011) でも報告されており、ケチュア語文法研究の中でも注目される現象である。

アヤクーチョ・ケチュア語の *-sqa* と *-na* による従属節の中では、主語の格標示として *-ø* (標示無し) または *-pa* (属格)、目的語の標示として *-ø* (標示無し) または *-ta* (対格) が許容される。ただし、同時に主語を *-pa*、目的語を *-ta* で標示することはできない。(65) は主語の格標示のバリエーションの例である。

(65) *Mana   Raul-ø/-pa   qillqa-ø   qu-sqa-n-rayku*
NEG   ラウル-NOM/-GEN   手紙-ø   やる-NMLZ.PST-3SG.POSS-CSL

    pay   *piña-ku-chka-n*
    彼/彼女   怒る-REFL-PROG-3SG

    「ラウルが手紙を送らなかったので彼（女）は怒っている」

（諸隈 2023）

(65) では、主語 Raul「ラウル」に -ø と -pa の 2 通りの格標示が許容される。さらに（66）は、目的語標示のバリエーションの例である。

(66) *Mana*   *Raul*   *qillqa-ø/-ta*   *qu-sqa-n-rayku*
     NEG   ラウル   手紙-ø/-ACC   やる-NMLZ.PST-3SG.POSS-CSL

     pay   *piña-ku-chka-n*
     彼/彼女   怒る-REFL-PROG-3SG

    「ラウルが手紙を送らなかったので彼（女）は怒っている」

（諸隈 2023）

(66) では、目的語 *qillqa*「手紙」に -ø と -ta の 2 通りの格標示が許容される。このような主語・目的語の格標示のバリエーションは体言化従属節内でしか観察されず、主節では主語は一貫して -ø、目的語は一貫して -ta で標示される（第 2.3.2.1 節参照）。

　このうち、目的語の格標示のバリエーション（DOM）には、情報構造による選好が見られる。具体的には、目的語が対比的焦点にあたるか意外性を持つとき、あるいはその両方であるときに -ø よりも -ta による標示が好まれる（諸隈 2023）。例えば（66）の例においては、「ラウルが送るべきだったものが複数あり、その中でも手紙を送らなかった」という目的語が対比的焦点となる文脈や、「ラウルは手紙を送るよう再三言われていたにもかかわらず送らなかった」という目的語が意外性を持つ文脈では、*qillqa* を -ta で標示することが好まれる。一方、主語の格標示の選択については今後の調査が待たれる。

　このようなアヤクーチョ・ケチュア語の DOM は、類型論的に非常に興味深い特徴を持っている。まず、対比的焦点と意外性がDOM を動機付ける言語は他に報告が無く、類型論的に珍しい。さらにこの現象は、従来は情報構造の標示がなされないとされてきた従属節内でも情報構造の標示が見られることを示している。最後に、

この現象は対比性が言語形式に反映されうる文法的カテゴリーとして認められることを示している（諸隈 2023）。

2.5 アヤクーチョ・ケチュア語における移動事象の表現手段

　以上では、アヤクーチョ・ケチュア語の文法の類型論的特徴を概観した。アヤクーチョ・ケチュア語は接尾辞を用いた形態法が発達した言語であり、特に用言の形態法に類型論的に興味深い特徴が数多く見られる。

　本書が注目する移動表現には、アヤクーチョ・ケチュア語の文法現象が多角的に関連する。移動事象の中心的な構成要素である経路・様態・直示のいずれも、複数の文法的クラスによって表示可能である。例えば経路は *yayku*「入る」のような動詞語根のほか、格接尾辞 -*man*（与格）や動詞接尾辞 -*yku*「中へ、下へ」と大きく分けて3つの文法的クラスによって表示されうる。

　本節では、アヤクーチョ・ケチュア語における移動表現分析の前提となる、移動の構成要素である各概念のこの言語における表示手段を記述する。記述は表現手段の文法的クラスに着目し、第 2.5.1 節では動詞、第 2.5.2 節では動詞接尾辞、第 2.5.3 節では格接尾辞および格接尾辞を伴う体言、第 2.5.4 節では副詞に注目して記述する。

2.5.1　動詞による移動表現

　アヤクーチョ・ケチュア語は、移動を構成する概念を豊富な動詞で表すことができる。この言語では、経路・様態（使役手段）・直示の全てを動詞で表すことができる。

　アヤクーチョ・ケチュア語の動詞は、主語の移動を表し主体移動表現（第1章第 1.1.2 節参照）で用いられる動詞と、目的語の移動を表し客体移動表現で用いられる動詞と、項として現れない概念の移動を表し抽象的放射場面で用いられる動詞に分類することができる。以下ではこの分類に従い、第 2.5.1.1 節で主体移動表現、第 2.5.1.2 節で客体移動表現、第 2.5.1.3 節で抽象的放射場面で用いら

れる動詞を概観する。

2.5.1.1　主体移動表現で用いられる動詞

アヤクーチョ・ケチュア語では、主体移動における経路・様態・直示のいずれも動詞語根で表され得る。(67) は、本研究の実験結果で用いられた動詞のうち、主体移動表現における経路を表すと分析するものの一覧である。

(67) *asu*「近づく」、<u>*acerca*</u>「近づく」、*anchu*「離れる」、*chaya*「至る」*yayku*「入る」、*siqa*「上る」、*lluqa*「上る」、*qispi*「上る」、*ura*「下る」、*chimpa*「渡る」、*muyu*「回る」、*urma*「落ちる」、*wichi*「落ちる」、<u>*pasa*</u>「通る（intr.）」、<u>*subi*</u>「上る」、<u>*baja*</u>「下る」、<u>*cruza*</u>「渡る」

本研究の実験結果ではアヤクーチョ・ケチュア語固有の語彙だけでなく、スペイン語からの借用語も頻繁に用いられる。(67) に挙げる経路動詞の中では、<u>*acerca*</u>「近づく」、<u>*pasa*</u>「通る（intr.）」、<u>*subi*</u>「上る」、<u>*baja*</u>「下る」、<u>*cruza*</u>「渡る」がスペイン語由来の経路動詞である。

(68) は、本研究の実験結果で用いられた動詞のうち、様態を表すと分析するもの（様態動詞）の一覧である。

(68) *puri*「歩く」、*ichi*「歩く」、*kallpa*「走る」、*pawa*「跳ぶ、飛ぶ」、*muyu*「回る」、*tusu*「踊る」、<u>*danza*</u>「踊る」、<u>*corre*</u>「走る」、<u>*brinca*</u>「走る」、*rinka*「走る」、<u>*salta*</u>「跳ぶ」

このうち、<u>*danza*</u>「踊る」、<u>*corre*</u>「走る」、<u>*brinca*</u>「走る」*28、<u>*salta*</u>「跳ぶ」はスペイン語からの借用語である。*rinka*「走る」は、管見の及ぶ限りアヤクーチョ・ケチュア語の辞書に記載が無い。この言語における <u>*brinca*</u> と同じく「走る」の意で用いられており、使用するのが若い話者（20代以下）のみであるという点から、この *rinka* は <u>*brinca*</u> がアヤクーチョ・ケチュア語の音韻規則（第2.2.2節参照）に合わせて音変化したものと筆者は分析する。

本書においては、*muyu*「回る」が経路動詞としての用法と様態動詞としての用法を多義的に持つものと分析する。具体的には、動画中で *muyu* の主語にあたる指示物がある物体の周囲に沿って移動

するとき、この*muyu*は経路を表示していると分析する。*muyu*の主語にあたる指示物が自分自身を軸にして回転するとき、この*muyu*は様態を表示していると分析する。

最後に、アヤクーチョ・ケチュア語は TWRD.S（来る）と NOT TWRD.S（行く）を表す2種類の直示動詞を持つ。具体的には（69）に示す2つの動詞である。

(69) *hamu*「来る」、*ri*「行く」

hamu は TWRD.S、つまり話者へ向かう移動を表す。*ri* は話者には向かわない移動を表す。*ri* は AWYFRM.S つまり話者から離れる移動を表すとは限らず、話者との位置関係が変化しない ORTHOG を表す場面でも用いられる。ただし、移動物が話者へ向かう TWRD.S の表示として *ri* が用いられることは無い。

2.5.1.2 客体移動表現で用いられる動詞

客体移動場面における経路の表現では、移動の経路と使役性を同時に表す使役経路動詞が用いられることがある。(70) は、本研究の実験結果で見られた動詞のうち、使役経路動詞と分析するものの一覧である。

(70) *chura*「入れる」、*pasa*「渡す」（、*hina*「置く」）

このうち *pasa* はスペイン語からの借用語である。

本書では、*hina*「置く」を経路・使役性・使役手段を同時に表す動詞として分析する。この動詞は put/take 動詞（Narasimhan et al. 2012）として、抽象性の高い経路（TO、TO.IN、TO.ON）と使役性、使役手段（MOVE.BY.HAND）を同時に表示する。この *hina* は、集計の際は独立の項目として集計している。

さらにアヤクーチョ・ケチュア語では、使役のヴォイス標識 *-chi* を用いて経路動詞から使役経路動詞を生産的に派生できる。(71) は、本研究の実験結果で見られた、*-chi* によって経路動詞から派生した使役経路動詞の一覧である。

(71) *asu-chi*「近づける」、*yayku-chi*「入れる、入らせる」、*pasa-chi*「通らせる」、*chaya-chi*「至らせる」

このうち *pasa-chi* は（70）に挙げた他動詞としての *pasa*「渡す」

ではなく、(67)で挙げた自動詞としての*pasa*「通る」の使役化である。

客体移動場面では、使役手段を表す動詞（以下、使役手段動詞）がしばしば用いられる。(72)は、本研究の実験結果で用いられた動詞のうち、使役手段動詞と分析するものの一覧である。*hina* は使役手段と経路を同時に表す動詞であることに注意したい。

(72) *hayta*「蹴る」、*apa*「持つ、抱える」、*qaya*「呼ぶ」（、*hina*「置く」）

アヤクーチョ・ケチュア語の話者は、*qaya*「呼ぶ」を使役手段動詞として用いている。具体的には、本研究の実験結果において、*qaya* は呼びかける主体が移動物となる人間に声を掛けることで、その人間が呼びかけの主体の方向へ移動することを表している。

2.5.1.3 抽象的放射表現で用いられる動詞

最後に、抽象的放射場面（本稿では視覚放射場面のみ）では、視線を向ける様子を表す動詞（以下視覚動詞）が用いられる。(73)は、本研究の実験結果で見られる動詞のうち、視覚動詞と分析するものの一覧である。

(73) *riku*「見る」、*qawa*「見る」、*watiqa*「見つめる」

以上に挙げた動詞は、主動詞・従属節主要部のいずれとしても現れ得る。文法的に主動詞として現れ得ない動詞や、従属節主要部として現れ得ない動詞は存在しない。

2.5.2 動詞接尾辞による移動表現

アヤクーチョ・ケチュア語では、動詞接尾辞で経路を表示することがある。アヤクーチョ・ケチュア語では、ケチュア語文法研究において方向接尾辞と呼ばれる動詞接尾辞のうち、(74)に挙げる *-rqu*「外へ」と *-yku*「中へ、下へ」の2つが経路表示として用いられることが報告されている（第2.3.3.5節参照）。

(74) *-yku*「中へ、下へ、特定の着点へ」、*-rqu*「外へ」

さらにアヤクーチョ・ケチュア語では、直示を動詞接尾辞で表示することもある。(75)は直示を表す動詞接尾辞の一覧である。

(75) -mu「こちらへ」、-wa（一人称目的語人称階層標識）「私に、私へ」（、-pu「あちらへ」）

アヤクーチョ・ケチュア語では方向接尾辞のうち-mu「こちらへ」「あちらで」および限られた条件で-pu「あちらへ」が直示表示として用いられることが報告されている（第2.3.3.5節参照）。ただし本研究の調査結果において-pu が用いられることは無かった。

アヤクーチョ・ケチュア語では、方向接尾辞-mu に加えて一人称目的語の人称階層標識である-wa（第2.3.3.1節参照）が直示表示として用いられることがある。(76)（第2.3.3.1節（25）より再掲）は、-wa が直示表示として用いられる例である。

(76) ñuqa-pa lado-y-man   apa-ra-mu-wa-n   silla-ta.
    私-GEN   そば-1SG.POSS-DAT   運ぶ-PST-VEN-1.OBJ-3SG.SBJ   椅子-ACC

「私のそばに椅子を持ってきた」

(再掲：筆者のフィールドワークより)

(76) において、動詞 apa「持つ、運ぶ」の直接目的語は silla「椅子」であるため、-wa は直接目的語の人称・数を表していない。apa は間接目的語を要求する動詞ではないため、-wa は間接目的語の人称・数を表してもいない。したがって本稿では、(76) に現れる-wa は、椅子が話者に向かって移動するという直示 TWRD.S を表示していると解釈する。

2.5.3 格接尾辞による移動表現

以上では、用言形態法による経路・様態（使役手段）・直示の表示を概観した。さらにアヤクーチョ・ケチュア語では、体言形態法で主に経路と直示を表すことがある。

アヤクーチョ・ケチュア語の格接尾辞の一部は、経路を表示する。(77) は経路を表示し得る格接尾辞の一覧である。

(77) -man（与格：TO, TWRD）、-manta（奪格：FRM）、-kama（限界格：TO, TWRD）（、-ta（対格：TO, TWRD, VIA/ 直接目的語標示）

このうち、対格-ta は経路表示として使われる場合もあれば、直接目的語標示として用いられる場合もある（第2.3.2.1節参照）。

対格-ta が経路表示と直接目的語標示のいずれとして使われているかは、体言化従属節内における表示ないし標示のバリエーションの有無によって判断可能である。アヤクーチョ・ケチュア語では、体言化従属節内において直接目的語の標示に -ta と -ø の 2 種類が見られる示差的目的語標示が見られる（第 2.4.4.2.2 節参照）。ただし、この現象は経路を表示する -ta には見られない。(78) は、体言化従属節内における -ta による経路表示の例である。

(78) *pay　chay　llaqta-ta/*-Ø　ri-sqa-n-ta　　　　riku-ru-ni*
　　　3SG　それ　町-ACC　　　　行く-NMLZ.REAL-3SG-ACC　見る-PST-1SG

「私は彼/彼女が町に行くのを見た」

(78) では、移動の着点である *llaqta*「町」が対格 -ta によって標示されている。つまり、-ta は経路 TO を表示している。そしてこの -ta を -ø に変更した文は、文法的に不適格となる。

　本稿では調査結果に現れる -ta について、その文で使われる動詞による体言化従属節内で -ø と交替可能かを基準に経路表示と直接目的語標示を区別している。この基準に従うと、(79) における -ta は経路表示ではなく直接目的語標示として分析される。

(79) *warma-cha-lla　　qari　　escalera-ta　　siqa-ru-n*
　　　少年-DIM-LIM　　男性　　階段-ACC　　上る-PST-3SG

　　　kallpa-spa-lla
　　　走る-SR.SS-LIM

「少年のような男性が走りながら階段を上る」

(ID: 02, /Run-Up-Neut/)

(79) では、-ta で標示される名詞 *escalera*「階段」が動詞 *siqa*「上る」を主要部とする主節内で現れている。この *siqa* を体言化した場合、*escalera* (-ta/-ø) *siqa-sqa-n*「階段を上ること」のように -ta は -ø と交替可能である。このことから、(79) における -ta は直接目的語標示であると判断する。

　アヤクーチョ・ケチュア語の格接尾辞は以上のように単体で経路を表すだけでなく、体言を伴うことで位置関係（conformation: 松本 2017）を含意する経路や直示、使役手段を表す場合もある。以下では、格接尾辞と体言の組み合わせによる経路（第 2.5.3.1 節）、

直示（第 2.5.3.2 節）、使役手段（第 2.5.3.3 節）の表示を紹介する。

2.5.3.1 格接尾辞を伴う体言による経路表示

アヤクーチョ・ケチュア語では、位置関係を表す体言（以下位置名詞）に格接尾辞が接続し、位置関係を含意する経路を表すことがある。(80) はアヤクーチョ・ケチュア語における代表的な位置名詞、(81) は格接尾辞と位置名詞の組み合わせによる経路表示の例である。

(80) *uku*「中、下」、*ura*「下」、*hawa*「外、上」、*hanay*「上」、*law*「そば」

(81) *uku-man*「中へ、下へ」、*hawa-manta*「外から、上から」、*law-ta*「そばへ」

位置名詞は参照物となる人や物を表す体言で修飾される場合もある。例えば *uku-man* は体言 *wasi*「家、建物」を前置することで *wasi (-pa) uku (-n)-man*「家の中へ」のように参照物を特定した経路を表せる。

2.5.3.2 格接尾辞を伴う体言による直示表示

アヤクーチョ・ケチュア語では、直示性を持つ体言に格接尾辞が接続し、直示を表すことがある。直示性を持つ体言の一例は代名詞である。例えば一人称単数代名詞 *ñuqa* に与格 *-man* が接続した *ñuqa-man*「私へ、私に向かって」は直示 TWRD.S を表す。

直示性を持つ体言には、代名詞の他に代名詞で修飾される体言、一人称の所有者を含意する体言、一人称が主語となる体言化も含まれる。(83) は代名詞で修飾される位置名詞、(83) は一人称の所有者を含意する位置名詞、(84) は一人称単数が主語となる体言化がそれぞれ経路を表す格接尾辞を伴い、直示を表示する例である。

(82) *runa*　　*kallpa-chka-n*　　*ñuqa*　　*law-man*
　　　男性　　走る-PROG-3SG　　1SG　　そば-DAT
　　「男性が私のそばへ走っている」　　　（ID: 08, /Skip-To-TwrdS/）

(83) *salta-spa*　*asu-yka-ra-mu-wa-n*　*ñuqa-pa*　*punta-y-man*
　　　跳ぶ-SR.SS　近づく-YKU-PST-VEN-Tsg　1SG-GEN　そば-1SG.POSS-DAT

「(彼/彼女が)跳ねながら私のそばへ近づいてくる」

(ID: 01, /Skip-To-TwrdS/)

(84) apuraw=lla-man=ña　　subi-ra-mu-n　　　ñuqa-pa
　　 急ぎ=LIM-DAT=COMPL　 上る-PST-VEN-3SG　 1SG-GEN

ka-sqa-y-man
COP-NMLZ.REAL-1SG.POSS-DAT

「(彼/彼女が)急いで私のいるところへ上ってくる」

(ID: 08, /Run-Up-TwrdS/)

(83)では代名詞 ñuqa で修飾される位置名詞 law「そば」が与格 -man を伴っている。(83)では、位置名詞 punta「そば」が属格で標示される代名詞 ñuqa とこれに対応する所有者人称標示 -y を伴い、与格で標示されている。(84)では一人称単数を主語とするコピュラ動詞 ka が体言化され、与格で標示されている。このように、ñuqa law-man「私のそばへ」、ñuqa-pa punta-y-man「私のそばへ」、ñuqa-pa ka-sqa-y-man「私のいるところへ」といった名詞句が直示(ここでは TWRD.S)を表示する場合がある。

本書においては、体言形態法による経路および直示表示を表2.23に示す形で分析する。

経路を表す格接尾辞が位置名詞でなく直示性も持たない体言に接続している場合、その格接尾辞を経路表示と分析する。経路を表す格接尾辞が位置名詞に接続し、その位置名詞が直示を持たない場合、位置名詞と格接尾辞の組み合わせを経路表示と分析する。位置名詞が(直示性の無い)体言で修飾されている場合、その体言は経路表示に含めない。経路を表す格接尾辞が直示性を持つ体言に接続している場合、直示性を持つ体言と格接尾辞の組み合わせを直示表示と分析する。直示性を持ち位置名詞が主要部となる体言が格接尾辞を伴う場合も、その体言全体と格接尾辞の組み合わせを直示表示と分析する。

2.5.3.3　格接尾辞を伴う体言による使役手段表示

アヤクーチョ・ケチュア語では格接尾辞を伴う体言が使役手段を表示する場合がある。具体的には名詞 maki「手」が道具格 -wan を

表 2.23　体言形態法による経路・直示表示の分類

体言の性質	どこまでが経路/直示表示か	表示する概念
直示性の無い非位置名詞	格接尾辞	経路
直示性の無い位置名詞	位置名詞＋格接尾辞	経路
直示性を持つ非位置名詞	体言＋格接尾辞	直示
直示性を持つ位置名詞	位置名詞＋格接尾辞	直示

伴い、*maki (-n)-wan*「(彼/彼女の) 手で」で使役手段 MOVE.BY.HAND を表示することがある。

2.5.4　副詞による移動表現

アヤクーチョ・ケチュア語では、しばしば副詞が様態を表示する。(85) は様態を表示する副詞の一例である。( ) 内は随意的に現れる形態および頻繁に共起する接語を表している。

(85) *alli (n) (=lla)-manta*「ゆっくりと」、*apuraw (=lla)-man (=ña)*「急いで」、*kallpa~kallpa (-y=lla)*「走って」

様態を表示する副詞は接語 =lla「〜のみ」や =ña「すでに」*29、人称標示の有無によるバリエーションが数多く見られる。

　様態を表示する副詞は全て体言や用言から派生したものである。例えば *alli=lla-manta*「ゆっくりと」は形容詞 *allin*「良い」に接語 =lla と格接尾辞 -manta が接続して派生したものである。*kallpa~kallpa-y=lla*「走って」は動詞 *kallpa*「走る」が重複を受け、体言化接尾辞 -y と接語 =lla が接続して派生したものである。これらの様態表示の厳密な形態統語的分析には議論の余地があるものの、i) 主語または所有者の人称標示を受けない、ii) 内部に項構造を持つ例が見られないという点から、副詞と分析する。

2.6　結語

　本章では、本書の分析の前提となる、アヤクーチョ・ケチュア語の概略的特徴を記述した。具体的には、まず導入としてこの言語の社会的な位置づけと研究史の概観を行った。そして、この言語の文

法をフィールドワークで得られた最新のデータを交えて総覧的に記述し、その類型論的特徴を大きく音韻論・形態論・統語論の3つの観点から分析した。最後に、本稿のテーマである移動表現に注目し、この言語で移動を構成する各概念の表示に用いられる形態統語的手段を記述した。

アヤクーチョ・ケチュア語の音韻論は単純な特徴を持つ。通言語的に見ても規模の小さい音素目録を持ち、音節構造やアクセント規則も単純である。

アヤクーチョ・ケチュア語は接尾辞による形態法が発達した言語である。特に用言形態法が発達した言語であり、テンス・アスペクト・ヴォイスをはじめとする数多くの文法的カテゴリーが動詞接尾辞によって示される。中には随伴使役を表す固有の接尾辞など、類型論的に珍しい形態法も見られる。中でも特徴的なのは、方向接尾辞の存在である。方向接尾辞は代表的な意味である動作の方向だけでなく、テンス・アスペクト・ヴォイスなどの文法的機能や、話者の感情的評価など幅広い機能を持っている。

アヤクーチョ・ケチュア語の統語法はアラインメントと語順の観点では単純である。アラインメントは格標示においても一致標示においても一貫して対格型である。語順は、体言修飾において修飾部が被修飾語に前置されることを除けば、原則として自由である。この言語の統語法において特筆すべき特徴を見せるのは体言化従属節である。従属節の中でも体言化による従属節は非常に幅広い機能を持ち、示差的項標示など統語論・形態論・意味論を横断する非常に興味深い現象を見せる。

アヤクーチョ・ケチュア語は、経路、様態、直示といった移動を構成する概念を様々な文法的クラスによって表現できる。特に主体移動ではどの概念も動詞で表現することができるため、主要部表示をめぐって経路・様態・直示の3つが競合する。これらの概念のうち、経路と直示は動詞と格接尾辞（と体言の組み合わせ）だけでなく、動詞接尾辞でも表すことができる。このように様々な概念を豊富な手段で表示できるアヤクーチョ・ケチュア語は、移動表現の類型論において数多くの示唆を与えることが期待される。

*1 「移住させる」「植民させる」「拡大する」などを意味する。この政策による植民者は *mitmaq (-kuna)* と呼ばれる。
*2 現在のケチュア語研究では Torero（1964）の用語法が一般化しているため、以下ケチュア I、ケチュア II と呼ぶ。
*3 首都を星印（★）、その他の都市を黒丸（●）で示す。
*4 コロンビアの Inga (Ingano) と呼ばれる変種など、例外も見られる。
*5 本書においてはアヤクーチョ・ケチュア語固有の語彙と借用語を区別するため、借用語には pasa のように下線を引く（略号一覧参照）。
*6 正書法の統一のため、適宜原文の表記に対し筆者による変更を加えている。
*7 これは細川（1988b, p. 1602）がケチュア語諸変種の一般的な特徴として述べたものである。アヤクーチョ・ケチュア語の文法記述においては、Parker（1969, p. 21）では /q/ の直後または直前以外での /i/、/u/ の後母音化を報告していない一方、Zariquiey and Córdova（2008, p. 33）は直前・直後以外の位置（例：orqo/urqu/「山」）の後母音化を報告している。Zariquiey and Córdova（2008, p. 33）では /q/ が存在する場合に /i/ と /u/ がそれぞれ [e]、[o] の異音を取ると述べており、これらの異音を取る /i/、/u/ と /q/ の具体的な位置関係については言及していない。アヤクーチョ・ケチュア語で後母音化が起こる範囲についてはさらなる分析の余地があるものの、細川（1988b, p. 1602）の記述は Parker（1969, p. 21）と Zariquiey and Córdova（2008, p. 33）両者の挙げる具体例と矛盾せず、この変種においても妥当であると筆者は考える。
*8 Parker（1969, p. 18）ではこのストレスが強弱、長短、声質のいずれとして実現するかについては言及が無い。
*9 =*á* が取る異形態のパターンについて、Parker（1969, p. 85）は明示的に説明していない。提示されている例を分析した結果、このような記述が妥当であると筆者は考える。
*10 母音に接続する場合に =*s*、子音に接続する場合に =*si* の異形態を取る。ここでは基底の形態である =*s* に =*á* が接続すると筆者は分析する。
*11 アヤクーチョ・ケチュア語（Parker 1969; Zariquiey and Córdova 2008）、タルマ・ケチュア語（Adelaar 1977）、ワリャガ・ケチュア語（Weber 1989）、ヤウヨス・ケチュア語（Shimelman 2017）。
*12 主題標示 *qa* や焦点標示 *m(i)* や *s(i)*、とりたてや語調を標示する *lla* などは、前接する形態素の品詞を問わない拘束形態素であり、接語（enclitics）または文接尾辞（sufijo oracional; Zariquiey and Córdova 2008）と呼ばれる。不変化詞はこれらの形態素のみが接続する品詞である。これらの形態素を接語と接尾辞のいずれと分類すべきかにはより詳細な分析の余地があるものの、本書では接続する品詞を限定しない点に着目し、接語として分析する。
*13 この格接尾辞の一覧は、Parker（1969, pp. 39–43）が挙げる格接尾辞の一覧に主格を加えたものである。
*14 指小辞 -*cha* と同形であるが異なる接尾辞である。
*15 この2つの調査結果は一致している。

*16 Zariquiey and Córdova (2008, pp. 167–168) では他動詞文における主語と目的語の人称・数標示について、一人称複数目的語の除外形と包括形を区別していない。表2.13では、(a) 一人称または二人称主語・一人称複数（包括形）目的語の組み合わせは、主語と目的語に同じ指示対象を含むため許容されない、(b) 三人称主語の場合、一人称複数目的語が除外形と包括形の場合で同様の形態を取ると推測して表記している。

*17 この -r(q)u は、外への移動や完了のアスペクトを表す動詞接尾辞の用法が過去時制の標示へ拡張したものと考えられる（第2.3.3.5節参照）。Parker (1969) や Zariquiey & Córdova (2008) では -r(q)a が過去時制の標示として記述されている。Parker (1963) などのアヤクーチョ・ケチュア語のテキストでは過去の出来事を表現する際に -r(q)a が使われる一方、話し言葉ではしばしば -r(q)u が用いられる。

*18 -r(q)u、-r(q)a、-s(q)a ともに q は脱落しうる。q の有無に関する文法的条件は報告されておらず、個人差・世代差・レジスターの違いと相関する自由変異であると筆者は分析する。

*19 Parker (1969, pp. 29–30) は -n、-p、-s、-r の4つをアスペクトの標示として挙げている。Parker (1969, pp. 29–30) は過去時制標示 -rqa や -sqa、従属節化標示 -sqa などを -r-qa と -s-qa のように分析し、これらに共通する形態である -n、-p、-s、-r をアスペクト標示としている。しかし Parker (1969, pp. 29–30) 自身はこれら4つの具体的な意味は「時制や従属節化と密接に結びついており、分析が難しい」として記述していない。Parker (1969) の指摘は重要なものであるが、それぞれが示すアスペクトが明確でないことから、本稿ではこれら4つをアスペクト標示としては扱わない。

*20 Guillaume and Rose (2010) では、アヤクーチョ・ケチュア語と系統的に近いクスコ＝コリャ・ケチュア語が同様の機能を持つ -ysi を持つことに言及している。

*21 主語が三人称、二人称単数が目的語の場合も同様の形態を含むが、その場合はさらに -su（第2.3.3.3.1節参照）が添加される。

*22 使い分けの条件は Zariquiey and Córdova (2008, p. 172) では明示されていない。Parker (1969, p. 71) では、-pu で導入される受益者は受益者格 -paq で標示されると記述されている。

*23 van de Kerke and Muysken (2014, p. 143) では -rpa が言及されているが、記述内容からこれは -rpu の異形態であると筆者は考える。

*24 第2.3.3.4節で見た再帰標示 -ku を方向接尾辞として分析している。

*25 ri「行く」に対する ri-pu「去る」においては -pu が「あちらへ」の方向標示をしていると分析できる。

*26 -chi の前では異形態 -r(q)a を取る。

*27 それぞれ (8)、(9) の再掲である。

*28 スペイン語では「飛び跳ねる」を表すが、アヤクーチョ・ケチュア語の話者は「走る」の意で用いる。

*29 両者ともにここでは文法的機能は無く、語調を整えていると分析するのが妥当と筆者は考える。

第 3 章
調査方法

　本書の記述・分析は、実験的調査の結果に基づいている。具体的には、移動表現の通言語比較研究プロジェクトである Motion Event Descriptions across Languages プロジェクト（代表者：松本曜（国立国語研究所）、以下 MEDAL）で共通して使用される実験キットのうち、「A 実験」と「C 実験」の 2 つのキットを使用して調査を行っている。

　この章では、本稿における用語法と本研究で用いた調査手法を説明する。第 3.1 節は本稿のフレームワークの説明である。第 3.2 節は本研究で用いた実験的手法の解説である。この手法を採用している研究プロジェクトである MEDAL プロジェクトの概要を記述し、実験キットの具体的な内容を説明する。第 3.3 節は調査地および調査協力者の説明である。

3.1　フレームワーク

　本稿では、移動事象やその表現に関連する概念を特別な用語および略称を用いて表記する。この用語法は、概ね Matsumoto（to appear）の用語法に従っている。以下では、本稿で用いる用語法を具体的に解説する。

　本稿では、移動事象の構成要素である i）**移動タイプ**、ii）**経路**、iii）**様態・使役手段・放射の種類**、iv）**直示**の 4 つの概念を分析の基本とする（第 1 章第 1.1.2 節参照）。移動タイプは、ある移動事象において注目する移動物が自律的に移動するのか、他者の使役行為を受けて移動するのか、物理的には移動していないものの、視線などが疑似的に移動していると解釈されるのかによる分類を指す。「少年が階段を駆け上がる」のように、移動物が自律的に移動する

事象を**主体移動**、「ボールを下へ投げ落とす」のように、移動物が他者からの使役行為を受けることで移動する事象を**客体移動**、「建物の中を見る」のように視線等を疑似的に移動物とみなす事象を**抽象的放射**と呼ぶ。

経路とは移動物が辿る軌跡を指す。例えば、特定の地点へ向かう軌跡は TO、ある閉空間への中へ向かう軌跡は TO.IN、上へ向かう軌跡は UP として分析される。

経路はさらに、経路局面、位置関係、方向という構成要素によって分析することができる。経路局面とは、出発、到着、通過といった移動事象の区切りの基準となる、経路中の一地点を指す。具体的には、移動物が出発する地点を指す起点、通過点または通過領域、着点の 3 つが経路局面に含まれる。

経路局面の数によって、経路はさらに**単純経路局面**と**複雑経路局面**に下位分類できる。経路 TO や TO.IN は、複数の局面に分析できない単純経路局面である。これらの経路では、着点のみが経路局面として含まれている。複数の局面を含む経路を複雑経路局面と呼ぶ。例えば、「椅子の上から箱の中に降りる」という事象には、椅子の上という起点からの移動と箱の中という着点への移動が含まれている。

経路の分析における位置関係とは、移動のランドマークとなる物体に対する、移動の局面の位置関係を指す。例えば、「家の中から出る」という移動事象においては、「家」が移動のランドマークとなっている。この移動のランドマークとなる物体を、以下では参照物と呼ぶ。この移動事象における起点は、参照物である「家」に対して、閉鎖空間の内側を指す「中」という位置関係にある。位置関係には、例えばこのような閉鎖空間の内側を指す「中」をはじめ、ある物体に対して重力の方向とは逆側の位置を指す「上」などがある。

最後に経路の分析における方向とは、移動物が参照物に対して近づくのか、遠ざかるのかを指す。移動物が参照物に対して近づく場合、参照物に向かうという方向性が働いている。逆に移動物が参照物から遠ざかる場合、参照物から離れるという方向性が働いている。

方向の中には、具体的な参照物に限らず抽象的な位置と方向性の組み合わせから成るものがある。具体的には、「上へ」「下へ」という方向は、それぞれ重力の方向とは逆側の位置を指す「上」とこの位置に向かうという方向性、重力の方向が向かう側の位置を指す「下」とこの位置に向かうという方向性の組み合わせである。この「上」と「下」は具体的な参照物ではないが、人間にとっては重要な位置であると言える。これらの抽象的な位置である「上」と「下」を、参照位置と呼ぶ。

　様態は主に主体移動において移動物が移動する際の様子を指す。例えば、歩いて移動する様子はWALK、走って移動する様子はRUNとして分析される。

　客体移動においては、経路・様態・直示に加えて**使役手段**が主要な概念となる。使役手段は、移動物を移動させる使役行為を指す。例えば手で掴んで移動させる行為はMOVE.BY.HAND、呼びかけて移動させる行為はCALLと分析される。

　抽象的放射においては、経路・直示と**放射の種類**が分析の中心となる。放射の種類には、「見る（視線の移動）」「話す（音声の移動）」「（光が）差す（光の移動）」といったバリエーションが見られる。ただし、本研究で分析している抽象的放射の移動事象は視線を移動物と見なす視覚的放射の1種類のみである。

　直示は、話者から見て移動物が近づくか、遠ざかるかという相対的位置関係の変化を指す。視線に沿って話者に近づく移動はTWRD.S、視線に沿って話者から離れる移動はAWY.FRM.S、話者の視線に対して直行して横切る移動はORTHOGとして分析される。直示ORTHOGは、具体的には移動物が画面を横切るように移動するという形で本研究の実験で用いられる動画内では表現されている。

　ここで、直示の分類が話者・移動物間の距離の伸縮に厳密に対応するわけではないことに注意したい。直示ORTHOGは、本研究においては移動物が話者の目の前を横切る移動事象に対応する。この場面では、移動物と定点である話者（カメラ）の間の距離がわずかながら変化している。具体的には、移動物は画面中央に現れたと

き最も話者に近く、画面中央から離れるほど話者からも離れる。本稿では、移動物の移動が話者の視線に対し平行（TWRD.S、AWY. FRM.S）か直行するかという差異に着目し、後者のように移動物が話者の視界を横切る移動を直示 ORTHOG として分析する。

　本書では移動事象を構成する概念としての経路や様態に対するラベルと、ある経路や様態等を含む事象や、それを表す映像刺激に対するラベルを区別する。本書では、前者を TO、WALK、TWRD.S のように英字大文字、後者を /To/、/Walk/、/TwrdS/ のようにスラッシュで囲んで表記する。例えば、「子供が歩いて階段を降りる」という移動事象における様態を指す際は WALK と表記する。一方、「子供が歩いて階段を降りる」のように、WALK という様態を含む移動事象およびこの事象を録画した映像刺激を指す際は、/Walk/（/Walk/ 場面）と表記する。

　最後に、本稿では経路や様態、直示等の概念の表示位置の類型として、主要部と主要部外要素の2区分を分析の中心とする。主要部とは、主動詞の語根を指す。主要部外要素は、主動詞語根以外の要素全てを指す。例えば格接尾辞および格接尾辞を伴う位置名詞、動詞接尾辞は、本稿では全て主要部外要素として分析する。本稿では動詞接尾辞は動詞語根とは異なるカテゴリーの主要部外要素として分析することに注意されたい。

3.2 Motion Event Descriptions across Languages（MEDAL）プロジェクト

　MEDAL プロジェクト*1 とは、移動表現の通言語的な調査・分析を目的とした共同研究プロジェクトである。代表研究者は松本曜（国立国語研究所）である。これまでに 20 以上の言語*2 が研究対象となっており、現在も調査対象は拡大中である。

　MEDAL プロジェクトは、i) 映像刺激を用いた実験的手法による調査、ii) 統一された手法による多言語調査の2点が大きな特徴となっている。このプロジェクトの調査では、移動タイプおよび経路・様態（使役手段）・直示のタイプが体系的に異なる移動事象を

録画した動画を用い、各動画の内容を表す言語表現を収集する。動画を用いることで、ある移動表現がどのような移動事象を表現しているかを明確に分析できる。そして、移動表現をどのような経路・様態（使役手段）・直示の移動事象を表現しているかによって体系的に分析できる。さらにプロジェクト内で共通する手法を用いることにより、体系的な通言語比較を可能にしている。

　MEDALプロジェクトにおける実験および分析のデザインは松本（2017）の枠組みに基づいている。実験で使用する実験キットは、移動事象を録画した動画と回答方法を指示するテキストから成る。この動画とテキストはhtmlファイルに組み込まれている。図3.1は、MEDALプロジェクトで用いられる実験キット（A実験、スペイン語版）における設問の一例である。

　調査を行う際はこのhtmlファイルをコンピュータやタブレット等のブラウザ上で表示して調査協力者に見せ、表示された動画の内容を調査対象の言語で表現していただいた。

　MEDALプロジェクトでは、移動表現の異なる側面に着目した3つの実験キットを用いている。A実験では、3種類の移動タイプと3種類の直示に1〜4種類の基本的な経路・様態（使役手段、放射の種類）を体系的に組み合わせた動画を使用し、ある言語の移動表

図3.1　本研究で使用した実験キットの設問の例

現を俯瞰的に観察することを主眼としている。B実験は直示に注目した実験である。移動物が話者のいる地点に向かう移動だけでなく、例えば「話者のいる部屋の中にあるケージから、犬が話者から離れる方向へ出てくる」のように、話者と同じ空間へ移動する移動など、直示の種類を細分化して観察する。C実験は経路に注目した実験である。A実験と比べて移動タイプ・様態・直示のバリエーションを少なくする代わりに、経路の種類を細分化して観察する。本稿の記述と分析は、このうちA実験とC実験の結果に基づいている。

　このプロジェクトの枠組みにおいては、各場面で注目する移動事象に関連する全ての経路、様態、直示それぞれの表示を経路表示、様態表示、直示表示として分析する。例えば/To.in/場面では、*wasi-man*「家へ」のように与格接尾辞-*man*が用いられることがある。この-*man*はTWRD（ある位置に向かう移動）に相当する概念を表示することが報告されている（Parker 1969, pp. 39–44; Zariquiey and Córdova 2008, pp. 93–98: 第2.3.2.1節、第2.5.3節参照）が、必ずしも経路TO.IN（閉鎖空間の内部への移動）を含意しない。具体的には、家の中に入らず家のそばに近づく場合においても*wasi-man*という表現は用いられ得る。本稿ではこのような場合においても、-*man*は/To.in/場面における経路表示の1つとして分析する。ただし、主体移動場面における「私を見てから」における「私を」（直示）のように、その場面で注目する移動事象とは関係の無い経路、様態、直示の標示は分析の対象外とする。

　これは、本稿がまさに分布から各手段の機能を分析することを目的としているからである。ある表示手段がどのような場面で使用されるかを分析することにより、その多義性を明らかにすることができる。

　以下では、本稿で用いたA実験とC実験の実験内容を解説する。

3.2.1　A実験

　A実験は、ある言語の移動表現の全体的な特徴を見ることを目的とした実験である。A実験では、移動のタイプ・経路のタイプ・様態（使役手段）のタイプ・直示のタイプがそれぞれ異なる52の動

画を使用する。このようにして、経路・様態（使役手段）・直示の表示位置を、移動のタイプと経路・様態（使役手段）・直示のタイプごとに俯瞰的に観察する。

52クリップのうち30クリップは主体移動を表す動画である。表3.1は、A実験の主体移動場面を表す動画について、動画の通し番号、移動物、様態、経路、直示、経路の参照物を整理したものである。

表3.1 A実験主体移動場面の動画一覧

動画ID	移動物	様態	経路	直示	参照物
A9-01	人間	WALK	TO	TWRD.S	道
A9-02	人間	WALK	TO	AWY.FRM.S	道
A9-03	人間	WALK	TO	ORTHOG	道
A9-04	人間	RUN	TO	TWRD.S	道
A9-05	人間	RUN	TO	AWY.FRM.S	道
A9-06	人間	RUN	TO	ORTHOG	道
A9-07	人間	SKIP	TO	TWRD.S	道
A9-08	人間	SKIP	TO	AWY.FRM.S	道
A9-09	人間	SKIP	TO	ORTHOG	道
A9-10	人間	WALK	TO.IN	TWRD.S	小屋
A9-11	人間	WALK	TO.IN	AWY.FRM.S	小屋
A9-12	人間	WALK	TO.IN	ORTHOG	小屋
A9-13	人間	RUN	TO.IN	TWRD.S	小屋
A9-14	人間	RUN	TO.IN	AWY.FRM.S	小屋
A9-15	人間	RUN	TO.IN	ORTHOG	小屋
A9-16	人間	SKIP	TO.IN	TWRD.S	小屋
A9-17	人間	SKIP	TO.IN	AWY.FRM.S	小屋
A9-18	人間	SKIP	TO.IN	ORTHOG	小屋
A9-19	人間	WALK	UP	TWRD.S	階段
A9-20	人間	WALK	UP	AWY.FRM.S	階段
A9-21	人間	WALK	UP	ORTHOG	階段
A9-22	人間	RUN	UP	TWRD.S	階段
A9-23	人間	RUN	UP	AWY.FRM.S	階段
A9-24	人間	RUN	UP	ORTHOG	階段
A9-25	人間	SKIP	UP	TWRD.S	階段
A9-26	人間	SKIP	UP	AWY.FRM.S	階段
A9-27	人間	SKIP	UP	ORTHOG	階段
A9-28	人間	WALK	TWRD	TWRD.S	道
A9-29	人間	WALK	TWRD	AWY.FRM.S	道
A9-30	人間	WALK	TWRD	ORTHOG	道

このうち、通し番号1〜27の27クリップがコア・クリップと呼ばれ、主体移動の分析の中心となる。コア・クリップは、それぞれ3種類の経路・様態・直示を組み合わせた動画からなる。

　経路はTO、TO.IN、UPの3種類である。/TO/場面では、人物が自転車のそば（直示/AwyFrmS/または/Orthog/）または話者のそば（直示/TwrdS/）に向かう。/To.in/場面では、人物が小屋の中へ入る。/Up/場面では、人物が階段を上る。

　様態はWALK、RUN、SKIPの3種類である。/Walk/場面では、人物が歩いて移動する。/Run/場面では人物が走って移動する。/Skip/場面では人物がスキップして移動する。

　直示はTWRD.S、AWY.FRM.S、ORTHOGの3種類である。/TwrdS/場面では、人物が話者に向かって移動する。/AwyFrmS/場面では、人物が話者から離れる方向へ移動する。/Orthog/場面では、人物が話者の視界を横切る形で移動する。

　主体移動場面を表す残りの3つのクリップは、経路TWRDかつ様態WALKを表す。経路TWRDは、具体的には自転車や話者に向かいながら、自転車や話者のそばには到達しない場面に相当する。本稿では、この通し番号28〜30のクリップを分析対象としない。

　19クリップは客体移動場面を表す動画である。表3.2は、客体移動場面を表す動画について動画の通し番号、使役者、移動物、使役手段、経路、直示、経路の参照物を整理したものである。このうち通し番号34〜36、40〜48の12クリップが、客体移動の記述の中心となるコア・クリップである。

　コア・クリップの経路はTO.INの1種類である。使役手段はMOVE.BY.HAND、CARRY、CALL、KICKの4種類であり、これと3種類の経路TWRD.S、AWY.FRM.S、ORTHOGを組み合わせている。具体的に、/MoveByHand/場面では、本を掴んで移動させている。/Carry/場面では、椅子を抱えて移動させている。/Call/場面では、女性に呼びかけて移動させている。最後に/Kick/場面では、ボールを蹴って移動させている。

　使役移動場面を表す残りの7クリップは、使役手段をKICKで統一している。経路は単純経路局面のTOとUP、複雑経路局面の

表3.2 A実験客体移動場面の動画一覧

	使役者	移動物	使役手段	経路	直示	参照物
A9-31	人間	ボール	KICK	TO	TWRD.S	道
A9-32	人間	ボール	KICK	TO	AWY.FRM.S	道
A9-33	人間	ボール	KICK	TO	ORTHOG	道
A9-34	人間	ボール	KICK	TO.IN	TWRD.S	小屋
A9-35	人間	ボール	KICK	TO.IN	AWY.FRM.S	小屋
A9-36	人間	ボール	KICK	TO.IN	ORTHOG	小屋
A9-37	人間	ボール	KICK	UP	TWRD.S	壁
A9-38	人間	ボール	KICK	UP	AWY.FRM.S	壁
A9-39	人間	ボール	KICK	UP	ORTHOG	壁
A9-40	人間	椅子	CARRY	TO.IN	TWRD.S	小屋
A9-41	人間	椅子	CARRY	TO.IN	AWY.FRM.S	小屋
A9-42	人間	椅子	CARRY	TO.IN	ORTHOG	小屋
A9-43	人間	本	MOVE.BY.HAND	TO.IN	TWRD.S	カバン
A9-44	人間	本	MOVE.BY.HAND	TO.IN	AWY.FRM.S	カバン
A9-45	人間	本	MOVE.BY.HAND	TO.IN	ORTHOG	カバン
A9-46	人間	人間	CALL	TO.IN	TWRD.S	小屋
A9-47	人間	人間	CALL	TO.IN	AWY.FRM.S	小屋
A9-48	人間	人間	CALL	TO.IN	ORTHOG	小屋
A9-52	人間	ボール	KICK	UNDR~TO.IN	ORTHOG	庭

VIA.UNDR~TO.INの3種類である。/To/場面では、自転車または話者に向かってボールを蹴って移動させている。/Up/場面では大きな段差の下からボールを蹴って移動させている。さらに経路/To/、/Up/場面の動画には、/TwrdS/、/AwyFrmS/、/Orthog/の3種類の直示のバリエーションがある。経路/Via.undr~To.in/場面では、ボールを蹴って椅子の下をくぐらせ、ゴールの中に入れている。直示は/Orthog/の1種類である。本稿では、この通し番号52のクリップを分析対象としない。

最後に、抽象的放射場面を表す動画は3クリップである。表3.3は、A実験の抽象的放射場面を表す動画について、動画の通し番号、

表3.3 A実験抽象的放射場面の動画一覧

	動作の主体	放射の種類	経路	直示	参照物
A9-49	人間	LOOK	TO.IN	TWRD.S	建物
A9-50	人間	LOOK	TO.IN	AWY.FRM.S	建物
A9-51	人間	LOOK	TO.IN	ORTHOG	建物

動作の主体、放射の種類、経路、直示、経路の参照物を整理したものである。

放射の種類はLOOKの1種類であり、視線を移動物をして解釈する。そして経路はTO.INの1種類で、建物の中へ視線を向けている。この放射の種類・経路の組み合わせに対して、TWRD.S、AWY.FRM.S、ORTHOGの3種類の直示のバリエーションがある。

3.2.2　C実験

C実験は、A実験よりも経路の種類を細分化し、経路の表示に注目する実験である。移動のタイプは主体移動、直示は/Orthog/に統一されている。

C実験では44の動画を用いる。うち34クリップは17種類の単純経路局面を表す動画である。17種類それぞれに対し、WALKとRUNの2種類の様態のバリエーションが設けられている。表3.4は、C実験の単純経路局面場面を表す動画について、動画の通し番号、移動物、様態、経路、経路の参照物を整理したものである。

C実験で分析する各単純経路局面は、具体的には表3.5に挙げる事象で表現されている。

C実験の残りの10クリップは、複雑経路局面を表す場面の動画である。表3.6は、C実験の複雑経路局面場面を表す動画について、動画の通し番号、移動物、様態、経路、経路の参照物を整理したものである。

通し番号35～38は様態がJUMPの動画であり、経路は表3.7に挙げる4種類である。

通し番号39と40は経路DWN~TO.INを表す動画である。具体的には、ボールが一段低い池の中に落ちる事象を録画している。様態はROLL（池のほとりから転がって落ちる）とFALL（中空から池に落ちる）の2種類である。

通し番号41～44は様態がRUNの動画であり、経路は表3.8に挙げる4種類である。

表3.4　C実験単純経路局面場面の動画一覧

動画ID	移動物	様態	経路	参照物
C1-01	人間	WALK	TO	机
C1-02	人間	RUN	TO	机
C1-03	人間	WALK	FRM	机
C1-04	人間	RUN	FRM	机
C1-05	人間	WALK	TWRD	机
C1-06	人間	RUN	TWRD	机
C1-07	人間	WALK	UP	階段
C1-08	人間	RUN	UP	階段
C1-09	人間	WALK	DWN	階段
C1-10	人間	RUN	DWN	階段
C1-11	人間	WALK	TO.IN	小屋
C1-12	人間	RUN	TO.IN	小屋
C1-13	人間	WALK	OUT	小屋
C1-14	人間	RUN	OUT	小屋
C1-15	人間	WALK	ALNG	川
C1-16	人間	RUN	ALNG	川
C1-17	人間	WALK	ACRS	道
C1-18	人間	RUN	ACRS	道
C1-19	人間	WALK	PST	ポスト
C1-20	人間	RUN	PST	ポスト
C1-21	人間	WALK	THRU	小屋
C1-22	人間	RUN	THRU	小屋
C1-23	人間	WALK	OVR	土手
C1-24	人間	RUN	OVR	土手
C1-25	人間	WALK	VIA.UNDR	橋
C1-26	人間	RUN	VIA.UNDR	橋
C1-27	人間	WALK	ARND	木
C1-28	人間	RUN	ARND	木
C1-29	人間	WALK	VIA.BTW	2本の木
C1-30	人間	RUN	VIA.BTW	2本の木
C1-31	人間	WALK	TO.UNDR	傘
C1-32	人間	RUN	TO.UNDR	傘
C1-33	人間	WALK	FRM.UNDR	傘
C1-34	人間	RUN	FRM.UNDR	傘

表 3.5　C 実験で分析する単純経路局面

経路場面	具体的な事象
/To/	机に接するまで移動する
/Twrd/	机に向かい、机に接さない位置まで移動する
/Frm/	テーブルから離れていく
/Up/	短い階段を上る
/Dwn/	短い階段を下る
/To.in/	建物の中に入る
/Out/	建物の外に出る
/Alng/	川に沿って進む
/Acrs/	道を横切って渡る
/Pst/	ポストの前を横切る
/Thru/	小屋の中を通り抜ける
/Over/	土手を片側から上り、もう片側へ下る
/Via.undr/	橋の下をくぐる
/Arnd/	木の周りを回る
/Via.btw/	2本の木の間を通る
/To.undr/	傘の下へ移動する
/Frm.undr/	傘の下から移動する

表 3.6　C 実験複雑経路局面場面の動画一覧

動画 ID	移動物	様態	経路	参照物
C1-35	人間	JUMP	DWN.OFF~TO.ON	机、ベンチ
C1-36	人間	JUMP	UP.OFF~ON.TO	机、ベンチ
C1-37	猫	JUMP	DWN.OFF~TO.IN	椅子、箱
C1-38	猫	JUMP	UP.OUT~TO.ON	椅子、箱
C1-39	ボール	ROLL	DWN~TO.IN	水たまり
C1-40	ボール	FALL	DWN~TO.IN	水たまり
C1-41	犬	RUN	OUT UNDR~TO.IN	庭
C1-42	犬	RUN	OUT~UNDR	庭
C1-43	犬	RUN	UNDR~TO.IN	庭
C1-44	犬	RUN	OUT~TO.IN	庭

表 3.7　C 実験で分析する複数経路：/Jump/ 場面

経路場面	具体的な事象
/Dwn.off~To.on/	テーブルからベンチに飛び降りる
/Up.off~To.on/	ベンチからテーブルに飛び上がる
/Dwn.off~To.in/	椅子から箱の中に飛び降りる
/Up.out~To.on/	箱の中から椅子に飛び上がる

表 3.8　C 実験で分析する複数経路：/Run/ 場面

経路場面	具体的な事象
/Out~Via.undr~To.in/	ケージから出てベンチの下をくぐり、ゴールの中に入る
/Out~Via.undr/	ケージから出てベンチの下をくぐる
/Via.undr~To.in/	ベンチの下をくぐり、ゴールの中に入る
/Out~To.in/	ケージから出てゴールの中に入る

3.3　調査地と調査協力者

　本研究における調査はペルー（アヤクーチョ市街地）と東京で行った。実験協力者は10代から60代の男女15人である。この15人のうち、A実験とC実験にそれぞれ11人が参加した。各実験における参加者の性別、年齢、出身地の一覧は付録Aに記載している。

　実験協力者の15人のうち14人はアヤクーチョ在住の話者であり、アヤクーチョ・ケチュア語とスペイン語の流暢なバイリンガルである。1人は日本在住の話者であり、アヤクーチョ・ケチュア語とスペイン語に加え、日本語も使用する。実験の説明はスペイン語で行い、日本在住の話者に対しては補助的な説明に一部日本語を用いている。

＊1　プロジェクトの概要と実験内容および参加者一覧等の関連情報は公式サイト（https://medalmotionevent.wordpress.com/）でも確認できる。
＊2　2022年8月現在、以下の21の言語で少なくとも主体移動場面の調査と分析を行っている：アヤクーチョ・ケチュア語、イタリア語、イロカノ語、英語、クプサビニィ語、シダーマ語、スワヒリ語、タイ語、タガログ語、中国語、ドイツ語、トルコ語、日本語、ネワール語、ノルウェー語、バスク語、ハンガリー語、フランス語、モンゴル語、ユピック語、ロシア語。

第4章
A実験：アヤクーチョ・ケチュア語の移動表現の全体的特徴

　この章では、A実験で得られたデータを元に、アヤクーチョ・ケチュア語の移動表現の全体的特徴を記述する。本節では特に、各場面で表現される様態・直示・移動のタイプごとの経路の表示方法の違いに着目する。

　A実験の結果からは、以下のことが明らかになった。アヤクーチョ・ケチュア語は、主体移動表現において経路が主要部と主要部外要素の両方で同時に表される傾向が他の言語と比較しても非常に強い言語である。まずこの言語は、経路が主要部で表される傾向が強い。例えば /To.in/ の場面では *yayku*「入る」、/Up/ の場面では *siqa*「上る」のような動詞が主動詞として用いられることが多い。さらに、アヤクーチョ・ケチュア語では経路を主要部外の要素でも同時に表すことも非常に多い。例えば、与格を表す接尾辞 *-man* は経路 TO、この *-man* を伴う位置名詞 *uku-man*「中へ」は経路 TO.IN の表示として非常に頻繁に用いられる。重要なことに、これらの主要部外の表示要素は主動詞が既に経路を表している場合でも頻繁に用いられる。特に方向接尾辞である *-yku* は、経路動詞をはじめとする他の経路表示要素と同時に現れることが多い。

　一方、客体移動・抽象的放射場面の表現では、主体移動の表現とは異なり経路はほとんど主要部外で表示される。客体移動の表現において、主要部は主に使役手段を表示する。例えば /Carry/ 場面では *apa*「持ち運ぶ」、/Kick/ 場面では *hayta*「蹴る」が主動詞語根として用いられる。アヤクーチョ・ケチュア語は使役を生産的に派生する接尾辞 *-chi* を持つが、*yayku-chi*「入れる（入る-CAUS）」のように使役化された経路動詞が主動詞として用いられることはほとんど無い。抽象的放射（A実験においては視覚のみ）の表現においては、主要部は主に放射の様態を表す。このように客体移動場面と抽

象的放射場面では経路主要部表示がほとんど見られないため、経路が同時に主要部と主要部外の両方で表される頻度は非常に低い。

　このようなアヤクーチョ・ケチュア語の特徴は、移動表現に新たな類型の観点を提示する。移動表現の類型論においては、従来経路が主要部と主要部外のいずれで表されるかを分析の中心としてきた。アヤクーチョ・ケチュア語の移動表現は、主要部表示と主要部外表示の二項対立に限らず、主要部と主要部外の両方の要素で同時に表示される両表示（ambi-positional coding）も重要な類型のポイントとなることを示している。

　さらに、移動のタイプによる経路表示のパターンの変化も重要な類型論的特徴である。移動表現研究においては、主体移動が分析の中心となってきた。一方で主体移動以外の移動タイプの表現では、主体移動とは異なる特徴を見せることが近年報告されている。例えばイタリア語は主体移動においては経路を主要部で表示する傾向が強いが、客体移動では主要部外で表示する傾向が強くなる（吉成2017）。アヤクーチョ・ケチュア語の事例もまた、移動のタイプによる移動表現のパターンの違いの重要性を示す。

　以下では、A実験の実験結果を主体移動（第4.1節）、客体移動（第4.2節）、抽象的放射（第4.3節）の3つの移動タイプごとに記述する。そして第4.4節ではこれらの記述を元に、アヤクーチョ・ケチュア語の移動表現の類型論的位置づけと理論的示唆を議論する。

4.1　主体移動

　アヤクーチョ・ケチュア語は、主体移動においては経路主要部表示型の特徴を持つ。経路・様態・直示の中で、最も頻繁に主要部で表示される概念は経路である。過半数の表現において経路が主要部で表示されており、この言語は経路を主要部で表示する傾向が強い言語であると言える。

　アヤクーチョ・ケチュア語の主体移動の表現における最大の特徴は、経路の両表示の頻度の高さである。アヤクーチョ・ケチュア語では、経路の多重表示が頻繁に見られる。経路は主動詞、位置名詞

などを伴う格接尾辞、方向接尾辞と様々な手段で表示され得る。その上、1つの表現の中で複数の経路表示手段が現れることも多い。アヤクーチョ・ケチュア語の経路表示は、このような多重表示の中でも主要部と非主要部で同時に経路を表すパターンが多いことが大きな特徴である。

以下ではアヤクーチョ・ケチュア語の主体移動の表現の類型論的特徴を記述する。第4.1.1節では全体的な特徴を記述する。第4.1.2節は経路表示、第4.1.3節は様態表示、第4.1.4節は直示表示にそれぞれ着目して記述する。

4.1.1 結果の概観

この節では、アヤクーチョ・ケチュア語における主体移動の全体的な特徴を概観する。具体的には、第4.1.1.1節で使われる構文、第4.1.1.2節で経路・様態・直示の各概念が表示される頻度、第4.1.2.1節で経路の多重表示、第4.1.1.3節で主要部が表示する概念に注目して記述する。

4.1.1.1 構文の選択

主体移動の表現で使われる構文は単文がほとんどであり、複文・重文が使われることは少ない。表4.1および図4.1は主体移動の設問について、単文・複文・重文それぞれが使われた回答数および回答全体における割合を示したものである。

A実験の実験結果（全297回答）において、主体移動は約7割（207回答、69.7％）が単文で表現されている。残り3割のうちほとんどは複文による回答（85回答、28.6％）であり、重文による回答はわずか5つ（全体の1.7％）である。

表4.1 各構文の回答数と全回答における割合：主体移動

	回答数	全回答（297例）における割合
単文	207	69.7 %
複文	85	28.6 %
重文	5	1.7 %

図4.1 各構文の回答数：主体移動

　全297回答中、ほとんどは単文での表現である。(1) は単文での回答例である。

(1) *runa*　　　*kallpa-chka-n*　*ñuqa*　*law-man*
　　 男性　　　走る-PROG-T SG　 1SG　　 そば-DAT

　　「男性が私のそばへ走っている」　　　(ID: 01, /Skip-To-TwrdS/)
(1) は、*kallpa-chka-n*「走っている」を主動詞とし、等位接続や従位接続を伴わない単文である。A実験における主体移動の表現は、69.7％がこのような単文で表現されている。

　複文は全回答のうち28.6％で使われている。(2) は複文での回答例である。

(2) ñuqa-pa ka-sqa-y-manta　　　　pasa-ru-n　　salta-spa
　　1SG-GEN　COP-NMLZ.REAL-1SG.POSS-ABL　通る-PST-3SG　跳ぶ-SR.SS

「（彼／彼女が）私のいるところから跳ねながら通った」
(ID: 08, /Skip-To-AwyFrmS/)

(2) では、主動詞を *pasa-ru-n*「通った」とする主文に対して、交替指示標示 *-spa* を伴う従属節 *salta-spa*「跳ねながら」が従位接続している。このような複文は、A 実験における主体移動の表現のうち約 3 割で用いられている。

　重文が使われるのは全体のうちわずか 1.7％である。(3) は重文での回答例である。

(3)　huk　　warmi　puri-chka-n　　ñan-ta　　y
　　 1.NUM　女性　　歩く-PROG-3SG　道-ACC　 そして

　　 bicicleta-n-pa　　　　ñawpaq-ni-n-pi　　　saya-ru-n
　　 自転車-3SG.POSS-GEN　前-EUPH-3SG.POSS-LOC　止まる-PST-3SG

「ある女性が道を歩いている。そして自転車の前で止まった」
(ID: 10, /Walk-To-Orthog/)

(3) では、主動詞 *puri-chka-n*「歩いている」を持つ主文と、主動詞 *saya-ru-n*「止まった」を持つ主文が、スペイン語から借用した接続詞 *y* によって等位接続している。このような重文は、A 実験における主体移動の表現のうち 5 例でのみ用いられている。

4.1.1.2　経路、様態、直示の表示頻度

　経路、様態、直示は表示される頻度が 2 つの観点で異なる。1 つの観点は、1 つの移動表現内で少なくとも一度は表示される頻度である。経路、様態、直示は、常に表示されるとは限らない。例えば (4) は、/Orthog/ 場面の表現において直示表示が現れない例である。

(4)　huk　　warmi　puri-chka-n　　bicicleta-pa　waqta-n-man
　　 1.NUM　女性　　歩く-PROG-3SG　自転車-GEN　　そば-3SG.POSS-DAT

「ある女性が自転車のそばへ歩いている」
(ID:04, /Walk-To-Orthog/)

ある概念が少なくとも一度は表示される頻度は、経路、様態、直

表4.2　経路、様態、直示が表示される回答数と割合：主体移動

	回答数	全回答（297例）における割合
経路	278	93.6 %
様態	199	67.0 %
直示	110	37.0 %

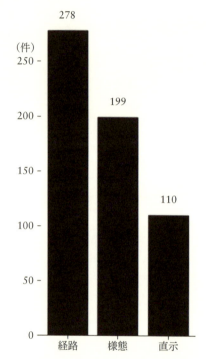

図4.2　経路、様態、直示が表示される回答数：主体移動

示の順に高い。表4.2および図4.2は全回答（297例）のうち、経路、様態、直示のそれぞれの概念を表示している回答数とその割合を示したものである。

　経路は全297回答のうち9割以上の回答（278回答、93.6 %）で表現されており、表示されやすい概念である。様態は約7割（199回答、67.0 %）で表現されており、どちらかといえば表現される傾向にある。一方直示が表示されている回答は全体の約4割

（110回答、37.0％）であり、直示は経路・様態に比べて表示されにくい概念である。

経路は93.6％（278例）の回答で表示されている。(5) は、経路が格接尾辞で表示される例である。

(5) warmi=m   ri-chka-n   wasi-n-ta
    女性=FOC   行く-PROG-3SG   家-3SG.POSS-ACC

「女性が彼女の家に行っている」 (ID: 01, /Walk-To.in-Orthog/)

(5) では、経路が対格接尾辞-taで表示されている。A実験における主体移動の表現では、ほとんどの場合 (5) のように経路を少なくとも1つの表示手段で表示している。

一方、経路が一度も表示されない回答は稀である。(6) は、経路が一度も表示されない例である。

(6) runa=m   corre-chka-n   kusi-sqa
    人=FOC   走る-PROG-3SG   喜ぶ-NMLZ.REAL

「人が楽しげに走っている」 (ID: 01, /Skip-To.in-AwyFrmS/)

(6) では、経路の表示が一度も現れていない。このような回答は全回答のうちわずか6.4％（297回答中19回答）である。

様態は67.0％（199例）の回答で表示されている。(7) は、様態が主要部で表示される例である。

(7) huk   musuq   chino   rinka-n   bicicleta-n   law-man
    1.NUM   若い   東洋人.M   走る-3SG   自転車-3SG.POSS そば-DAT

「アジア系の若者が自転車のそばへ走る」

(ID: 07, /Run-To-Orthog/)

(7) では、様態が主動詞語根rinka「走る」で表示されている。A実験における主体移動の表現のうち67.0％（297回答中199回答）では、(7) のように様態を少なくとも1つの表示手段で表示している。

一方、様態が一度も表示されない回答も見られる。(8) は、様態が一度も表示されない例である。

(8) wasi   uku-man=mi   huk   runa   yayku-yku-n
    家   中-DAT=FOC   1.NUM   人   入る-YKU-3SG

「人が家の中に入り込む」 (ID: 03, /Run-To.in-TwrdS/)

(8)では、様態の表示が一度も現れていない。全体のうち33.0％の回答（297回答中98回答）では、(8)のように様態が表示されていない。

最後に、直示は37.0％（110例）の回答で表示されている。(9)は、直示が主要部で表示される例である。

(9) amiga-y   ri-n   bicicleta   law-man
友達-1SG.POSS   行く-3SG   自転車   そば-DAT

「私の友達が自転車のそばに行く」

(ID: 05, /Walk-To.in-Orthog/)

(9)では、直示が動詞語根 ri「行く」で表示されている。(9)のように直示を少なくとも1つの表示手段で表示する回答は、A実験の主体移動の表現においては経路・様態を表示する回答に比べて少数である。

直示が一度も表示されない回答は、直示が表示される回答よりも多い。(10)は、直示が一度も表示されない例である。

(10) huk   warmi   yayku-ru-n   wasi   uku-n-man
1.NUM   女性   入る-PST-3SG   家   中-3SG-DAT

tiya-na-n-paq
座る-NMLZ.IRR-3SG.POSS-BEN

「女性が座るために家の中に入ってきた」

(ID: 02, /Walk-To.in-Orthog/)

(10)では、直示の表示が一度も現れていない。A実験の主体移動の表現のうち、過半数（187回答、63.0％）は(10)のように直示が表示されていない。このように、直示は表示される頻度が経路や様態に比べてかなり低い。

もう1つの観点は、1つの表現の中で各概念が何度表示されるかである。経路、様態、直示は、1つの回答の中で表示されない場合もあれば、複数回表示される場合もある。例えば直示TWRD.Sは動詞語根 hamu「来る」、動詞接尾辞 -mu、格接尾辞 -man（与格）などを伴う代名詞 ñuqa「私」など複数の手段で表示可能であり、さらに複数の表示手段が1つの表現内で複数現れる場合もある。(11)は、直示TWRD.Sが複数回表示される例である。

(11) *amiga-y*　　　*yayku-mu-n*　　*ñuqa*
　　友達.F-1SG.POSS　入る-VEN-3SG　1SG

　　ka-sqa-y-man
　　COP-NMLZ.REAL-1SG-DAT

　　「私の友達が私のいるところへ入ってくる」

　　　　　　　　　　　　　　　　　　　(ID:05, /Walk-To.in-TwrdS/)

(11) では、動詞接尾辞*-mu*と格標示を伴う体言化節 *ñuqa ka-sqa-*

表4.3　経路、様態、直示の表示回数と1回
　　　　答当たり表示頻度：主体移動

	表示回数	1回答あたりの表示頻度
経路	493	1.66
様態	236	0.79
直示	141	0.47

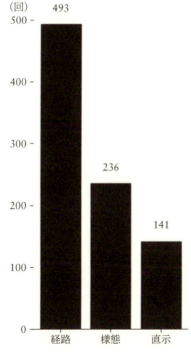

図4.3　経路、様態、直示の表示回数：主体移動

y-man「私のいるところへ」という2つの表示手段で同時にTWRD.Sが表示されている。

　ある概念が表示される1回答あたりの頻度も、経路、様態、直示の順に高い。表4.3および図4.3は、全297回答における経路、様態、直示の表示回数と1回答当たりの表示回数を示すグラフである。

　経路は頻繁に言及される。1回答あたりの表示頻度は1.66であり、(11)のようにしばしば1つの回答内で複数回言及される。様態の1回答当たり言及頻度は0.79、直示の1回答当たり言及頻度は0.47である。様態・直示共に、少なくとも一度はその概念を表示する回答の平均頻度（様態67.0％、直示37.0％：表4.2参照）よりも1回答当たりの言及頻度が高くなっており、多重表示が見られることがわかる。

4.1.1.3　主要部が表現する意味

　主要部が最も頻繁に表示する概念は経路である。表4.4および図4.4は、主要部が表示する概念ごとの回答数と、その回答の全297回答における割合を示したものである。複合は重文つまり主要部を複数持つ回答であり、複数の主要部でそれぞれ異なる概念を表示する例を指す。「その他」は、経路・様態・直示のいずれにも該当しない概念を主要部が表現する例を指す（第4.1.2.4節の表4.18、表4.19および図4.15、図4.16も同様）。

　A実験主体移動場面においては、過半数を占める59.9％の回答で主動詞が経路を表している。(12)は、主要部が経路を表示する例である。

表4.4　主要部が表示する概念：主体移動

主要部が表示する概念	回答数	全回答（297例）における割合
経路	178	59.9％
様態	72	24.2％
直示	37	12.5％
複合	5	1.7％
その他	5	1.7％

■ 経路　■ 様態　■ 直示　■ 複合　□ その他

図4.4　主要部で表示される概念：主体移動

(12) *amigo-y=mi*　　*rinka-spa=lla=ña*　　*bicicleta-n*　　*law-man*
　　　友達.M-1SG=FOC　走る-SR.SS=LIM=COMPL　自転車-3SG.POSS　そば-DAT

pasa-ku-n
通る-REFL-3SG

「友達が走って自転車のそばへ進んだ」

(ID: 07, /Run-To-AwyFrmS/)

(12)では、主動詞語根 *pasa*「通る」が経路を表示している。このように、A実験主体移動場面においては主要部が経路を表すことがその他の概念を表示することよりも多い。

　主要部が様態を表す回答は24.2％、直示を表す回答は12.5％であり、これらの概念が主動詞で表される頻度は経路に比べて低い。

(13)、(14) はそれぞれ様態、直示が主要部で表示される例である。

(13) *huk   runa   kusi-ku-spa-n   brinca-chka-n*
　　 1.NUM　人　　喜ぶ-REFL-SR.SS-3SG.POSS　走る-PROG-3SG

　　「人が喜びながら走ってくる」　　　　(ID: 04, /Skip-To-TwrdS/)

(14) *amigo-y   salta-stin   bicicleta-man   ri-n*
　　 友達.M-1SG.POSS　跳ぶ-SR.SS　　自転車-DAT　　　行く-3SG

　　「私の友達が飛び跳ねながら自転車の方に行く」

　　　　　　　　　　　　　　　　　　　(ID: 05, /Skip-To-Orthog/)

(13) では主動詞語根 *brinca*「走る」、(14) では主動詞語根 *ri*「行く」がそれぞれ様態と直示を表示している。

さらに一部の回答では、経路・様態・直示以外の概念が主要部で表示される。(15) は、主要部が移動とは関係の無い、移動物の存在をコピュラ動詞で表示する例である。

(15) *tusu-kacha-spa   huk   qari   ka-chka-n   parque   uku-pi*
　　 踊る-ITER-SR.SS　1.NUM　男性　 COP-PROG-3SG　公園　　中-LOC

　　「男性が踊りながら公園の中にいる」　(ID: 02, /Skip-To-TwrdS/)

(15) では、主動詞語根であるコピュラ *ka* が移動物である「男性」の存在を表示している。A実験主体移動場面において、(13)、(14)、(15) のように主要部が経路以外の概念を表示する例は、主要部が経路を表示する例に比べて少ない。

4.1.2　経路表示

アヤクーチョ・ケチュア語の経路表示は、全体的には多重表示を取る傾向が強い。特に、経路が主要部つまり主動詞の語根とそれ以外の要素で同時に表されるパターンが頻繁に見られる。これは、従来の経路主要部表示・経路主要部外表示の二項対立に対し、経路主要部表示と経路主要部外表示が共起する経路の両表示という新たな類型を提示する重要な事例である。

以下では、アヤクーチョ・ケチュア語の経路表示の全体的特徴と、経路タイプごと、様態タイプごとの特徴を記述する。

4.1.2.1　経路の表示頻度

アヤクーチョ・ケチュア語の A 実験の結果においては、経路表示が非常に高い頻度で現れる。表 4.3 で見たように、経路表示が 1 回答あたり 1.66 回現れるということは、経路が 1 回答の中で複数

表 4.5　経路の表示回数ごとの回答数：主体移動

経路表示の数	回答数	全回答（297 例）における割合
0	19	6.4 %
1	112	37.7 %
2	120	40.4 %
3	43	14.5 %
4	3	1.0 %
経路表示無し	19	6.4 %
経路一重表示	112	37.7 %
経路多重表示	166	55.9 %

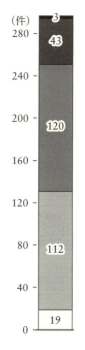

図 4.5　経路表示の数ごとの回答数：主体移動

第 4 章　A 実験：アヤクーチョ・ケチュア語の移動表現の全体的特徴　109

現れる多重表示がしばしば見られることを意味している。表4.5と図4.5は経路表示の数ごとの回答数とその割合を示したものである。

A実験主体移動場面においては、半数を超える55.9％もの回答で多重表示が見られる。(16) は、経路が二重に表示される例である。

(16) huk qari qispi-chka-n wichay-man
  1.NUM 男性 上る-PROG-3SG 上-DAT

  gradas-ni-n-ta danza-stin
  階段-EUPH-3SG.POSS-ACC 踊る-SR.SS

  「男性が踊りながら階段を上に上っている」
         (ID: 10, /Skip-Up-Orthog/)

(16) では、経路が動詞語根 qispi「上る」と与格接尾辞を伴う位置名詞 wichay-man で表示されている*1。A実験の主体移動の表現においては、このように経路を複数の箇所で表示するパターンが単独の箇所で表示するパターンより多い。

4.1.2.2　経路の表示手段

アヤクーチョ・ケチュア語における主体移動の移動表現では、経路が主要部で表されることが多い。表4.6および図4.6は主体移動場面において経路主要部表示を見せる回答数とその割合を示すものである。ここでは、単文の主動詞語根および重文に含まれるいずれかの主動詞の語根を主要部として計上している。(17) は経路が主要部で表示される例である。

(17) wak maqtiku vivo=lla-man=ña escalera-ta qispi-ru-n
  それ 青年 元気な=LIM-DAT=COMPL 階段-ACC 上る-PST-3SG

  「その青年が元気に階段を上った」 (ID: 01, /Run-Up-TwrdS/)

(17) では、主動詞語根 qispi「上る」が経路を表示している。アヤクーチョ・ケチュア語の主体移動表現においては、過半数の回答で

表4.6　経路主要部表示を取る回答数と割合：主体移動

経路主要部表示の有無	回答数	全回答（297例）における割合
経路主要部表示あり	181	60.9 %
経路主要部表示無し	116	39.1 %

図 4.6　経路主要部表示を取る回答数：主体移動

（17）のように経路が主要部で表示されている。

　さらに、経路は主要部外でも頻繁に表される。表 4.7 および図 4.7 は主体移動場面において経路主要部外表示を持つ回答の数と割合を示すものである。（18）は経路が主要部外要素の 1 つである格接尾辞で表示される例である。

（18） huk　　warma　　kallpa-mu-chka-n　　calle-ta
　　　 1.NUM　少年　　走る-VEN-PROG-3SG　　道-ACC

　「ある少年が道を走ってきている」（ID: 04, /Run-To.in-TwrdS/）
（18）では、対格接尾辞 -ta が経路 VIA を表示している。重要なことに、（18）のように経路が主要部外で表示される頻度は、（17）のように経路が主要部で表示される頻度より高い。

　このように経路主要部表示と経路主要部外表示の頻度がどちらも

表 4.7　経路主要外部表示を取る回答数と割合：主体移動

経路主要部表示の有無	回答数	全回答（297例）における割合
経路主要部外表示あり	237	79.8 %
経路主要部外表示無し	60	20.2 %

■ 経路主要部外表示あり　　□ 経路主要部外表示無し

図 4.7　経路主要部外表示を取る回答数：主体移動

高いアヤクーチョ・ケチュア語では、経路が主要部と主要部外の要素の両方で表される多重表示がしばしば見られる。(19) は経路多重表示の例である。

(19) huk　　warmi=m　　wasi　　uku-man　　yayku-yku-n
　　 1.NUM　女性=FOC　　家　　　中-DAT　　入る-YKU-3SG

　　「ある女性が家の中に入り込む」　　(ID: 03, /Walk-To.in-TwrdS/)

(19) の主動詞語根 yayku は、経路 TO.IN を表示している。つまり (19) には経路主要部表示が見られる。さらに (19) では、格

接尾辞を伴う位置名詞 *uku-man*「中へ」、動詞接尾辞-*yku* も経路を表示している。つまり (19) では、経路主要部表示と同時に経路主要部外表示がなされている。このように経路主要部表示と経路主要部外表示が共起する表示パターンを、本稿では（経路の）両表示*2 と呼ぶ。

　アヤクーチョ・ケチュア語は、(19) のような経路両表示が頻繁に見られる言語である。表 4.8 および図 4.8 は、A 実験の主体移動の調査結果において経路主要部表示のみが見られる回答、経路の両表示が見られる回答、経路主要部外表示のみが見られる回答、どちらも見られない回答の数とその割合を示したものである。

表 4.8　経路の表示パターンごとの回答数と割合：主体移動

経路表示のパターン	回答数	全回答（297 例）における割合
経路主要部表示のみ	41	13.8 %
経路両表示	140	47.1 %
経路主要部外表示のみ	97	32.7 %
経路表示無し	19	6.4 %

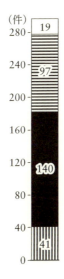

▥ 経路主要部表示のみ　■ 経路両表示　▤ 経路主要部外表示のみ　□ 経路表示無し

図 4.8　経路の表示パターンごとの回答数：主体移動

経路の両表示は、47.1％の回答で見られる。この割合は経路主要部表示のみが見られる回答および経路主要部外表示のみが見られる回答の割合よりも高く、この言語では両表示が最も一般的な経路の表示パターンであると言える。

主要部外での経路の具体的な表示手段は、名詞形態法（格接尾辞または格接尾辞を伴う位置名詞）、動詞接尾辞である。表4.9および図4.9は、経路の標示手段ごとの使用頻度および1回答当たりの使用頻度を示したものである。「その他」は従属節内の名詞形態法による経路表示が該当する（第4.1.2.3.1節の表4.10および図4.10も同様）。

経路の表示として用いられる頻度は格接尾辞単体または格接尾辞を伴う位置名詞が最も高く、主動詞、動詞接尾辞が続く。(20) は名詞形態法、(21) は動詞接尾辞による経路表示の例である。

(20) *amiga-y pabellon-man yayku-ru-n kay-manta*
友達.1SG 建物-DAT 入る-PST-3SG これ-ABL

「私の友達がここから建物に入った」

(ID: 05, /Walk-To.in-AwyFrmS/)

(21) *salta-spa asu-yka-ra-mu-wa-n ñuqa-pa*
跳ぶ-SR.SS 近づく-YKU-PST-VEN-1SG.OBJ 1SG-GEN

punta-y-man
そば-1SG.POSS-DAT

「跳びながら私のそばに近づいてくる」

(ID: 01, /Skip-To.in-TwrdS/)

(20) では格接尾辞-*man*（与格）および-*manta*（奪格）、(21) では動詞接尾辞-*yku* が経路を表示している。A実験の実験結果に

表4.9　各表示手段による経路表示の回数と1回答当たりの回数：主体移動

経路表示手段	使用回数	1回答当たり使用頻度
主要部	181	0.61
名詞形態法	272	0.92
動詞接尾辞	38	0.13
その他	2	0.01

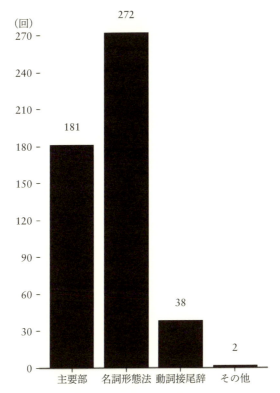

図4.9　各表示手段による経路表示の回数：主体移動

おいては（20）のような名詞形態法による経路表示が非常に頻繁に見られる一方、（21）のような主要部および名詞形態法以外の手段による経路表示は頻度が非常に低い。

4.1.2.3　経路タイプごとの経路表示

以上で俯瞰的に見たアヤクーチョ・ケチュア語の移動表現の経路表示の特徴は、表現する場面の経路タイプによって異なる。この小節では、主体移動における経路場面ごとの経路表示の特徴を記述する。

4.1.2.3.1　経路タイプごとの経路表示手段

どの手段で経路が表示される傾向にあるかは、経路のタイプによ

って異なる。表4.10および図4.10は、各経路場面について経路を表す表示手段の使用頻度を示すものである。

どの場面でも名詞形態法による経路表示が高い頻度で用いられる一方、主要部による経路表示の頻度には大きな差が見られる。/To/場面と/To.in/場面では名詞形態法による経路表示が最も頻繁に用いられる表示方法であり、主要部による経路表示が続いて頻繁に用いられる。/To/場面と/To.in/場面では、主要部による経路表示の頻度が大きく異なっている。/Up/場面では主要部による経路表示の頻度が最も高く、名詞形態法による経路表示がそれに続く。動詞接尾辞による経路表示はどの場面でも頻度が低く、特に/Up/場面ではほとんど用いられない。

/To/場面においては、名詞形態法による経路表示の頻度が最も高い。(22)は/To/場面で経路が格接尾辞で表される例である。

表4.10 経路場面ごとの経路表示手段の使用回数：主体移動

経路場面	主要部	名詞形態法	動詞接尾辞	その他
/To/場面	35	99	16	2
/To.in/場面	65	102	20	0
/Up/場面	81	71	2	0

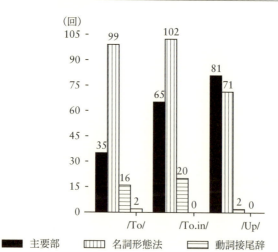

図4.10 経路場面・表示手段ごとの経路表示の回数：主体移動

(22) *ñan-ni-n-ta=m　　　　　huk　　　warmi　puri-chka-n*
　　　道-EUPH-3SG.POSS-ACC=FOC　1.NUM　女性　歩く-PROG-3SG
　　「女性が道に沿って歩いている」　　　(ID: 03, /Walk-To-TwrdS/)

(22) では格接尾辞 -*ta*（対格）が経路 VIA を表示している。

　/To/ 場面では主要部、動詞接尾辞による経路表示も低い頻度ながら見られる。(23) は主要部、(24) は動詞接尾辞による経路表示の例である。

(23) *bicicleta-n-man　　　asu-yku-n　　　wak　　runa*
　　　自転車-3SG.POSS-DAT　近づく-YKU-3SG　それ　人

　　salta-kacha-spa-n
　　跳ぶ-ITER-SR.SS-3SG.POSS

　　「その人が飛び跳ねながら自転車へ近づく」
　　　　　　　　　　　　　　　　　　(ID: 04, /Skip-To-Orthog/)

(24) *huk　qari=m　calle-n-ta　kallpa-yku-n　bicicleta-man*
　　　1.NUM　男性=FOC　道-3SG-ACC　走る-YKU-3SG　自転車-DAT

　　「男性が道を自転車のところまで走る」
　　　　　　　　　　　　　　　　　　(ID: 03, /Run-To-Orthog/)

(23) では主動詞語根（23）*asu*「近づく」、(24) では動詞接尾辞 -*yku* が経路を表示している。/To/ 場面では、このような主要部や動詞接尾辞による経路表示は名詞形態法による経路表示と比べて頻度が低い。

　/To.in/ 場面でも、格接尾辞を伴う位置名詞による経路表示が最も高い頻度で用いられる。(25) は /To.in/ 場面で経路が格接尾辞で表される例である。

(25) *maqtiku=qa　qawa-yku-wa-spa　kallpa-ru-n　wasi*
　　　若者=TOP　見る-YKU-1SG.OBJ-SR.SS　走る-PST-3SG　家

　　uku-man
　　中-DAT

　　「若者が私を見ながら家の中へ走った」
　　　　　　　　　　　　　　　　　　(ID: 01, /Run-To.in-AwyFrmS/)

(25) では格接尾辞 -*man* を伴う位置名詞 *uku-man*「中へ」が経路を表示している。

/To.in/ 場面における主要部による経路表示は、/To/ に比べて頻繁に見られる。(26) は主要部による経路表示の例である。

(26) *wasi uku-pi saya-sa-y-man yayku-ra-mu-n*
　　　家　　中-LOC　止まる-NMLZ.REAL-1SG.POSS-DAT　入る-PST-VEN-3SG

「家の中で私が止まっているところに入ってきた」

(ID: 08, /Walk-To.in-TwrdS/)

(26) では、主動詞語根 *yayku*「入る」が経路を表示している。

/To.in/ 場面では動詞接尾辞による経路表示も見られるが、頻度は低い。(27) は動詞接尾辞による経路表示の例である。

(27) *tusu-kacha-spa huk qari runa asu-yku-chka-n wasi*
　　　踊る-ITER-SR.SS　1.NUM　男性　人　近づく-YKU-PROG-3SG　家

uku-n-man
中-3SG.POSS-DAT

「男の人が踊りながら家の中へ近づいている」

(ID: 02, /Skip-To.in-Twrd/)

(27) では主動詞語根 *asu* に接続している動詞接尾辞 *-yku* が経路を表示している。/To/ 場面と同様、/To.in/ 場面においても動詞接尾辞による経路表示は格接尾辞や主要部による経路表示と比べて頻度が低い。

/Up/ 場面では、主要部による経路表示が他の手段による経路表示に比べて最も頻繁に見られる。(28) は経路が主要部で表示される例である。

(28) *warma-cha=lla qari escalera-ta siqa-ru-n kallpa-spa=lla*
　　　子供-DIM=LIM　男性　階段-ACC　上る-PST-3SG　走る-SR.SS=LIM

「少年が階段を走りながら上った」　(ID: 02, /Run-Up-Orthog/)

(28) では、主動詞語根 *siqa* が経路を表示している。

/Up/ 場面では /To/ 場面、/To.in/ 場面と異なり、名詞形態法による経路表示が主要部による経路表示に次いで頻繁に見られる。(29) は名詞形態法による経路表示の例である。

(29) *huk maqta kallpa-chka-n wichay-man*
　　　1.NUM　少年　走る-PROG-3SG　上-DAT

「少年が上へ走っている」　(ID: 04, /Run-Up-Orthog/)

(29)では、格接尾辞を伴う位置名詞 *wichay-man*「上へ」が経路を表示している。

興味深いことに、「中へ」「下へ」を表すことが報告されてきた (Adelaar and Muysken 2004, p. 231; Zariquiey and Córdova 2008, p. 175; Kalt 2015: 第2.3.3.5節参照) 動詞接尾辞 *-yku* による経路表示が /Up/ 場面においても稀に見られる。(30)は動詞接尾辞 *-yku* による経路表示の例である。

(30) wak maqta=m wichay-man patapata-ta
   それ 少年=FOC   上-DAT   階段-ACC

   kallpa-yka-mu-chka-n
   走る-YKU-VEN-PROG-3SG

「少年が階段を上へ走ってきている」(ID: 09, /Run-Up-TwrdS/)
(30)では、主動詞 *kallpa-yka-mu-chka-n* の語根に接続する形で *-yku* が用いられている。ただし、(30)のような動詞接尾辞による経路表示は、格接尾辞や主要部による経路表示と比べて頻度が非常に低い (99回答中2回)。

4.1.2.3.2 経路タイプごとの経路表示の頻度

経路の多重表示の頻度は /To.in/ 場面が最も高く、次いで /Up/ 場面、/To/ 場面の順で高い。表4.11および図4.11は、各経路場面における経路の表示回数ごとの回答数を示したものである。さらに、表4.12はそれぞれの多重標示を取る回答の各経路場面の回答全体における割合を示している。

多重標示は3つの経路場面のうち /To.in/ 場面で最も頻繁に見ら

表4.11 経路場面・経路表示手段の使用頻度ごとの回答数：主体移動

経路表示の数	/To/場面	/To.in/場面	/Up/場面
0	10	6	3
1	45	20	47
2	26	53	41
3	17	19	7
4	1	1	1

れ、次いで/Up/場面、/To/場面の順で頻繁に用いられる。
/To.in/場面では73.7％の回答で経路が多重表示されている。

表4.12　経路場面・経路表示手段の使用頻度ごとの回答の割合：主体移動

経路表示の数	/To/場面	/To.in/場面	/Up/場面
0	10.1 %	6.1 %	3.0 %
1	45.5 %	20.2 %	47.5 %
2	26.3 %	53.5 %	41.4 %
3	17.2 %	19.2 %	7.1 %
4	1.0 %	1.0 %	1.0 %
経路表示無し	10.1 %	6.1 %	3.0 %
経路一重表示	45.5 %	20.2 %	47.5 %
経路多重表示	44.4 %	73.7 %	49.5 %

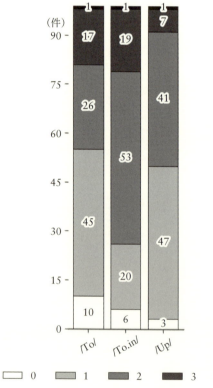

図4.11　経路場面・経路表示手段の使用頻度ごとの回答数：主体移動

(31) は /To.in/ 場面における多重表示の例である。

(31) *huk qari kallpa-y=lla=ña   wasi uku-man*
　　 1.NUM 男性　走る-NMLZ.INF=LIM=COMPL　家　　中-DAT

　　 yayku-chka-n
　　 入る-PROG-3SG

　　「男性が走って家の中に入っている」

　　　　　　　　　　　　　　　　　（ID: 11, /Skip-To.in-AwyFrmS/）

(31) では経路が格接尾辞を伴う位置名詞 *uku-man*「中へ」と主動詞語根 *yayku*「入る」で同時に表示されている。

　/Up/ 場面では 49.5 %、/To/ 場面では 44.4 % の回答で多重表示が見られる。(32) は /To/ 場面、(33) は /Up/ 場面における多重表示の例である。

(32) *qawa-ri-wa-spa   pasa-n   bicicleta-pa*
　　 見る-INCH-1SG.OBJ-SR.SS 通る-3SG 自転車-GEN

　　 ka-sqa-n-man
　　 COP-NMLZ.REAL-3SG.POSS-DAT

　　「(彼/彼女は) 私を見て自転車のある場所へ進む」

　　　　　　　　　　　　　　　　　（ID: 08, /Walk-To-AwyFrmS/）

(33) *allin   ri-spa   pasa-n   hanay-ni-n-man*
　　 良い　　行く-SR.SS 通る-3SG 上-EUPH-3SG-DAT

　　「ゆっくりと上に進む」　　　（ID: 08, /Walk-Up-AwyFrmS/）

(32) では主動詞語根 *pasa*「通る」と格接尾辞 *-man*、(33) では主動詞語根 *pasa*「通る」と格接尾辞を伴う位置名詞 *hanay-ni-n-man*「その上へ」で経路が同時に表示されている。

4.1.2.3.3　経路タイプごとの経路表示パターン

　経路主要部表示の頻度は /Up/ 場面が最も高く、/To.in/ 場面、/To/ 場面の順に低くなる。表 4.13 および図 4.12 は、/Up/ 場面、/To.in/ 場面、/To/ 場面それぞれにおいて経路が主要部で表示される回答の数とその割合を示したものである。

　/To/ 場面では 35.4 %、/To.in/ 場面では 65.7 %、/Up/ 場面では 81.8 % の回答で経路が主要部で表示されている。(34)、(35)、

表 4.13　各経路場面における経路主要部表示を取る回答の割合：主体移動

場面	経路主要部表示を取る回答数	全回答（各99例）における割合
/To/ 場面	35	35.4 %
/To.in/ 場面	65	65.7 %
/Up/ 場面	81	81.8 %

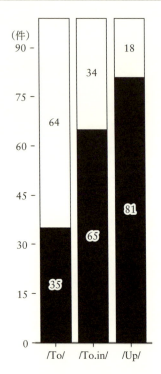

■ 経路主要部表示あり　　□ 経路主要部表示無し

図4.12　各経路場面における経路主要部表示を取る回答数：主体移動

（36）はそれぞれ/To/場面、/To.in/場面、/Up/場面において経路が主要部で表示される例である。

(34) *bicicleta-n-man*　　*asu-yku-n*　　*wak*　*runa*
　　 自転車-3SG.POSS-DAT　近づく-YKU-3SG　あれ　男性

　　 salta-kacha-spa-n
　　 跳ぶ-ITER-SR.SS-3SG

　　「あの男性が跳ねながら自転車に近づく」

(ID: 04, /Skip-To-Orthog/)

(35) ichi-spa　　yayku-chka-n　　wasi　　uku-man
　　 歩く-SR.SS　 入る-PROG-3SG　 家　　中-DAT

「（彼/彼女が）歩いて家の中に入る」

(ID: 08, /Walk-To.in-Orthog/)

(36) wak qari　kusi-ku-spa-n　　　　　escalera-ta　lluqa-chka-n
　　 あれ 男性　喜ぶ-REFL-SR.SS-3SG.POSS　階段-ACC　　　上る-PROG-3SG

「あの男性が喜んで階段を上っている」

(ID: 08, /Skip-Up-AwyFrmS/)

(34) では asu「近づく」、(35) では yayku「入る」、(36) では lluqa「上る」がそれぞれ主動詞語根として用いられている。

　主要部が表す経路は、ある場面で表される経路と正確に対応するとは限らない。例えば pasa「通る」は外から中への移動を必ずしも表さないが、/To.in/ 場面の表現に用いられることがある。(37) は /To.in/ 場面で pasa が使われる例である。

(37) amiga-y=mi　　　　asi-ku-spa-n　　　　　uku　　carpa
　　 友達.F-1SG.POSS=FOC　笑う-REFL-SR.SS-3SG.POSS　中　　日よけ

　　 wasi-man　　pasa-yku-n
　　 家-DAT　　　通る-YKU-3SG

「私の友達が笑いながら日よけの建物の中へ通る」

(ID: 07, /Walk-To.in-AwyFrmS/)

pasa はどの経路場面でも用いられる。特に /To/ 場面で用いられることが多く、/Up/ 場面で用いられる頻度は低い。

　経路を表示する動詞の中でも、アヤクーチョ・ケチュア語は UP を表す動詞を数多く持っている。A 実験では、siqa、lluqa、qispi、subi（スペイン語 subir の借用）が UP の表示として用いられた。これらのうちどの動詞を用いるかは、個人差による影響が大きい。表4.14 は、/Up/ 場面の回答における、各回答者が最も多く主要部に用いた動詞、その動詞が主要部に用いられた回数、主要部で経路が表示された回数をまとめたものである。

　11人の回答者のうち、7人は1種類の動詞のみを使っており、残り4人のうち3人は8割以上の回答で同じ動詞を使っている。この

表 4.14 回答者ごとのアヤクーチョ・ケチュア語における動詞「上る」の使用傾向

回答者 ID	最も主要部に使われていた動詞	最も使われていた動詞が主要部に使われた回数	/Up/ 場面における主要部経路表示の回数
01	qispi	7	7
02	siqa	8	8
03	qispi	7	7
04	lluqa	4	5
05	siqa	5	5
06	qispi	9	9
07	lluqa	6	6
08	subi	4	7
09	qispi	4	4
10	qispi	8	8
11	subi	8	9

ように UP の表示として使われる動詞のバリエーションは個人差の影響が大きく、様態や直示のタイプとの相関は見られなかった。

経路主要部外表示の頻度は /To.in/ 場面が最も高く、/To/ 場面、/Up/ 場面の順に低くなる。表 4.15 および図 4.13 は、各経路場面で経路主要外表示が見られる回答の割合を示したものである。

主体移動場面ではどの経路場面でも半数以上の回答で経路が主要部外の要素で表示されている。特に /To.in/ 場面では 92.9 %、/To/ 場面では 88.9 % と、ほぼ全ての回答で主要部外の要素が経路を表示している。(38)、(39) はそれぞれ /To/ 場面、/To.in/ 場面において経路が主要部外要素で表示される例である。

(38) *apuraw=lla-man=ña   rinka-ru-n   bicicleta-pa*
　　　急ぎ=LIM-DAT=COMPL　走る-PST-3SG　自転車-GEN

　　　ka-sa-n-man
　　　ある-NMLZ.REAL-3SG.POSS-DAT

　　　「急いで自転車のあるところへ走った」

　　　　　　　　　　　　　　　　　(ID: 08, /Run-To-Orthog/)

(39) *huk   warmi   kallpa-chka-n   wasi-man*
　　　1.NUM　女性　　走る-PROG-3SG　家-DAT

　　　「女性が家へ走っている」　　(ID: 04, /Walk-To.in-Orthog/)

表4.15　各経路場面における経路主要部外表示を取る回答の割合：主体移動

場面	経路主要部外表示を取る回答数	全回答（99例）における割合
/To/場面	88	88.9 %
/To.in/場面	92	92.9 %
/Up/場面	57	57.6 %

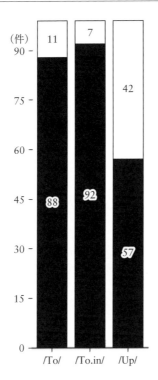

■ 経路主要部外表示あり　□ 経路主要部外表示無し

図4.13　各経路場面における経路主要部外表示を取る回答数：主体移動

(38)、(39) 共に与格接尾辞-*man* が経路を表示している。

　/Up/場面における経路主要部外表示の頻度は/To/場面や/To.in/場面よりも低い。(40) は/Up/場面における経路主要部外表示の例である。

(40) *wak*　　*qari=m*　　*kallpa-mu-chka-n*　　*patapata-n-ta*
　　 あれ　　男性=FOC　　走る-VEN-PROG-3SG　　階段-3SG.POSS-ACC

  kusi-ku-spa-n   *wichay-man*
  喜ぶ-REFL-SR.SS-3SG.POSS 上-DAT

 「あの男性が喜んで階段を上に走ってきている」

(ID: 09, /Skip-Up-TwrdS/)

(40) では与格接尾辞-*man* を伴う位置名詞 *wichay-man*「上へ」が経路を表示している。

 経路両表示の頻度は経路主要部外表示の頻度と同様に /To.in/ 場面が最も高く、次いで /Up/ 場面、/To/ 場面の順で高い。表 4.16 および図 4.14 は、各経路場面における経路の表示パターンごとの回答数を示したものである。さらに、表 4.17 はそれぞれの表示パターンを取る回答の各経路場面の回答全体における割合を示している。

 /To.in/ 場面では経路両表示が過半数の回答(99 回答中 64 例)で見られる。(41) は /To.in/ 場面における経路両表示の例である。

(41) *amiga-y*   *yayku-mu-n* *pabellon-man*
  友達.F-1SG.POSS 入る-VEN-3SG 建物-DAT

 「私の友達が建物に入ってくる」

(ID: 05, /Walk-To.in-Orthog/)

表 4.16 経路場面・経路の表示パターンごとの回答数:主体移動

経路表示のパターン	/To/ 場面	/To.in/ 場面	/Up/ 場面
経路主要部表示のみ	1	1	39
経路両表示	34	64	42
経路主要部外表示のみ	54	28	15
経路標示無し	10	6	3

表 4.17 経路場面・経路の表示パターンごとの回答数の割合:主体移動

経路表示のパターン	/To/ 場面	/To.in/ 場面	/Up/ 場面
経路主要部表示のみ	1.0 %	1.0 %	39.4 %
経路両表示	34.3 %	64.6 %	42.4 %
経路主要部外表示のみ	54.5 %	28.3 %	15.2 %
経路標示無し	10.1 %	6.1 %	3.0 %

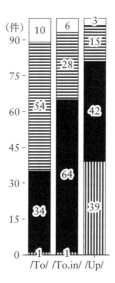

▨ 経路主要部表示あり　■ 経路両表示　≡ 経路主要部外表示のみ　☐ 経路表示無し

図 4.14　経路場面・経路表示手段の使用頻度ごとの回答数：主体移動

(41) では、主動詞語根 *yayku*「入る」と与格接尾辞 *-man* の2つの要素が経路を表示している。

/Up/ 場面は経路両表示が 42.4 ％の回答で見られる。(42) は /Up/ 場面における経路両表示の例である。

(42) *amiga-y=mi*　　　　*gradas-kuna-ta*　　*wichay-man*
　　友達.F-1SG.POSS=FOC　　階段-PL-ACC　　　上-DAT

　　lluqa-n
　　上る-3SG

　　「私の友達が階段を上へ上る」　　　(ID: 07, /Walk-Up-Orthog/)

(42) では与格接尾辞 *-man* を伴う位置名詞 *wichay-man*「上へ」と主動詞語根 *lluqa*「上る」の2つの要素が経路を表示している。

/Up/ 場面では経路両表示だけでなく、経路を主要部のみで表示する例が 39.4 ％と大きな割合を占める。(43) は /Up/ 場面において経路を主要部のみで表示する例である。

(43) *wak*　*warmi*　*escalera-ta*　*lluqa-chka-n*
　　それ　女性　　階段-ACC　　　上る-PROG-3SG

　　「その女性が階段を上る」　　　(ID: 04, /Walk-Up-AwyFrmS/)

(43)では主動詞語根 lluqa「上る」のみが経路を表示している。

/To/場面は経路両表示が 34.3％の回答で見られる。(44)は/To/場面における経路両表示の例である。

(44) amiga-y　　　　qawa-yku-wa-spa-n
　　　友達.F-1SG.POSS　　見る-YKU-1SG.OBJ-SR.SS-3SG.POSS

　　　bicicleta-n-man　　pasa-yku-n
　　　自転車-3SG.POSS-DAT　通る-YKU-3SG

　　　「私の友達が私を見て彼女の自転車へ移動する」
　　　　　　　　　　　　　　　　　(ID: 07, /Walk-To-AwyFrmS/)

(44)では与格接尾辞-man と主動詞語根 pasa「通る」が経路を表示している。

/To/場面では経路を主要部外のみで表示する例が 54.5％であり、経路両表示よりも割合が大きい。(45)は/To/場面において経路を主要部外要素のみで表示する例である。

(45) huk　　warmi=m　　hamu-chka-n　　ñan-ni-n-ta
　　　1.NUM　女性=FOC　　来る-PROG-3SG　　道-EUPH-3SG.POSS-ACC

　　　allin=lla-manta
　　　良い=LIM-ABL

　　　「女性が道に沿ってゆっくりと来ている」
　　　　　　　　　　　　　　　　　(ID: 09, /Walk-To-TwrdS/)

(43)では主要部語根 hamu が直示を表示しており、対格接尾辞-ta のみが経路を表示している。

4.1.2.4　様態・直示タイプごとの経路表示

経路主要部表示の頻度は、様態と直示のタイプによっても異なる。表 4.18 および図 4.15 は様態のタイプごとの経路・様態・直示の各概念が主要部で表示される回答数を示すものである。

経路が主要部で表示される頻度は/Walk/場面が最も高く、/Skip/場面が僅差で続く。この 2 場面と比べて、/Run/場面における経路が主要部で表示される頻度は低い。一方でどの様態場面においても、経路が主要部で表示される頻度は他の概念よりも高いか、他の概念と同等に最も高くなっている。

表4.18 様態場面・主要部で表示される概念ごとの回答数：主体移動

様態場面	経路	様態	直示	その他	複合
/Walk/場面	67	6	22	1	3
/Run/場面	46	46	4	1	2
/Skip/場面	65	20	11	3	0

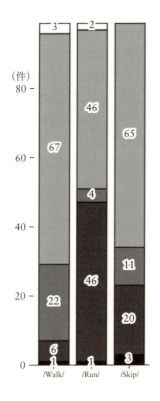

図4.15 様態場面・主要部で表示される概念ごとの回答数：主体移動

/Run/場面は他の様態場面と比べて経路が主要部で表示される頻度が低く、代わりに様態が主要部で表示されやすい。(46) は様態が主要部に現れる例である。

(46) huk   maqta   kallpa-chka-n   wichay-man
     1.NUM   青年   走る-PROG-3SG   上-DAT

「ある青年が上へ走っている」　　　（ID: 04, /Run-Up-Orthog/）

(46) では経路が格接尾辞を伴う位置名詞 *wichay-man*「上へ」で表示されている。/Run/ 場面ではこのように様態が主要部で表示され、経路が主要部外で表されるか全く表されない頻度が経路を主要部で表す例と同等に頻繁に現れている（両者とも99回答中46回答：46.5 %）。

/Walk/ 場面と /Skip/ 場面では経路が主要部で表示される頻度が同程度である一方、/Walk/ 場面の方が直示が主要部で表示されやすい。(47) は /Walk/ 場面で直示が主要部で表される例である。

(47) *pi=m　　wak　　warmi　　hamu-chka-n　　qawa-wa-spa=raq*
　　　誰=FOC　それ　女性　　来る-PROG-3SG　見る-1SG.OBJ-SR.SS=CONT

「誰だかその女性が私を見ながら来ている」

（ID: 01, /Walk-To-TwrdS/）

(47) では、主動詞語根 *hamu* が直示 TWRD.S を表している。代わりに /Skip/ 場面では、/Walk/ 場面に比べて様態が主要部で表される頻度が高くなっている。

(48) *runa　　kallpa-chka-n　　ñuqa　　law-man*
　　　人　　走る-PROG-3SG　　1SG　　そば-DAT

「人が私のそばに走ってくる」　　　（ID: 01, /Skip-To-TwrdS/）

(48) では主動詞語根 *kallpa*「走る」が様態 RUN を表示している。

直示場面ごとに主要部が表す概念を比較すると、/TwrdS/ 場面は他の直示場面に比べて経路が主要部で表示される頻度が低い。表4.19および図4.16は直示のタイプごとの経路・様態・直示の各概念が主要部で表示される回答数を示すものである。

直示場面ごとの経路主要部表示の頻度の違いは、様態場面ごとの違いと類似している。経路が主要部で表示される頻度は /AwyFrmS/ 場面が最も高く、/Orthog/ 場面がわずかな差で続いている。この2場面と比べて、/TwrdS/ 場面における経路が主要部で表示される頻度は低い。一方でどの直示場面においても、経路が主要部で表示される頻度は他の概念よりも高くなっている。

/TwrdS/ 場面では代わりに直示が主要部で表示される頻度が他の直示場面に比べて高い。例えば (49) は /TwrdS/ 場面で直示

表4.19　直示場面・主要部で表示される概念ごとの回答数：主体移動

直示場面	経路	様態	直示	その他	複合
/TwrdS/ 場面	48	29	21	1	0
/AwyFrmS/ 場面	66	20	6	4	3
/Orthog/ 場面	64	23	10	0	2

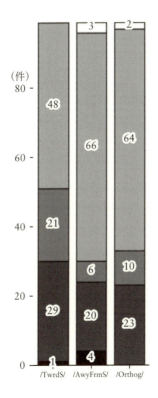

図4.16　各直示場面において主要部が表示する概念：主体移動

TWRD.Sが主要部で表示される例である。

(49) *warma-cha=lla*　　*qari*　　*kallpa-y-cha=lla*　　*hamu-ru-n*
　　　少年-DIM=LIM　　男性　　走る-NMLZ.INF-DIM=LIM　　来る-PST-3SG

　　「子供のように男性が走って来る」　　(ID: 02, /Run-To-TwrdS/)

(49) では、主動詞語根 *hamu*「来る」が直示 TWRD.S を表してお

り、経路表示は現れない。/TwrdS/ 場面ではこのように直示が主要部で表示され、経路が主要部外で表されるか全く表されない頻度が高くなる。

　しかし、経路が他の概念と比べて主要部で表されやすい概念であることはどの経路、様態、直示場面においても一貫している。/Run/ 場面および /TwrdS/ 場面では他の様態場面や直示場面に比べれば経路主要部表示の頻度が下がるものの、経路は様態や直示よりも頻繁あるいはほぼ同程度の頻度で主要部に表示されている。したがって、アヤクーチョ・ケチュア語は全体的な特徴として、経路を主要部で表示する傾向が強い言語であると言える。

4.1.3　様態表示

　アヤクーチョ・ケチュア語の主体移動における様態表示は、主動詞、従属節主要部、副詞の 3 種類の手段で表示されうる。(50)、(51)、(52) は様態がそれぞれ主動詞、従属節主要部、副詞で表される例である。

(50) *puri-chka-n*　　*huk*　　*warmi*　　*masi-n-ta*
　　　歩く-PROG-3SG　1.NUM　女性　　仲間-3SG.POSS-ACC

　　　maska-spa
　　　探す-SR.SS

　　　「ある女性が仲間を探しながら歩いている」

　　　　　　　　　　　　　　　　　(ID: 02, /Walk-To-TwrdS/)

(51) *amigo-y*　　　*siqa-mu-n*　　*salta-stin*　　*escalera-ta*
　　　友達.M-1SG.POSS　上る-VEN-3SG　跳ぶ-SR.SS　階段-ACC

　　　「私の友達が跳ねながら階段を上ってくる」

　　　　　　　　　　　　　　　　　(ID: 06, /Skip-Up-TwrdS/)

(52) *wak*　*joven-cha=ña=taq=mi*　　*kallpa~kallpa-y*
　　　あれ　若い-DIM=COMPL=CONTR=FOC　走る~走る-NMLZ.INF

　　　qispi-ru-n　　*gradas-ta*
　　　上る-PST-3SG　階段-ACC

　　　「あの若者が走って階段を上った」　(ID: 06, /Run-Up-Orthog/)

(50) では主動詞 *puri-chka-n* の語根である *puri*「歩く」、(51) は

従属節主要部 *salta-stin* の語根である *salta*「跳ぶ」、(52) では *kallpa* から派生した副詞 *kallpa~kallpa-y*「走って」がそれぞれ様態を表示している。

　様態の主動詞・従属節主要部・副詞それぞれによる表示頻度はほぼ同等の頻度である。表 4.20 および図 4.17 は、様態がそれぞれの表示手段で表示される頻度および 1 回答当たりの頻度を示したものである。「その他」には、従属節内の副詞が様態を表示する例が該当する（表 4.21 および図 4.18 も同様）。

　(50) のような様態の主動詞による表示頻度は 1 回答当たり 0.25、(51) のような従属節主要部による表示頻度は 0.28、(52) のような副詞による表示頻度は 0.26 と、どの表示手段でも 1 回答当たり 3 割弱程度の頻度で表示されている。

　様態の表示手段の選好は、様態のタイプによって大きく異なる。表 4.21 および図 4.18 は、各様態タイプの場面において、様態がそれぞれの表示手段で表示される 1 回答当たりの頻度を示したものである。

　3 つの様態場面は、i) 様態表示全体の頻度、ii) 最も頻繁に用いられる様態表示の種類の 2 点で大きく異なっている。i) について、/Walk/ 場面は様態表示の頻度が他の場面と比べて全体的に低い。様態表示は /Run/ 場面では 101 回、/Skip/ 場面では 107 回現れている一方で、/Walk/ 場面では 28 回しか現れていない（回答数は 1 場面あたり 99）。ii) について、最も頻繁に用いられる様態の表示手段は /Walk/ 場面では副詞、/Run/ 場面では主要部、/Skip/ 場面では従属節主要部である。

　/Walk/ 場面で最も用いられる様態の表示手段は副詞であるが、1 回答当たりの使用頻度は 0.14 と低い。(53) は副詞で様態を表示

表 4.20　様態表示手段の使用回数：主体移動

	使用回数	1 回答当たり使用頻度
主要部	75	0.25
副詞	76	0.26
従属節主要部	82	0.28
その他	3	0.01

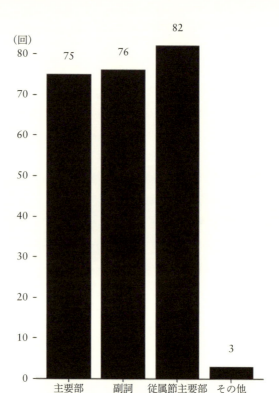

図4.17　各表示手段による様態表示の回数：主体移動

表4.21　様態表示手段の使用回数：主体移動

	主要部	副詞	従属節主要部	その他
/Walk/場面	8	14	5	1
/Run/場面	47	43	10	1
/Skip/場面	20	19	67	1

する例である。

(53) huk　　warmi　　alli=lla-man　　gradas-ta　　subi-chka-n
　　 1.NUM　 女性　　 良い=LIM-DAT　 階段-ACC　　 上る-PROG-3SG
　　「女性がゆっくり階段を上っている」

(ID: 11, /Walk-Up-Orthog/)

(53)では、副詞句 alli=lla-man「ゆっくりと」が様態を表示している。

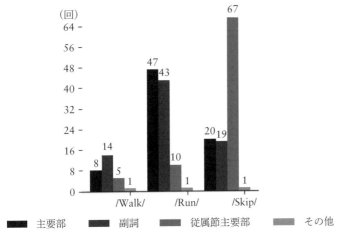

図 4.18 様態場面・表示手段ごとの様態表示の回数：主体移動

/Run/ 場面では主要部と副詞で同程度の頻度（1回答当たり主動詞で0.47、副詞で0.45）で表示される。（54）は主要部、（55）は副詞で様態を表示する例である。

(54) huk chino   amigo-y=mi   hawa-manta ñuqa
   1.NUM アジア系の 友達-M-1SG.POSS=FOC 上-ABL   1SG

   law-man rinka-mu-n
   そば-DAT 走る-VEN-3SG

   「私のアジア系の友達が外から私のそばへ走ってくる」

   (ID: 07, /Run-To.in-TwrdS/)

(55) qawa-mu-wa-sa-n-manta   apuraw=lla-man=ña
   見る-VEN-1SG.OBJ-NMLZ.REAL-3SG.POSS-ABL 急ぎ=だけ-DAT=COMPL

   siqa-ru-n   graderia-ta hanay-ni-n-man
   上る-PST-3SG   階段-ACC   上-EUPH-3SG.POSS-DAT

   「私を見てから急いで階段を上に上った」

   (ID: 08, /Run-Up-AwyFrmS/)

（54）では主動詞語根 rinka「走る」、（54）では主動詞語根 apuraw=lla-man=ña「急いで」が様態を表示している。

最後に /Skip/ 場面では、様態は主に従属節主要部で表示される（1回答当たり0.68）。（56）は従属節主要部で様態を表示する例で

ある。

(56) *amigo-y*　　*yayku-mu-n*　　*pabellon-man*　　*salta-stin*
　　友達-1SG.POSS　入る-VEN-3SG　　建物-DAT　　　　跳ぶ-SR.SS

「私の友達が跳びながら建物に入ってきた」

(ID: 05, /Skip-To.in-TwrdS/)

4.1.4　直示表示

アヤクーチョ・ケチュア語の主体移動における直示表示は、主動詞、格接尾辞を伴う体言、動詞接尾辞、従属節主要部の 4 種類の手段で表示されうる。(57)、(58)、(59) は直示がそれぞれ主動詞、格接尾辞を伴う体言、動詞接尾辞で表される例である。

(57) *wak*　　*warmi=m*　　*hamu-ru-n*　　*apuray-ta*　　*kay*　　*wasi*
　　あれ　　女性=FOC　　来る-PST-3SG　　急ぎ-ACC　　これ　　家

　　uku-man
　　中-DAT

「あの女性は急いでこの家の中に来た」

(ID: 06, /Walk-To.in-TwrdS/)

(58) *ñuqa-pa*　*ka-sqa-y-manta*　　　　　　　*pasa-ru-n*　　*salta-spa*
　　1SG-GEN　COP-NMLZ.REAL-1SG.POSS-ABL　通る-PST-3SG　跳ぶ-SR.SS

　　bicicleta-pa　　*lado-n-man*
　　自転車-GEN　　　そば-3SG.POSS-DAT

「私のいるところから（彼／彼女が）跳ねながら自転車のそばへ行く」

(ID: 08, /Skip- To-AwyFrmS/)

(59) *huk*　　*warmi*　　*kusi-sqa*　　　　*yayku-ra-mu-n*
　　1.NUM　女性　　　喜ぶ-NMLZ.REAL　入る-PST-VEN-3SG

　　samana wasi-man
　　rest.house-DAT

「ある女性が喜んで休憩所に入ってきた」

(ID: 10, /Walk-To.in-TwrdS/)

(60) *huk*　　*runa=m*　　*alto-man*　　*salta-stin*　　*calle-n-ta*
　　1.NUM　人=FOC　　　高い-DAT　　跳ぶ-SR.SS　　道-3SG.POSS-ACC

ri-spa-n	*bicicleta-man*	*asu-yku-n*
行く-SR.SS-3SG.POSS	自転車-DAT	近づく-YKU-3SG

「人が高く跳びながら道を行きながら自転車に近づく」

(ID: 03, /Skip-To-Orthog/)

(57) では主動詞 *hamu-ru-n* の語根である *hamu*「来る」、(58) では格接尾辞を伴う体言化節 *ñuqa-pa ka-sqa-y-manta*「私のいるところから」、(59) では方向接尾辞 *-mu*、(60) では従属節 *ri-spa-n* の主要部である *ri* が直示を表示している。

直示の表示手段の中では、動詞接尾辞が最も頻繁に用いられる。表4.22および図4.19は、直示がそれぞれの表示手段で表示される1回答当たりの頻度を示したものである。

最も頻繁に用いられる直示の表示手段は(59)のような動詞接尾辞で、全297回答中1回答当たり0.19回用いられる。次いで用いられるのは(57)のような主要部および(58)のような名詞形態法で、1回答当たり0.13回用いられる。従属節主要部による直示の表示頻度は1回答当たり0.02で、その他の手段に比べて稀である。

直示表示は、主に/TwrdS/場面でのみ表示される。表4.23および図4.20は、各直示タイプの場面において、直示がそれぞれの表示手段で表示される1回答当たりの頻度を示したものである。

/Orthog/場面および/AwyFrmS/場面での直示の表示頻度は非常に低い。前者は主要部、後者は名詞形態法で最も頻繁に表示されるが、その頻度はどちらも1回答当たり0.11回である(両者ともに99例中11回)。(61)は/Orthog/場面において主要部で直示が表示される例である。

表4.22 直示表示手段の使用回数:主体移動

	使用回数	1回答当たり使用頻度
主要部	39	0.13
名詞形態法	39	0.13
動詞接尾辞	57	0.19
従属節主要部	6	0.02

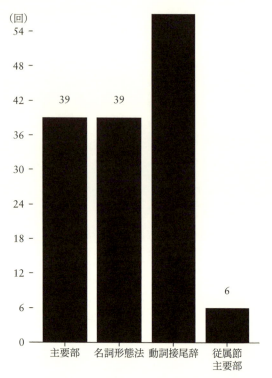

図 4.19　各表示手段による直示表示の回数：主体移動

表 4.23　直示表示手段の使用頻度：主体移動

	主要部	名詞形態法	動詞接尾辞	従属節主要部
/TwrdS/ 場面	21	24	49	1
/AwyFrmS/ 場面	7	11	1	4
/Orthog/ 場面	11	4	7	1

(61) may-ta=ya　　ri-n　　　wak　　runa　　grada-n-ta=m
　　 どこ-ACC=Q　行く-3SG　それ　　人　　　階段-3SG.POSS-ACC=FOC

　　 qispi-chka-n
　　 上る-PROG-3SG

　　 「どこに行くのか、その人が階段を上っている」

(ID: 01, /Walk-Up-Orthog/)

(61) では、並列された 2 つの主文のうち、1 つ目の主文の主動詞

138

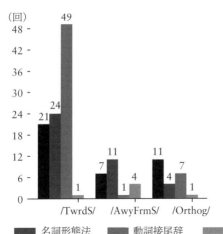

図 4.20　直示場面・表示手段ごとの直示表示の回数：主体移動

語根である *ri* が直示を表示している。(62) は /AwyFrmS/ 場面において、名詞形態法が直示を表示する例である。

(62) *amigo-y　　　 kay-manta　 kallpa-n　 bicicleta　 law-man*
　　 友達-M-1SG.POSS　これ-ABL　　-PROG-3SG　 1SG　　　 そば-DAT

　　「私の友達がここから自転車のそばへ走る」

(ID: 05, /Run-To-AwyFrmS/)

(62) では、奪格接尾辞を伴う指示詞 *kay-manta*「ここから」が直示を表示している。

/TwrdS/ 場面ではこれらの場面よりも頻繁に直示が表示される。最も頻繁に現れる直示表示は動詞接尾辞であり、1 回答当たり 0.49 回用いられている。(63) は動詞接尾辞が直示を表示する例である。

(63) *ñan-ta-kama=m　 huk　 qari　 kallpa-mu-chka-n*
　　 道-ACC-LIM=FOC　1.NUM　男性　 走る-VEN-PROG-Tsg

　　「男性が道に沿って走ってくる」　　　(ID: 03, /Run-To-TwrdS/)

(63) では、動詞接尾辞 *-mu* が直示を表示している。

このような直示の表示の傾向は、表示頻度が全体的に高い経路とは全く異なっている。移動表現の類型論においては直示と経路の表示パターンの差異に着目し、この 2 つをそれぞれ独立の概念として扱うべきであると主張されている (松本 2017)。アヤクーチョ・

ケチュア語における経路表示と直示表示の表示パターンの違いは、この主張の妥当性を示している。

4.2 客体移動

アヤクーチョ・ケチュア語の客体移動場面における移動表現は、主体移動場面とは全く異なる特徴を持つ。最も大きな差異は、経路主要部表示の頻度の低さである。客体移動場面では経路がほとんど主要部で表示されず、主要部は主に使役手段を表示する。経路が主要部で表示されることが稀であるため、主体移動場面で頻繁に見られた両表示の頻度も非常に低い。

本節ではアヤクーチョ・ケチュア語の客体移動場面における移動表現の特徴を、特に経路表示に注目して記述する。以下第4.2.1節で全体的な特徴、第4.2.2節で経路表示の特徴を述べる。本節では主体移動場面との比較のため、客体移動の分析に際しては全18場面の中から3種類の経路と3種類の直示を組み合わせた9つの /Kick/ 場面のグループと、4種類の使役手段と3種類の直示を組み合わせた12個の /To.in/ 場面を抽出したグループの2グループ（第3.2.1節表3.2参照）に注目する。

4.2.1 概観
4.2.1.1 構文の選択

客体移動場面においても、使われる構文は単文がほとんどである。表4.24および図4.21は客体移動場面の回答で単文・複文・重文それぞれが使われた回答数および回答全体における割合を示したものである。

客体移動場面においては単文による表現の頻度が主体移動場面よりも高く、複文・重文が使われる頻度は非常に低い。以下では /Kick/ 場面（9場面）と /To.in/ 場面（12場面）の2グループに分けて分析する。

/Kick/ 場面においては、ほぼ全ての回答が単文で表現されている。表4.25、図4.22は、単文、複文、重文それぞれの使用頻度と

表4.24　各構文の回答数と全回答における割合：客体移動

	回答数	全回答（198例）における割合
単文	172	86.9 %
複文	13	6.6 %
重文	13	6.6 %

■ 単文　■ 複文　□ 重文

図4.21　各構文の回答数：客体移動

/Kick/場面全99回答における割合を示したものである。

全99回答中、98.0 %は単文での表現である。(64)は単文での回答例である。

(64) wak　　runa　pelota-n-ta　　　　hayta-ru-n　　ñuqa-man
　　 その　　人　　ボール-3SG.POSS-ACC　蹴る-PST-Tsg　1SG-DAT

law-man
そば-DAT

「その人が私の方へボールを蹴る」　　(ID: 01, /Skip-To-TwrdS/)

複文は全回答のうちわずか1例でしか使われていない。(65) は /Kick/ 場面における複文での回答例である。

表4.25　各構文の回答数と全回答における割合：客体移動/Kick/場面

	回答数	全回答（99例）における割合
単文	97	98.0 %
複文	1	1.0 %
重文	1	1.0 %

図4.22　各構文の回答数：客体移動

(65) wak   qari=m   *pukuchu-ta*   *hayta-yku-n*
それ   男性=FOC   ボール-ACC   蹴る-YKU-3SG

ñan-ni-n-ta-kama   *bicicleta-pa*   *waqta-n-kama*
道-EUPH-3SG.POSS-LIM   自転車-GEN   そば-3SG.POSS-LIM

chaya-na-n-kama
着く-NMLZ.IRR-3SG.POSS-LIM

「その男性が自転車のそばまでたどり着くように道沿いにボールを蹴る」   (ID: 09,/Kick-To-Orthog/)

(65) では、主文の中に目的を表す従属節 *bicicleta-pa waqta-n-kama chaya-na-n-kama*「自転車のそばにたどり着くように」が埋め込まれている。

/Kick/ 場面では重文も複文と同様全回答のうちわずか1例でしか使われていない。(66) は /Kick/ 場面における重文での回答例である。

(66) *huk*   *runa=m*   *hayta-ru-n*   *pelota-n-ta*;   *chaya-ru-n*
1.NUM   人=FOC   蹴る-PST-3SG   ボール-3SG.POSS-ACC   着く-PST-3SG

bicicleta-n-kama
ボール-3SG.POSS-LIM

「人がボールを蹴った。(ボールは) 自転車まで届いた」
(ID: 01,/Kick-To- AwyFrmS/)

(66) では、2つの主文 *huk runa=m hayta-ru-n pelota-n-ta*「人がボールを蹴った」と *chaya-ru-n bicicleta-n-kama*「(三人称単数が) 自転車のところまでたどり着いた」が並列されている。

/To.in/ 場面においても使われる構文は単文が大多数である。表4.26、図4.23は単文、複文、重文それぞれの使用頻度と /To.in/ 場面全132回答における割合を示したものである。

全132回答のうち、81.8%（108例）は単文での表現である。(67) は単文での回答例である。

(67) *kay*   *warmi=m*   *qaya-yku-n*   *huk*   *warmi-ta*
これ   女性=FOC   呼ぶ-YKU-Tsg   1.NUM   女性-ACC

「この女性がもう一人の女性を呼んだ」
(ID: 06,/Call-To.in-TwrdS/)

複文は全回答のうち9.1％（12例）で使われている。(68) は複文での回答例である。

(68) *kay warmi=m marqa-ku-yku-spa-n　　apa-yku-ru-n*
　　これ　女性=FOC　抱える-REFL-YKU-SR.SS-3SG.POSS　運ぶ-YKU-PST-3SG

　　wak　　tiyana-ta
　　それ　　椅子-ACC

「この女性が椅子を抱えて運び込む」

表4.26　各構文の回答数と全回答における割合：客体移動/To.in/場面

	回答数	全回答（132例）における割合
単文	108	81.8 %
複文	12	9.1 %
重文	12	9.1 %

図4.23　各構文の回答数：客体移動

(ID: 06, /Carry-To.in-AwyFrmS/)

(68) では、付帯状況を表す従属節 *marqa-ku-yku-spa-n*「抱えながら」が主文に埋め込まれている。このような複文の使用頻度は /Kick/ 場面よりも高いものの、/To.in/ 場面においては少数である。

重文は複文と同様に全体のうち 9.1%（12 例）で使われている。(69) は重文での回答例である。

(69) ñuqa-ta   qawa-wa-spa=raq   *entraga-yku-n*   *libro-ta*;
    1SG-ACC   見る-1SG.OBJ-SR.SS=CONT   引き渡す-YKU-3SG   本-ACC

　　mochila   uku-n-man   *hina-yku-n*
    リュック   中-3SG.POSS-DAT   置く-YKU-3SG

「私を見て本を手渡した。リュックの中に入れた」

(ID: 08, /MoveByHand-To.in- AwyFrmS/)

(69) では、2 つの主文 *ñuqa-ta qawa-wa-spa=raq entraga-yku-n libro-ta*「私を見て本を手渡した」と *mochila uku-n-man hina-yku-n*「リュックの中に入れた」が並列されている。

4.2.1.2　移動を構成する概念の表示頻度

客体移動場面においても、主体移動場面と同様に経路は他の概念よりも頻繁に表示される。表 4.27 および図 4.24 は客体移動場面の全 198 回答について、経路・使役手段・直示の表示が現れる頻度および 1 回答あたりの頻度を示すものである。

客体移動場面における経路の 1 回答当たり表示頻度は 1.59 である。つまり、客体移動場面においても経路の多重表示がしばしば見られる。その他の概念は使役手段、直示、様態の順に表示頻度が高く、様態の表示頻度は非常に低い。以下では、/Kick/ 場面と /To.in/ 場面の 2 つのグループに注目して各概念の表示頻度を記述する。

/Kick/ 場面では様態が表示されない。表 4.28 および図 4.25 は客体移動 /Kick/ 場面（99 回答）について、経路・使役手段・直示の表示が現れる頻度および 1 回答あたりの頻度を示すものである。

/Kick/ 場面では経路、使役手段、直示の順に表示頻度が高く、様態が表示されない。

/Kick/ 場面で最も頻繁に表示される概念は経路であり、1 回答当

表4.27 経路、様態、使役手段、直示の表示回数と
1回答当たり表示頻度：客体移動場面

表示される概念	表示回数	1回答当たり表示頻度
経路	315	1.59
様態	4	0.02
使役手段	155	0.78
直示	69	0.35

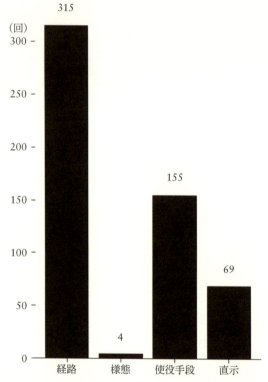

図4.24 経路、様態、使役手段、直示の表示回数：客体移動場面

たり1.59回表示される。次いで表示される概念は使役手段であり、1回答当たり0.97回表示される。(70)は、/Kick/場面において経路および使役手段が表示される例である。

(70) *pelota-ta*　　*hayta-ru-n*　　*bicicleta-pa*
　　　ボール-ACC　　蹴る-PST-3SG　　自転車-GEN

表4.28　経路、使役手段、直示の表示回数と1回答
　　　　当たり表示頻度：客体移動/Kick/場面

表示される概念	表示回数	1回答当たり表示頻度
経路	157	1.59
使役手段	96	0.97
直示	39	0.39

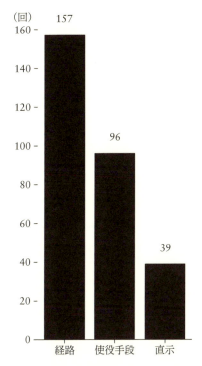

図4.25　経路、使役手段、直示の表示回
　　　　数：客体移動/Kick/場面

ka-sqa-n-man
COP-NMLZ.REAL-3SG.POSS-DAT

「ボールを自転車のあるところへ蹴った」

(ID: 08, /Kick-To-Orthog/)

(70) では、名詞化節 *bicicleta-pa ka-sqa-n*「自転車のあるところ」に接続した与格接尾辞 *-man* で経路、主動詞語根 *hayta*「蹴る」で使役手段が表示されている。

第4章　A実験：アヤクーチョ・ケチュア語の移動表現の全体的特徴　147

/Kick/場面における直示の表示頻度は1回答当たり0.39回で、経路および使役手段に比べて表示頻度が低い。(71)は、/Kick/場面において直示が表示される例である。

(71) wak　runa=m　hayta-yka-mu-n　wak　pelota-ta
　　　それ　人=FOC　蹴る-YKU-VEN-3SG　それ　ボール-ACC

「その人がそのボールを蹴ってきた」（ID: 06, /Kick-To-TwrdS/）

(71)では動詞接尾辞-*mu*で直示が表示されている。

/To.in/場面でも/Kick/場面と同様に経路の表示頻度が高い。表4.29および図4.26は客体移動/To.in/場面（132回答）について、経路・使役手段・直示の表示が現れる頻度および1回答あたりの頻度を示すものである。

/To.in/場面における経路の表示頻度は1回答当たり1.63で、/Kick/場面と同等の高さである。使役手段の表示頻度は1回答当たり0.70で、/Kick/場面よりも低くなっている。(72)は、/To.in/場面において経路および使役手段が表示される例である。

(72) amiga-y　cuaderno-ta　qawa-chi-wa-spa-n
　　　友達-F　ノート-ACC　見る-CAUS-1SG.OBJ-SR.SS-3SG.POSS

　　　amigo-n-pa　　　　　mochila-n-man　　　　hina-yku-n
　　　友達-M-3SG.POSS-GEN　リュック-3SG.POSS-DAT　置く-YKU-3SG

「友達（女性）がノートを私に見せて友達（男性）のリュックに置いた」　　　　　（ID: 07, /Move.by.hand-To.in-AwyFrmS/）

(72)では、与格接尾辞-*man*で経路、主動詞語根*hina*「置く」で経路と使役手段が表示されている。

/To.in/場面においても直示の表示頻度は1回答当たり0.32で、/Kick/場面と同様に経路や使役手段の表示頻度よりもかなり低い。

表4.29　経路、様態、使役手段、直示の表示回数と1回答当たり表示頻度：客体移動/To.in/場面

表示される概念	表示回数	1回答当たり表示頻度
経路	215	1.63
様態	4	0.03
使役手段	92	0.70
直示	42	0.32

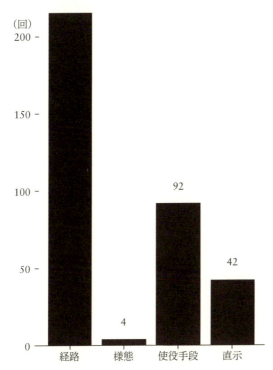

図4.26 経路、様態、使役手段、直示の表示回数と1回答
当たり表示頻度：客体移動/To.in/場面

(73) は、/To.in/ 場面において直示が表示される例である。

(73) wak   warmi=m   silla-ta   apa-mu-chka-n
     それ   女性=FOC   椅子-ACC   持つ-VEN-PROG-3SG

     apuraw=lla-man=ña   pabellon   wasi   uku-man
     急ぎ=LIM-DAT=COMPL   建物   家   中-DAT

「その女性が椅子を持って急いで建物の中に持ってきている」
(ID: 09, /Carry-To.in- TwrdS/)

(73) では、動詞接尾辞-mu が直示を表示している。

/To.in/ 場面では、/Kick/ 場面と異なり様態が表示される場合がある。例えば (73) では、副詞句 apuraw=lla-man=ña「急いで」が様態を表示している。しかし様態の表示頻度は非常に低く、1回答

当たり 0.03 回（132 回答中 4 回）しか現れない。

4.2.1.3　主要部が表現する意味

客体移動場面においては、主体移動場面と異なり主要部は主に使役手段を表示する。(74) は、/Kick/ 場面において使役の手段が主要部に表示される例である。

(74) *runa hawa-manta* <u>*pelota-ta hayta-ru-n*</u> *wasi uku-man*
　　　男性　外-ABL　　ボール-ACC　蹴る-PST-3SG　家　中-DAT

　「男性が外から家の中にボールを蹴った」

(ID: 01, /Kick-To.in-TwrdS/)

(74) では、主動詞語根 *hayta*「蹴る」が使役の手段を表示している。一方経路は、格接尾辞を伴う位置名詞 *uku-man*「中へ」および *hawa-manta*「外から」で表されている。客体移動場面では使役手段の主要部表示の頻度が高い代わりに、経路主要部表示の頻度は低い。表 4.30 および図 4.27 は客体移動場面における主動詞が表示する概念とその割合を示したものである。複合は重文つまり主動詞を複数持つ回答を示す。「その他」は、*underlinebanquete*「もてなす」が主要部に使われている例が該当する。

客体移動場面においては、71.2 %（Put を含めると 78.3 %）の回答で主要部が使役手段を表示している。経路主要部表示の頻度はわずか 4.5 %（Put を含めると 11.6 %）であり、主体移動における割合と比べて非常に低い。

客体移動場面のうち、/Kick/ 場面ではほぼすべての回答で主要部が使役手段を表示している。表 4.31 および図 4.28 は、/Kick/ 場面（全 99 回答）における主要部が表示する概念ごとの回答数と、その回答の全回答における割合を示したものである。

/Kick/ 場面では、96.0 %の回答で主要部が使役手段を表示している。(75) は、/Kick/ 場面において主要部が使役手段を表示する例である。

(75) *huk qari* <u>*pelota-ta hayta-chka-n*</u> *parque chay-pi*
　　1.NUM　男性　ボール-ACC　蹴る-PROG-3SG　公園　それ-LOC

　「男性がその公園でボールを蹴っている」

表4.30　主要部が表示する概念とその割合：客体移動

主要部が表示する概念	回答数	全回答（198例）における割合
経路	9	4.5 %
使役経路	12	6.1 %
put動詞	14	7.1 %
使役手段	141	71.2 %
直示	1	0.5 %
その他	8	4.0 %
複合	13	6.6 %

図4.27　主要部が表示する概念：客体移動

(ID: 02, /Kick-To-TwrdS/)

（75）の主動詞語根 *hayta*「蹴る」は、使役手段を表示している。

　/Kick/ 場面では主要部が使役を伴う経路の概念を表示する場合がある。（76）は、/Kick/ 場面において主要部が使役経路を表示する例である。

（76） *wawqi-y=mi*　　*pelota-n-ta*　　*karuniq-manta*
　　　兄弟-1SG.POSS=FOC　ボール-3SG.POSS-ACC　遠方-ABL

表 4.31　主要部が表示する概念とその割合：客体移動 /Kick/ 場面

主要部が表示する概念	回答数	全回答（99例）における割合
使役経路	2	2.0 %
使役手段	95	96.0 %
複合	1	1.0 %
その他	1	1.0 %

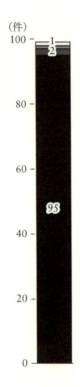

■ 使役手段　■ 使役経路　■ 複合　□ その他

図 4.28　主要部が表示する概念：客体移動 /Kick/ 場面

　　　pasa-mu-wa-n
　　　通す-VEN-1SG.OBJ-3SG

　「私（男性）の兄弟がボールを遠くからよこしてきた」

(ID: 07, /Kick-To-TwrdS/)

（76）の主動詞語根 *pasa*「通す」は、使役経路を表示している。し

152

かし、(76) のように主要部が使役経路のように使役手段以外の概念を表示することは稀である。

/To.in/ 場面でも主要部で表示される概念は使役手段が大多数であるが、その割合は /Kick/ 場面よりも低い。表 4.32、図 4.29 は、/To.in/ 場面（全 132 回答）における主要部が表示する概念ごとの回答数と、その回答の全回答における割合を示したものである。

/To.in/ 場面では、59.8 % の回答で主要部が使役手段を表示している。(77) は、/To.in/ 場面において主要部が使役手段を表示する例である。

(77) mama-n=mi qaya-chka-n Maria-ta wasi uku-man
母-3SG=FOC 呼ぶ-PROG-3SG マリア-ACC 家 中-DAT

「男性がその公園でボールを蹴っている」

(ID: 01, /Call-To.in-Orthog/)

(77) の主動詞語根 qaya「呼ぶ」は、使役手段を表示している。/To.in/ 場面では (77) のように主要部が使役手段を表示する回答が他の概念を表示する回答よりも多いものの、/Kick/ 場面に比べると割合が低い（/Kick/ 場面では 96.0 %、/To.in/ 場面では 59.8 %）。

4.2.2　経路表示

客体移動場面の表現においても、主体移動場面と同様に経路は頻繁に表示される。(4.2.1.2) で述べた通り、客体移動場面でもしばしば経路の多重表示が見られる。しかし、客体移動場面における経路表示の傾向は、主要部表示の頻度がかなり低いため、両表示では

表 4.32　主要部が表示する概念とその割合：客体移動 /To.in/ 場面

主要部が表示する概念	回答数	全回答（132 例）における割合
経路	9	6.8 %
使役経路	10	7.6 %
put 動詞	14	10.6 %
使役手段	79	59.8 %
直示	1	0.8 %
その他	7	5.3 %
複合	12	9.1 %

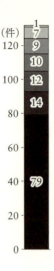

■ 使役手段　■ put動詞　■ 複合　■ 使役経路　■ 経路　■ その他　□ 直示

図4.29　主要部が表示する概念：客体移動 /To.in/ 場面

なく主要部外表示による多重表示の頻度が高いという点で主体移動とは異なっている。

4.2.2.1　経路の表示手段

客体移動場面で最も頻繁に用いられる経路の表示手段は体言形態法による経路表示である。表4.33および図4.30は、客体移動場面全体（198回答）における1回答当たりの主動詞、格接尾辞および格接尾辞を伴う位置名詞、動詞接尾辞、その他の表示手段による経路表示の頻度を示したものである。「その他」には、従属節主要部（1例）および従属節の主要部以外の手段（8例）で経路が表示される例が該当する（表4.34、表4.35および図4.31、図4.32も同様）。

客体移動場面における経路表示手段は名詞形態法の使用頻度が最も高く、動詞接尾辞が続く。主体移動とは異なり、経路表示手段として主要部が使われる頻度は非常に低い（第4.1.2.2節、表4.6・図4.6参照）。

/Kick/ 場面においては、主要部による表示がほとんど見られない。表4.34、図4.31は /Kick/ 場面における表示手段ごとの経路表示の

表4.33　各表示手段による経路表示の回数と1回
　　　　答当たりの頻度：客体移動

経路表示手段	使用回数	1回答当たり使用頻度
主要部	17	0.09
名詞形態法	190	0.96
動詞接尾辞	99	0.50
その他	9	0.05

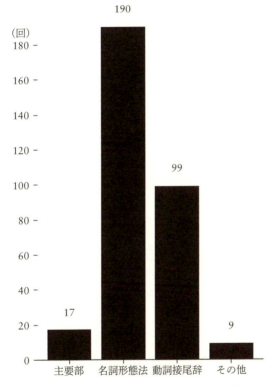

図4.30　各表示手段による経路表示の回数：客体移動

頻度と1回答当たりの頻度を示したものである。

　/Kick/場面において経路が主要部で表示されるのは99回答中わずか1例である。(78)は主要部が経路で表示される例である。

(78) *alto-pi*　*saya-sa-y-man*　　　　　*pasa-yka-mu-wa-n*
　　　高い-LOC　立つ-NMLZ.REAL-1SG.POSS-DAT　通す-YKU-VEN-1SG.OBJ-3SG

	pelota-y	*wichi-yku-sa-n-ta*
	ボール-1SG.POSS	落ちる-YKU-NMLZ.REAL-3SG.POSS-ACC

「高いところに立っている私へ落ちてくるボールを渡した」

(ID: 08, /Kick-Up- TwrdS/)

(78)では、主動詞語根 *pasa*「通す」が使役を伴う経路を表示して

表4.34　各表示手段による経路表示の回数と1回
答当たりの頻度：客体移動/Kick/場面

経路表示手段	使用回数	1回答当たり使用頻度
主要部	1	0.01
名詞形態法	103	1.04
動詞接尾辞	49	0.49
その他	4	0.04

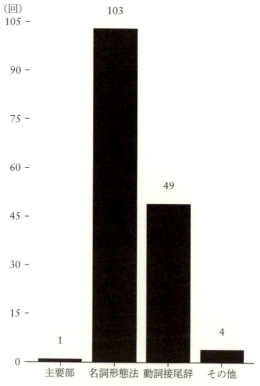

図4.31　各表示手段による経路表示の回数：客体移動/Kick/場面

いる。(78) のような例は /Kick/ 場面ではごく稀であり、(70) のように名詞形態法による経路表示が主である。

/To.in/ 場面は /Kick/ 場面よりも主要部による経路表示の頻度が高い。表4.35、図4.32 は /To.in/ 場面における表示手段ごとの経路表示の頻度と1回答当たり（全132回答中）の頻度を示したものである。

/To.in/ 場面における主要部による経路表示の1回答当たり表示頻度は0.12である。(79) は /To.in/ 場面における経路主要部表示の例である。

(79) *kay   warmi=ña=taq=mi   asi-ri-spa-n   wak*
     これ   少女=COMPL=CONTR=FOC   笑う-INCH-SR.SS-3SG   それ

　　 puka   libro-ta   hina-yku-n   wak   bolsa-man
　　 赤い本-ACC 置く-YKU-3SG   それ   カバン-DAT

「この少女が赤い本をカバンに置いている」

(ID: 06, /MoveByHand-To.in-TwrdS/)

(79) では主動詞語根 *hina*「置く」が使役手段（「手に持って」）と同時に経路を表示している。

客体移動 /To.in/ 場面における経路主要部表示は、/MoveByHand-To.in/ 場面で多く見られる（33回答中8回答）。(80) は、/MoveByHand-To.in/ 場面において経路主要部表示が見られる例である。

(80) *huk   sipas   cuaderno-n-ta   chura-chka-n   mochila*
     1.NUM   少女   ノート-3SG-ACC   入れる-PROG-3SG   リュック

　　 uku-man
　　 中-DAT

表4.35　各表示手段による経路表示の回数と1回答当たりの頻度：客体移動 /To.in/ 場面

経路表示手段	使用回数	1回答当たり使用頻度
主要部	16	0.12
名詞形態法	125	0.95
動詞接尾辞	69	0.52
その他	5	0.04

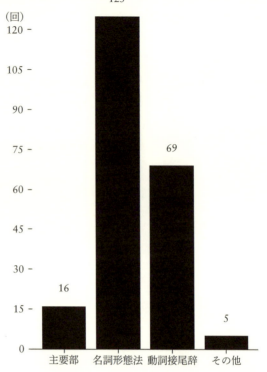

図4.32　各表示手段による経路表示の回数：客体移動/To.in/場面

「ある少女がノートをリュックの中に入れている」

(ID: 11, /MoveByHand-To.in- AwyFrmS/)

(80) では、使役経路動詞 *chura*「入れる」が主動詞語根として使われている。つまり、経路 TO.IN が主要部で表示されている。

4.2.2.2　経路の表示パターン

客体移動場面では経路主要部表示の頻度が低いため、経路の両表示の頻度も主体移動場面に比べて非常に低い。表4.36、図4.33は客体移動場面全198回答における経路表示パターンの頻度を示すものである。

主体移動と異なり、経路主要部表示のみのパターンは見られない。経路両表示も見られるが、全体の 8.6 % と稀である。

客体移動場面においては、経路を主要部外要素でのみ表示するパターンが支配的である。(81)は、経路が主要部外要素でのみ表示される例である。

(81) *silla-ta   apa-yku-ru-n   wasi   uku-man   huk   warmi*
　　　椅子-ACC 持つ-YKU-PST-3SG 家   中-DAT   1.NUM   女性

「ある女性が椅子を家の中に持ち込んだ」

(ID: 02, /Carry-To.in-Neut/)

(81)では動詞接尾辞-*yku*と与格接尾辞-*man*を伴う位置名詞*uku-*

表4.36　経路の表示パターンごとの回答数と割合：客体移動

経路表示のパターン	回答数	全回答（198例）における割合
経路主要部表示のみ	0	0.0 %
経路両表示	17	8.6 %
経路主要部外表示のみ	164	82.8 %
経路表示無し	17	8.6 %
経路主要部表示あり	17	8.6 %
経路主要部外表示あり	181	91.4 %

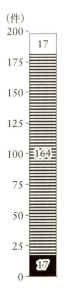

▥ 経路主要部表示のみ　■ 経路両表示　☰ 経路主要部外表示のみ　□ 経路表示無し

図4.33　経路の表示パターンごとの回答数：客体移動

man「中へ」で経路が表示されている。主動詞語根 *apa*「持つ」は経路ではなく使役手段を表示しており、経路主要部表示は見られない。

/Kick/ 場面はほぼ全ての回答で経路が主要部外要素のみで表示されている。表4.37、図4.34は/Kick/場面での経路表示パターンの頻度を示すものである。

/Kick/ 場面における経路両表示は99回答中（78）の1例のみであり、経路を主要部外要素のみで表示する例が91.9％と支配的である。（82）は経路を主要部外要素でのみ表示する例である。

(82) huk runa hayta-yku-n pukuchu-ta huk law
   1.NUM 人   蹴る-YKU-3SG ボール-ACC 1.NUM そば

wasi-man
家-DAT

「人がボールをそばにある家へ蹴る」

(ID: 04, /Kick-Up-AwyFrmS/)

（82）では、経路が動詞接尾辞 -*yku* と与格接尾辞 -*man* で表示されている。

/To.in/ 場面では経路両表示が稀ながら一定数見られる。表4.38、図4.35は /To.in/ 場面での経路表示パターンの頻度を示すものである。

/To.in/ 場面における経路両表示の割合は12.1％であり、主体移動 /To.in/ 場面（64.6％）と比べると非常に低い。（83）は経路両表示の例である。

(83) niña-cha kusi-sqa=lla=ña
   女の子-DIM 喜ぶ-NMLZ.REAL=LIM=COMPL

表4.37　経路の表示パターンごとの回答数と割合：客体移動 /Kick/ 場面

経路表示のパターン	回答数	全回答（99例）における割合
経路主要部表示のみ	0	0.0 %
経路両表示	1	1.0 %
経路主要部外表示のみ	91	91.9 %
経路表示無し	7	7.1 %
経路主要部表示あり	1	1.0 %
経路主要部外表示あり	92	92.9 %

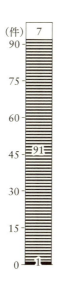

▭ 経路主要部表示のみ　▬ 経路両表示　▬ 経路主要部外表示のみ　□ 経路表示無し

図4.34　経路の表示パターンごとの回答数：客体移動/Kick/場面

qawa-yku-wa-spa-n=mi　　　　　　*chura-yku-n*
見る-YKU-1SG.OBJ-SR.SS-3SG.POSS=FOC　入れる-YKU-3SG

libro-n-ta　　　*talega-n-man*
本-3SG.POSS-ACC　カバン-3SG.POSS-DAT

「女の子が嬉しそうに私を見て、本をカバンに入れた」

(ID: 01, /MoveByHand- To.in-TwrdS/)

(83) では、主動詞語根 *chura*「入れる」のほか、動詞接尾辞 *-yku*、格接尾辞 *-man* が経路を表示している。

表4.38　経路の表示パターンごとの回答数と割合：客体移動/To.in/場面

経路表示のパターン	回答数	全回答（132例）における割合
経路主要部表示のみ	0	0.0 %
経路両表示	16	12.1 %
経路主要部外表示のみ	105	79.5 %
経路表示無し	11	8.3 %
経路主要部表示あり	16	12.1 %
経路主要部外表示あり	121	91.7 %

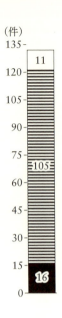

　　　　▭ 経路主要部表示のみ　■ 経路両表示　▬ 経路主要部外表示のみ　□ 経路表示無し
図 4.35　経路の表示パターンごとの回答数：客体移動 /To.in/ 場面

4.3 抽象的放射

　アヤクーチョ・ケチュア語の抽象的放射場面における移動表現は、主体移動とも客体移動とも全く異なる特徴を持っている。まず、抽象的放射場面で使われる構文は例外を除き全て単文である[*3]。(84) は抽象的放射場面における単文による回答の例である。

　(84) huk　　warmi=m　wasi-ta　qawa-chka-n　punku-n-manta
　　　 1.NUM　女性=FOC　家-ACC　見る-PROG-3SG　ドア-3SG.POSS-ABL

　　「女性が家をドアから見ている」　(ID: 03, /Look-To.in-TwrdS/)
(84) で用いられている主動詞は qawa-chka-n「見ている」のみであり、従属節も埋め込まれていない。

　次に、移動を構成する概念の表示頻度は、放射の種類が最も高い。表 4.39 および図 4.36 は抽象的放射場面で各移動概念の表示が現れる 1 回答当たりの頻度を示す。

　放射の種類の表示頻度は全 33 回答中 1 回答あたり 0.91 と高い。

(85) は放射の種類を表示する回答の例である。

(85) *amiga-y*　　*wasi*　*hawa-manta*　*qawa-mu-wa-n*
　　　友達.F-1SG.POSS　家　　外-ABL　　　　見る-VEN-1SG.OBJ-3SG

「私の友達が家の外から私を見てくる」

(ID: 05, /Look-To.in-TwrdS/)

(85) では主動詞語根 *qawa*「見る」が放射の種類を表示している。経路の表示頻度は 0.52 と半数程度である。(86) は抽象的放射

表 4.39　移動を構成する概念の表示回数と 1 回答当たり表示頻度：抽象的放射

表示される概念	表示回数	1回答当たり表示頻度
経路	17	0.52
放射の種類	30	0.91
直示	9	0.27

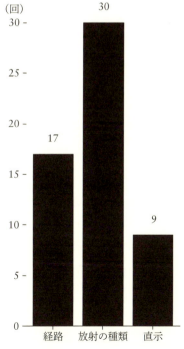

図 4.36　移動を構成する概念の表示回数：
　　　　　抽象的放射

場面において経路を表示する回答の例である。

(86) warmi=m   punku-manta   qawa-chka-n   wasi   uku-ta
　　 女性=FOC   ドア-ABL   見る-PROG-3SG   家   中-ACC

「女性がドアから家の中を見ている」

(ID: 01, /Look-To.in-Orthog/)

(86)では、奪格接尾辞-manta が経路を表示している。主体移動・客体移動においては経路の1回答あたり表示頻度が1を越えている（第4.1.1.2節、第4.2.1.2節参照）のと比べると、抽象的放射場面における経路表示の頻度は非常に低いと言える。

最後に、主要部で表される概念はほとんどの場合放射の種類である。表4.40および図4.37は抽象的放射場面において主要部で表示される概念とその割合を示したものである。

抽象的放射場面では90.9％の回答で主要部が放射の種類を表示している。(87)は抽象的放射場面において主要部が放射の種類を表示する例である。

(87) wak   warmi=m   watiqa-yka-mu-n
　　 それ   女性=FOC   見つめる-YKU-VEN-3SG

「女性が見つめてくる」　　　　　(ID: 06, /Look-To.in-TwrdS/)

(87)では、主動詞語根 watiqa「見つめる」が放射の種類を表示している。

主要部が放射の種類を表示しない残りの9.1％では、lee「読む」や qaya「呼ぶ」など、抽象的放射とは関係の無い動詞が主動詞として現れている。

(88) punku-pi   letra   pega-sqa-ta=m   warmi   lee-chka-n
　　 ドア-LOC   手紙   貼る-NMLZ.REAL-ACC=FOC   女性   読む-PROG

「ドアに手紙が貼ってあるのを女性が読んでいる」

(ID: 03, /Look-To.in-AwyFrmS/)

表4.40　主要部が表示する概念：抽象的放射

主要部が表示する概念	回答数	全回答（33例）における割合
放射の種類	30	90.9％
その他	3	9.1％

図4.37 主要部が表示する概念：抽象的放射

(88)における主動詞語根 *lee*「読む」が表す概念は、抽象的放射とは分析しない。

4.3.1 経路表示

抽象的放射場面における経路表示の頻度は、主体移動場面や客体移動場面に比べて非常に低い。抽象的放射場面において経路が表示されている回答は、全33回答の48％と半数にも満たない。

抽象的放射場面では、経路は常に主要部外の要素で表示されている。表4.41および図4.38は、抽象的放射場面において経路が各要素で表される頻度を示すものである。「その他」には、従属主要部が経路を表示する例が該当する。

最も頻繁に使われる表示手段は位置名詞などを伴う格接尾辞（全

回答中33.3％)である。(89)は、抽象的放射場面において経路が位置名詞と格接尾辞の組み合わせで表示される例である。

(89) wasi   hawa-n-manta   qawa-mu-wa-chka-n   ima
     家   外-3SG-ABL   見る-VEN-1SG.OBJ-PROG-3SG 何

ni-spa=raq
言う-SR.SS=CONT

表4.41　各表示手段による経路表示の回数と1回
　　　　答当たり表示頻度：抽象的放射

経路表示手段	使用回数	1回答当たり表示頻度
主要部	0	0
名詞形態法	11	0.33
動詞接尾辞	5	0.15
その他	1	0.03

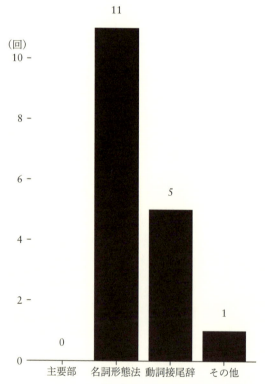

図4.38　各表示手段による経路表示の回数：抽象的放射

「(彼/彼女が)何か言いながら家の外からこちらを見てくる」
(ID: 08, /Look-To.in- TwrdS/)

(89) では、経路が位置名詞 *hawa-n*「その(建物の)外」を伴う奪格標示 *-manta*「~から」で表示されている。

抽象的放射場面における経路は、動詞接尾辞 *-yku* でも表示される。動詞接尾辞 *-yku* が使われる頻度は低く、全33回答中15.2%である。(90) は、抽象的放射場面で経路が動詞接尾辞 *-yku* で表示される例である。

(90) huk yana warmi=m wasi kicha-sqa punku
1.NUM 黒 女性=FOC 家 開く-NMLZ.REAL 扉

ka-pti-n qawa-yku-n uku-ta
COP-SR.DS-3SG.POSS 見る-YKU-3SG 中-ACC

「家の扉が開いていて、色黒の女性が中を覗き込む」
(ID: 08, /Look-To.in- AwyFrmS/)

(90) では、経路 TO.IN が動詞接尾辞 *-yku* で表示されている。

ここで、格標示を伴う位置名詞 *uku-ta*「中を」が経路表示とはならないことに注意したい。(90) と同じ文脈で動詞 qawa「見る」が名詞化された場合、*uku-ta* における対格標示 *-ta* は *-ø* と交代可能である。したがって(90)における対格 *-ta* は動詞 qawa に対する直接目的語を標示するものであり、経路表示ではない(第2.5節参照)。

4.4 議論

以上ではA実験の調査結果に基づき、アヤクーチョ・ケチュア語の移動表現の全体的な特徴を記述した。以下ではこの特徴の類型論的位置づけ(第4.4.1節)と、この分析が移動表現の類型論にもたらす理論的示唆(第4.4.2節)を議論する。

4.4.1 アヤクーチョ・ケチュア語の移動表現の類型論的位置づけ

アヤクーチョ・ケチュア語は、主体移動場面の主要部における経

路・様態・直示の競合という点では、経路主要部表示型言語と評価できる。この言語では、経路がどの様態・直示場面でも様態や形態と比較してより主要部で表示されやすい概念である（第4.1.2.4節参照）。

さらに主体移動場面における経路主要部表示の頻度の通言語比較という観点でも、この言語は経路主要部表示型言語と評価できる。この言語の経路主要部表示の頻度は、他の言語と比べて比較的高い。図4.39は、Matsumoto（to appear）が扱う各言語の主体移動における経路主要部表示の頻度を示すものである。

アヤクーチョ・ケチュア語における経路主要部表示の頻度はMatsumoto（to appear）が扱う21の言語の中で5番目に高い。

重要なことに、アヤクーチョ・ケチュア語は経路主要部外表示の頻度も、他の言語と比較しても極端に低いわけではない。図4.40は、Matsumoto（to appear）中の各言語の主体移動における経路主要部外表示の頻度を示している。

アヤクーチョ・ケチュア語における経路主要部表示の頻度の高さは、Matsumoto（to appear）が扱う21の言語の中で11番目である。

アヤクーチョ・ケチュア語の移動表現の大きな特徴は、このように経路主要部表示を好むだけでなく、経路主要部外表示も高い頻度で見られるという点である。アヤクーチョ・ケチュア語は経路主要

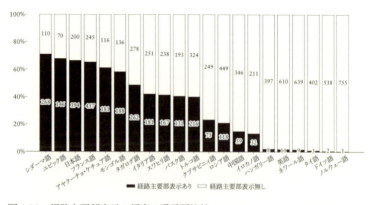

図4.39　経路主要部表示の頻度の通言語比較

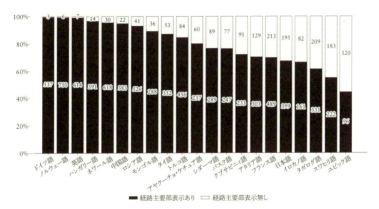

図 4.40　経路主要部外表示の頻度の通言語比較

部表示の頻度も、経路主要部外表示の頻度も、通言語的にやや高い部類の言語である。つまり、経路主要部表示と経路主要部外表示の頻度の通言語比較という観点では、アヤクーチョ・ケチュア語は経路主要部表示型言語とも経路主要部外表示型とも評価できる二面性を持っている。

　このように経路主要部表示の頻度と経路主要部外表示の頻度の両方が他の言語と比較して高いアヤクーチョ・ケチュア語は、他の言語と比較して経路の両表示を強く好む言語として類型的に位置づけられる。経路の両表示とは、経路を主要部と主要部外の要素で同時に表現する表示パターンである。図 4.41 は、Matsumoto（to appear）が扱う各言語の主体移動における経路両表示の頻度を、主要部表示・主要部外表示の頻度と共に示すものである。

　アヤクーチョ・ケチュア語の主体移動場面における経路両表示の頻度は、Matsumoto（to appear）で分析されている 21 の言語の中でも 3 番目に高い Morokuma（to appear）。この主体移動場面における経路両表示の頻度の高さは、アヤクーチョ・ケチュア語の類型論的に重要な特徴である。

　アヤクーチョ・ケチュア語の主体移動表現において経路の両表示が好まれるのには、この言語における 2 つの文法的特徴が原因となっている。1 つ目の原因は、この言語における体言の形態統語的特徴である。アヤクーチョ・ケチュア語では、移動の参照点として現

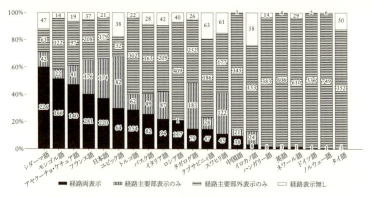

図4.41　経路主要部・主要部外・両表示の頻度の通言語比較

れる体言は必ず格接尾辞を伴うか、格接尾辞を伴う位置名詞に前置される。例えばA実験において着点の表現として用いられる*wasi*「家、建物」や*bicicleta*「自転車」は、与格*-man*や与格標示を伴う位置名詞*law-man*「そばへ」を伴わずに現れることはできない。例えば、(34)から与格標示を削除した(91)は文法的に不適格である。

(91) **bicicleta-n　　asu-yku-n　　wak runa salta-kacha-spa-n*
　　　自転車-3SG.POSS　近づく-YKU-3SG　あれ　男性　跳ぶ-ITER-SR.SS-3SG

（「あの男性が跳ねながら自転車に近づく」を意図）

このようにアヤクーチョ・ケチュア語では、移動の着点や起点が明示される場合は、主要部が経路を表示している場合であっても、経路を標示する格接尾辞や格標示を伴う位置名詞が義務的に現れる。したがって、アヤクーチョ・ケチュア語では経路の両表示の頻度が高くなる。

　2つ目の原因は、この言語において経路を表す動詞接尾辞*-yku*がしばしば経路動詞と共起するという特徴である。A実験の結果において、*-yku*が唯一の経路表示として用いられることはほぼ無い。*-yku*は格接尾辞・格接尾辞を伴う位置名詞による経路表示と共起するだけでなく、*asu*「近づく」や*yayku*「入る」など経路を表す主動詞に接続して現れることが多い。*-yku*による経路表示の有無が経路主要部表示の有無を制限しないため、アヤクーチョ・ケチュ

ア語では経路の両表示の頻度が低くならない。このように、アヤクーチョ・ケチュア語における経路の両表示の頻度の高さは、この言語の体言形態法と用言形態法の2つの側面に起因している。

4.4.2 理論的示唆

アヤクーチョ・ケチュア語の経路表示の特徴は、従来の経路主要部表示型言語・経路主要部外表示型言語という二項対立の類型に、i) 前者と後者を区別する基準の細分化、ii) 両表示の重要性という2つの新たな観点を提示する。アヤクーチョ・ケチュア語は経路を主要部で表示する傾向が通言語的に比較して強い一方で、経路が主要部外で表示される頻度は主要部で表示される頻度よりも高い。このような特徴は経路主要部表示型言語と評価されてきた言語にもしばしば見られる。例えば日本語、フランス語、モンゴル語などは他の言語と比べて経路が主要部で表示される頻度が高く、一般に経路主要部表示言語と評価される。しかし、これらの言語もアヤクーチョ・ケチュア語と同様、経路主要部外表示が見られる頻度が経路主要部表示が見られる頻度よりも高い（Matsumoto to appear）。

このことは、松本（2017）が提唱する経路主要部表示型言語・経路主要部外表示型言語という類型は、ある言語において経路が主要部と主要部外のどちらでより多く表示されるかという観点だけでは説明できないことを表している。ある言語が経路主要部表示型言語あるいは経路主要部外表示と評価される上では、経路が主要部と主要部外のどちらでより多く表示されるかだけではなく、経路主要部表示および経路主要部外表示の頻度が他の言語と比較して高いのか、低いのかという通言語比較の観点が重要となる。例えばアヤクーチョ・ケチュア語は、日本語やモンゴル語と同様にその言語における経路主要部表示の頻度は経路主要部外表示の頻度よりも低いものの、通言語的に比較すると経路主要部表示の頻度が高い言語である。

これに関連して、アヤクーチョ・ケチュア語の移動表現は、経路の両表示も経路表示に着目した移動表現の類型において重要な観点であることを示している。経路主要部表示と経路主要部外表示は必

ずしも相補分布しない。アヤクーチョ・ケチュア語においては経路が主要部のみで表されることは少なく、主要部で経路が表される場合は主要部外でも同時に経路が表示されることが多い。同様に、日本語、フランス語、モンゴル語といった経路主要部表示型言語とされる言語にも、両表示がしばしば見られる。つまり、経路主要部表示型言語と従来呼ばれてきた言語は、両表示となる場合も含めて経路主要部表示の頻度が高い言語であり、経路主要部外表示型言語はそれ以外の経路が主要部外のみで表示される頻度が高い言語であると言える。このように、経路表示に着目した移動表現の類型論においては、経路が主要部と主要部外のそれぞれで表示される頻度だけではなく、経路が主要部だけで表示されるか、主要部外だけで表示されるか、あるいは両方で同時に表示されるかという組み合わせも重要な分析の観点となる。

　アヤクーチョ・ケチュア語は主体移動においては経路を両表示する強い傾向を見せる一方で、客体移動・抽象的放射においては経路が主に主要部外でのみ表示される。これは、この言語が使役経路動詞および経路と抽象的放射を同時に表す動詞をほとんど持たないことによる。第2.5節で見た通り、アヤクーチョ・ケチュア語は、移動物が主語となる経路動詞を数多く持つ。しかし、A実験で見られた使役経路動詞は *chura*「入れる」のみである。アヤクーチョ・ケチュア語では動詞を生産的に使役化できる動詞接尾辞 *-chi* を持ち、例えば経路動詞 *asu*「近づく」から使役経路動詞 *asu（-yka-）chi*「近づける」を派生することができる。しかしA実験の結果において、*-chi* によって使役化された経路動詞が使われることは稀である。さらにアヤクーチョ・ケチュア語は視線など抽象的放射における移動物の移動を表す動詞を持たない。このように、アヤクーチョ・ケチュア語は客体移動場面および抽象的放射場面における移動物の移動を表せる動詞をほとんど持たないため、経路主要部表示の頻度が低い。そしてその結果として、経路の両表示の頻度も低くなっている。

　このアヤクーチョ・ケチュア語における主体移動と客体移動・抽象的放射の経路表示パターンの違いは、経路表示の文法的クラスの

違いによる移動物の意味役割の違いを反映している。アヤクーチョ・ケチュア語の経路動詞は、使役事象を表す複文や従属節、使役化を伴わない限り客体移動や抽象的放射では用いられない。これは、一部の例外*4を除き主語として表される指示対象の移動のみを表し、目的語や項とならない実体の移動を表すことができないためである。一方、格接尾辞や格接尾辞を伴う位置名詞、動詞接尾辞 -yku は主体移動・客体移動・抽象的放射場面を通じて用いられる。このことは、これらの表示手段が主語だけでなく目的語や項とならない実体の移動も表すことができることを示している。つまり、文法的クラスが異なる経路表示の間には、どのような意味役割の移動物について経路を表せるかという点で違いが見られる。このように、移動タイプの違いに注目した移動表現の分析は、移動表現のパターンそのものだけでなく移動の表示手段の間の多様性と類型性を明らかにするという点でも重要である。

---

*1 -ta は目的語標示であり、経路表示ではない。
*2 この経路両表示（ambi-positional path coding）という用語は、用語の混乱を避けるために設定した本稿オリジナルのものである。経路が異なる文法的クラスに属する複数の手段で同時に表示されるパターンに対しては、"double marking" という用語が Croft et al. (2010) および Bohnemeyer et al. (2007) によって使用されている。具体的には、Croft et al. (2010) は主動詞語根または動詞接尾辞と附随要素（Talmy 1985 の定義による）の組み合わせを指している。一方 Bohnemeyer et al. (2007) は主動詞語根と参照地句（ground phrase）の組み合わせを指しており、動詞接尾辞の区分については触れていない。Croft et al. (2010) と Bohnemeyer et al. (2007) による "double marking" の定義は、本稿で注目する主動詞語根とそれ以外の任意の経路表示手段の組み合わせとは異なっている。このような理由から、本稿では主動詞語根とそれ以外の任意の経路表示手段による経路表示を指すために新たに経路両表示（ambi-positional path coding）という用語を用いる。
*3 回答全体としては複文や重文も見られるが、従属節や並列される主文は全て抽象的放射とは関係の無い事象であるため単文として扱う。
*4 pasa は自動詞「通る」として主語の移動、他動詞「渡る」として目的語の移動を表せる。

第5章
C実験：経路タイプによる移動表現の多様性

　この章では、C実験で得られたデータを元に、アヤクーチョ・ケチュア語の移動表現の特徴を経路の表現に注目して記述・分析する。本節では特に、経路場面の種類ごとの経路の表示方法の違いに着目する。A実験主体移動場面では/To/場面、/To.in/場面、/Up/場面の3種類の経路場面を分析した。C実験では主体移動における経路場面の種類をさらに細分化し、複数の局面に分析できない34の単純経路局面場面と複数の局面を含む10の複雑経路局面場面を分析する。

　C実験の結果からは、以下のことが明らかになった。単純経路局面場面の実験結果は、A実験主体移動場面の実験結果と似た傾向を見せる。C実験単純経路局面場面全体の傾向として、経路主要部表示の頻度と経路主要部外表示の頻度がどちらも高く、経路両表示の頻度が高くなっている。

　一方で、C実験単純経路局面場面で分析した経路場面の中には、経路主要部表示の頻度が非常に低い経路場面も見られる。単純経路局面場面で分析する17種類の経路場面のうち、例えば/To.in/場面は経路主要部表示が多くの回答で見られる一方で、/Alng/場面ではわずかな回答でしか見られない。

　複雑経路局面場面の実験結果は、A実験主体移動場面とC実験単純経路局面場面のどちらとも全く異なる特徴を見せる。複雑経路局面場面では、上下移動を含む3つの場面グループ（全6場面）と、上下移動を含まない1つの場面グループ（全4場面）を分析する。このうち上下移動を含む3つの場面グループは、i) 重文がほぼ全く使われない、ii) 経路主要部表示がほとんど見られないという点でA実験主体移動場面およびC実験単純経路局面場面の結果と異なる特徴を持っている。

以下では、C実験の実験結果を単純経路局面場面（第5.1節）と複雑経路局面場面（第5.2節）に分けて記述する。そして第5.3節ではこれらの記述を元に、アヤクーチョ・ケチュア語の経路表示から見る経路場面の類型を議論する。

5.1 単純経路局面場面

C実験単純経路局面の調査結果は全体的にA実験で観察した主体移動（第4章第4.1節参照）と共通した特徴を示している。具体的には、C実験の結果においても経路主要部表示の頻度が全体的に高く、さらに経路両表示もしばしば見られる。

一方経路場面の種類ごとに分析すると、経路が主動詞で表される傾向は、経路場面によって大きく異なることがわかった。C実験単純経路局面場面で観察した17の単純経路局面の中には、/To.in/場面のようにほぼ全ての回答に経路主要部表示が見られる経路場面もあれば、/Along/場面のように経路主要部表示がほとんど見られない経路場面もある。

以下では第5.1.1節で単純経路局面場面の結果の全体的な特徴を記述する。そして第5.1.2節では経路場面ごとの違いに注目して経路表示の特徴を記述する。

5.1.1 結果の概観

この節では、C実験単純経路局面場面の実験結果の全体的な特徴を概観する。具体的には、第5.1.1.1節で使われる構文、第5.1.1.2節で移動を構成する各概念が表示される回答の頻度、第5.1.1.3節で経路の表示頻度と多重表示、第5.1.1.4節で主要部が表示する概念、第5.1.1.5節で経路表示のパターンに注目して記述する。

5.1.1.1 構文の選択

アヤクーチョ・ケチュア語の主体移動単純経路局面場面の表現は、C実験の結果においてもA実験の結果と同様、単文による表現がほとんどである。表5.1および図5.1は、単純経路局面事象の表現に

表 5.1　各構文の回答数と全回答における割合：
単純経路局面

	回答数	全回答（374 例）における割合
単文	298	79.7 %
複文	54	14.4 %
重文	22	5.9 %

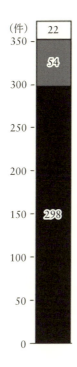

図 5.1　各構文の回答数：単純経路局面

おいて使われる構文の割合を示したものである。

　単文による表現の割合は 79.7 % であり、複文は 14.7 %、重文は 5.6 % である。(1) は単純経路局面場面における単文による回答の例である。

(1)　huk　　qari　　lluqsi-ra-mu-n　　wasi-manta
　　 1.NUM　男性　　出る-PST-VEN-3SG　　家-ABL

第 5 章　C 実験：経路タイプによる移動表現の多様性　177

「ある男性が家から出てきた」

(1) に含まれる主文主動詞は *lluqsi-ra-mu-n*「出てきた」のみであり、従属節も埋め込まれていない。

複文や重文も用いられるが、頻度は低い。(2)、(3) はそれぞれ単純経路局面場面における複文、重文による回答の例である。

(2) huk   qari=m   mesa-man   ri-yku-chka-spa-n
    1.NUM 男性=FOC   机-DAT   行く-YKU-PROG-SR.SS-3SG.POSS

    saya-ru-n
    止まる-PST-3SG

    「ある男性が机の方に行って止まった」   (ID: 02, /Run-Twrd/)

(3) *huk*   *qari*   *alli=lla-manta=m*   *muqu-ta*   *subi-chka-n*
    1.NUM 男性   良い=LIM-ABL=FOC   丘-ACC   上る-PROG-3SG

    hina-spa   *baja-yku-n*   *huk*   *law-man*
    そのようにする-SR.SS   下る-YKU-3SG   1.NUM そば-DAT

    「ある男性がゆっくりと丘を上っている。そしてもう片側へ下る」   (ID: 07, /Run- Ovr/)

(2) では1つの主文中に従属節 *ri-yku-chka-spa-n*「行きながら」が埋め込まれている。

(3) では2つの主文 *huk qari alli=lla-manta=m muqu-ta subi-chka-n*「男性がゆっくり丘を登っている」と *baja-yku-n huk law-man*「もう片側へ下る」が *hina-spa*「そして」によって並列されている。

5.1.1.2 移動を構成する概念への言及頻度

C実験単純経路局面場面における経路・様態への言及頻度も、概ねA実験主体移動場面の実験結果と一致している。表5.2および図5.2は、単純経路局面の表現において、様態・経路・直示それぞれの概念が少なくとも一度表示される回答の割合を示したものである。

経路は94.1％とほぼ全ての回答で表示されている。例えば前節で取り上げた (1)、(2)、(3) では、全て経路表示が現れている。

経路が全く表示されない例も稀に見られる。(4) は経路が一度も表示されない例である。

表 5.2　各種移動概念が表示される回答数と割合：単純経路局面

	回答数	（374 例）における割合
経路	352	94.1 %
様態	240	64.2 %
直示	83	22.2 %

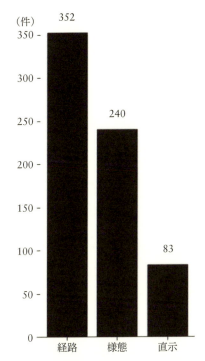

図 5.2　各種移動概念が表示される回答の回答数：単純経路局面

(4)　runa　　ichi-ri-spa　　　　saya-ri-ru-n
　　　男性　歩く-INCH-SR.SS　　止まる-INCH-PST-3SG
　　　「男性が歩き、止まった」　　　　　(ID: 04, /Walk-Twrd/)

(4) では経路を表示する格接尾辞・動詞・動詞接尾辞のいずれも使われていない。

　単純経路局面場面において様態を表示する回答は全体の 64.2 % である。例えば (4) では従属節の動詞語根である ichi「歩く」が

様態を表示している。単純経路局面場面における様態を表示する回答の頻度は、A実験主体移動場面における頻度（67.0％：第4.1.1.2節表4.2、図4.2参照）と同程度である。

興味深いことに、C実験では直示が /Orthog/ に統一されているにもかかわらず、直示の表示が現れる場合がある（全回答中22.2％）。例えば（5）は /To.undr/ 場面に直示表示が現れる例である。

(5) qari　hamu-ru-n　　　　paragua-pi　llantu-ku-q
　　男性　来る-PST-3SG　　　傘-LOC　　影を差す-REFL-NMLZ.AG

　　「男性が傘の影に入るために来た」　　（ID: 06, /Walk-To.undr/）

（5）では直示TWRD.Sを表す動詞 hamu「来る」が主動詞として用いられている。対応する動画では、青年が話者の視界（画面）を横切りながら視界中央にある傘の下へと移動している。

このことは、アヤクーチョ・ケチュア語において話者の視界の中心など、話者が注目する地点への移動が直示TWRD.Sとして解釈されうることを示している。Matsumoto, Akita, and Takahashi（2017）では、移動物が話者の立つ地点に直接向かう移動だけでなく、話者と同じ閉鎖空間に現れる移動や、階段等でつながれた空間において話者と同じ階層に向かう移動にもTWRD.Sの表示が現れる現象を複数の言語で報告している。このように話者と関連性の高い空間をMatsumoto, Akita, and Takahashi（2017）では機能的空間と呼び、直示の表現においては厳密に話者が位置する地点だけでなく、機能的空間に向かう、あるいは離れる移動も直示として解釈されうる。（5）の事例は、アヤクーチョ・ケチュア語においても話者の視界の中心という機能的空間も直示の参照点となりうることを示している。

5.1.1.3　経路の多重表示

　　C実験単純経路局面場面においても経路はしばしば多重表示される。表5.3および図5.3は、単純経路局面の表現において、様態・経路・直示の表示が現れる1回答当たりの頻度を示したものである。

　　1回答あたりの経路表示の頻度は1.89であり、平均するとほぼ全ての回答で多重表示が見られる程の高さである。例えば（6）は

表 5.3　各種移動概念の表示回数と 1 回答あ
たりの表示頻度：単純経路局面

	表示回数	1 回答あたりの表示頻度
経路	707	1.89
様態	266	0.71
直示	83	0.22

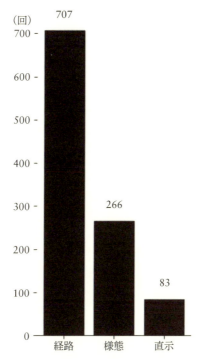

図 5.3　各種移動概念の表示回数：単純経路局面

単純経路局面場面における経路多重表示の例である。

(6)　*wasi*　*uku-manta*　*lluqsi-ra-mu-n*　　*runa*
　　　家　　中-ABL　　　出る-PST-VEN-3SG　　人

「家の中から人が出てきた」　　　　　（ID: 04, /Walk-Out/）

(6) では、奪格接尾辞を伴う位置名詞 *uku-manta*「中から」と主動詞語根 *lluqsi*「出る」の 2 つが同時に経路を表示している。

　C 実験の調査においては経路多重表示が頻繁に見られるだけでな

く、三重表示以上の多重表示がしばしば見られる。表5.4および図5.4は、C実験の単純経路局面における1回答内の経路の表示数ご

表5.4　1回答内の経路の表示数ごとの回答数と割合：単純経路局面

経路表示の数	回答数	全回答（374例）における割合
0	22	5.9 %
1	83	22.2 %
2	198	52.9 %
3	61	16.3 %
4	7	1.9 %
5	3	0.8 %
経路表示無し	22	5.9 %
経路一重表示	82	21.9 %
経路多重表示	270	72.2 %

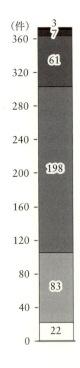

図5.4　1回答内の経路の表示数ごとの回答数：単純経路局面

との回答数を示したものである。

　経路多重表示は 72.2 % の回答で見られ、その上三重表示以上の多重表示を取る回答が 19.0 % 見られる。(7) は、単純経路局面場面において経路が三重表示を受ける例である。

(7)　puri-spa　　huk　　qari　　asu-yku-chka-n
　　　歩く-SR.SS　1.NUM　男性　近づく-YKU-PROG-3SG

　　　mesa-pa　　lado-n-man
　　　机-GEN　　　そば-3SG-DAT

　　「ある男性が歩いて机のそばに近づいている」
　　　　　　　　　　　　　　　　　　　(ID: 06, /Walk-Twrd/)

(7) では、動詞語根 asu「近づく」、動詞接尾辞 -yku、格接尾辞を伴う位置名詞 lado-n-man「〜のそばへ」の 3 つの表示手段で同時に表示されている。

5.1.1.4　主要部が表現する意味

　C 実験の結果において、単純経路局面場面で主要部が最も頻繁に表示する概念は経路である。表 5.5 および図 5.5 は、単純経路局面の表現において経路・様態・直示の各概念が主動詞で表示される割合を示すものである。「複合」は重文での回答であり、複数の主要部でそれぞれ異なる概念を表示する例を指す。「その他」は、経路・様態・直示のいずれにも該当しない概念を主要部が表現する例を指す。

　単純経路局面場面の回答のうち、主要部が経路を表す回答は 59.4 % である。(8) は経路が主要部で表示される例である。

(8)　huk　　runa　　pasa-ru-n=mi　　wasi-pa　chawpi-n-ta
　　　1.NUM　人　　通る-PST-3SG=FOC　家-GEN　中央-3SG.POSS-ACC

　　「人が家の真ん中を通った」　　　　　　　(ID: 09, /Run-Thru/)

(8) では主動詞語根 pasa「通る」が経路を表示している。

　主動詞が様態を表す回答は 17.9 %、直示を表す回答は 9.4 % であり、経路に比べて主動詞で表される頻度はかなり低い。(9)、(10) はそれぞれ様態、直示が主要部で表示される例である。

表 5.5　主動詞で表示される概念：単純経路局面

主要部が表示する概念	回答数	全回答（374例）における割合
経路	231	61.8 %
様態	67	17.9 %
直示	35	9.4 %
複合	22	5.9 %
その他	19	5.1 %

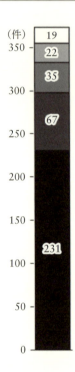

■ 経路　　■ 様態　　■ 直示　　■ 複合　　□ その他

図 5.5　主動詞で表示される概念：単純経路局面

(9) huk　　qari　puri-chka-n　　parque-pi
　　1.NUM　男性　歩く-PROG-3SG　公園-LOC
　　「男性が公園で歩いている」　　　　　　　(ID: 10, /Walk-Twrd/)

(10) kay　runa=m　ri-chka-n　　mesa　waqta-n-man
　　 これ　人=FOC　行く-PROG-3SG　机　そば-3SG.POSS-DAT
　　 「この人が机のそばへ行っている」　　　(ID: 05, /Walk-Twrd/)

（9）では主動詞語根 *puri*「歩く」が様態を表示している。（10）では主動詞語根 *ri*「行く」が直示を表示している。

5.1.1.5　経路の表示パターン

A実験主体移動場面と同様、C実験単純経路局面場面においても経路両表示が好まれる。表5.6および図5.6は経路の表示パターンごとの回答数とその割合を示したものである。

単純経路局面場面では過半数（61.0％）の回答で経路両表示が用いられている。（11）は単純経路局面場面における経路両表示の例である。

(11) *huk*　　*qari=ña=taq=mi*　　　　*gradas-ni-n-ta*
　　　1.NUM　男性=COMPL=CONTR=FOC　階段-EUPH-3SG.POSS-ACC

　　　corre~corre-y　　*uray-man*　　*baja-ra-mu-n*
　　　走る~走る-NMLZ.INF　下-DAT　　　下る-PST-VEN-3SG

　　　「男性が階段を走って下に降りてきた」　　（ID: 02, /Run-Dwn/）

（11）では主動詞語根 *baja*「下る」と与格接尾辞 *-man* を伴う位置名詞 *baja-man*「下へ」が同時に経路を表示している。

経路両表示が用いられない回答の中では、経路を主要部外要素のみで表示する回答が多い。（12）は経路を主要部外要素のみで表示する例である。

(12) *pasña*　　*puri-chka-n*　　*carretera-pa*　　*chawpi-n-ta*
　　　少女　　　歩く-PROG-3SG　道-GEN　　　　　中央-3SG.POSS-ACC

　　　「少女が道の真ん中を歩いている」　　（ID: 04, /Walk-Pst/）

（12）では対格接尾辞 *-ta* が経路を表示している一方、主動詞語根 *puri*「歩く」は様態を表示している。

経路を主要部のみで表示する回答と経路を表示しない回答も見られるが、頻度は低い。
（13）は経路を主要部外要素のみで表示する例である。

(13) *huk*　　*warmi=m*　　*sombra-pa*　*waqta-n-pi*
　　　1.NUM　女性=FOC　　影-GEN　　　そば-3SG.POSS-LOC

　　　saya-sqa　　　　*chay-manta=m*　　*pasa-n*
　　　止まる-NMLZ.REAL　それ-ABL=FOC　　　通る-3SG

表 5.6　経路主要部・両表示・主要部外・表示無しの回答数：単純経路局面

経路表示のパターン	回答数	全回答（374例）における割合
経路主要部表示のみ	20	5.3 %
経路両表示	228	61.0 %
経路主要部外表示のみ	104	27.8 %
経路表示無し	22	5.9 %
経路主要部表示あり	248	66.3 %
経路主要部外表示あり	332	88.8 %

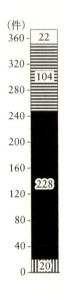

▦経路主要部表示のみ　■経路両表示　☰経路主要部外表示のみ　□経路表示無し

図 5.6　経路主要部・両表示・主要部外・表示無しの回答数：単純経路局面

「女性が日陰のそばに止まっていて、そして進む」

(ID: 02, /Run-Frm.undr/)

(13) では経路が主動詞語根 *pasa* でのみ表示されている。(14) は経路が表示されない例である。

(14) *rinka-mu-spa*　　*mesa-pi*　　*pata-n-pi*
　　　走る-VEN-SR.SS　机-LOC　　そば-3SG.POSS-LOC

saya-ri-ru-n
止まる-INCH-PST-3SG

「走ってきて机のそばで止まった」　　　　(ID: 04, /Run-To/)

（14）で現れる格接尾辞は全て所格-*pi*であり、経路を表示しない。（14）では経路動詞も経路を表示する動詞接尾辞も使われておらず、経路表示が全く見られない。全374例中（13）のように経路を主要部のみで表示する回答は5.3％、（14）のように全く表示しない回答は5.9％と少数である。

5.1.2　経路タイプによる経路表示の違い

アヤクーチョ・ケチュア語は、境界をまたぐ経路場面では経路主要部表示の頻度が高く、そうでない経路場面では経路主要部表示の頻度が低くなる言語である。A実験では、/Up/場面や/To.in/場面の表現に比べると/To/場面の表現では経路主要部表示の頻度が明確に低くなることを見た。C実験の調査結果においては、/Up/場面、/Dwn/場面のように上下移動を含む経路場面や、/To.in/場面、/Out/場面、/Thru/場面、/Acrs/場面のように移動を行う空間に建物の扉や通り抜ける建物、横断する道などの明確な境界がある経路場面で経路主要部表示の頻度が高い。逆に/Alng/場面など上下移動も含まず、移動を行う空間に明確な境界も無い経路場面では経路主要部表示の頻度が低い。このようにアヤクーチョ・ケチュア語の移動表現には、経路の意味的類型による経路表示パターンの多様性が見られる。

以下では単純経路局面場面における移動表現を、経路のタイプごとの経路表示パターンの違いに着目して記述する。

5.1.2.1　経路タイプごとの経路表示手段

単純経路局面場面では、経路場面の種類によって用いられる経路表示手段の傾向が異なる。図5.7および図5.7は、経路場面ごとの各経路表示手段の使用頻度を示したものである。「その他」には従属節内の名詞形態法による経路表示が該当する。

名詞形態法による経路表示は/Twrd/場面、/Arnd/場面、/To.

表5.7　経路場面・表示手段ごとの経路表示の回数：単純経路局面

経路場面	主要部	名詞形態法	動詞接尾辞	その他
/To/ 場面	13	20	6	2
/Frm/ 場面	11	22	3	1
/Twrd/ 場面	10	13	6	2
/Up/ 場面	19	30	0	0
/Dwn/ 場面	21	31	1	0
/To.in/ 場面	22	24	5	0
/Out/ 場面	19	24	1	5
/Alng/ 場面	2	30	0	0
/Acrs/ 場面	17	23	0	2
/Pst/ 場面	14	21	1	0
/Thru/ 場面	21	27	0	2
/Ovr/ 場面	22	27	1	0
/Via.undr/ 場面	15	33	1	0
/Arnd/ 場面	19	13	0	1
/Via.btw/ 場面	13	21	3	0
/To.undr/ 場面	7	15	5	3
/Frm.undr/ 場面	13	22	1	0

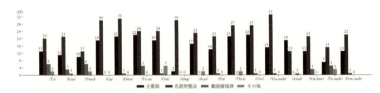

図5.7　経路場面・表示手段ごとの経路表示の回数：単純経路局面

undr/場面を除いてどの経路場面でも頻繁に用いられている。主要部による経路表示は使われやすい経路場面と使われにくい経路場面の差が大きい。動詞接尾辞による経路表示は全体的に頻度が低く、全く使われない経路場面も多い。

　名詞形態法による経路表示が最も頻繁に用いられているのは/Via.undr/場面である。
(15)は/Via.undr/場面における名詞形態法による経路表示の例である。

(15) *kay*　　*runa=m*　　*puente*　　*uku-n-ta-kama*
　　これ　　人=FOC　　橋　　　中-3SG.POSS-ACC-LIM

ri-chka-n
　　　行く-PROG-3SG

　　「青年が走って橋の下を通った」　　　　（ID: 05, /Walk-Via.undr/）

（15）では、格接尾辞-*ta*と-*kama*を伴う位置名詞が *uku-n-ta-kama*「下を通って」が表示されている。

　名詞形態法による経路表示は /Twrd/ 場面、/Arnd/ 場面、/To.undr/ 場面では頻度が低い。

（16）は /To.undr/ 場面の回答例である。

　（16）*warmi　　sombrella　　uku-pi　　saya-ru-n*
　　　　女性　　　傘　　　　　中-LOC　　止まる-PST-3SG

　　「女性が傘の下で止まった」　　　　　（ID: 01, /Run-To.undr/）

（16）で用いられている所格接尾辞-*pi*は経路を表示しない。/Twrd/ 場面、/Arnd/ 場面、/To.undr/ 場面の3場面では、(16) のように経路を表示しない格接尾辞のみが用いられるか、格接尾辞が全く用いられない例がしばしば見られる。

　主要部による経路表示は、/Dwn/ 場面、/To.in/ 場面、/Thru/ 場面、/Ovr/ 場面で特に頻度が高い。（17）は /Ovr/ 場面の回答例である。

　（17）*kay　runa=m　ñan-ta　chimpa-ru-n*
　　　　これ　人=FOC　道-ACC　渡る-PST-3SG

　　「この人が道を渡った」　　　　　　　（ID: 05, /Walk-Ovr/）

（17）の主動詞語根 *chimpa*「渡る」は経路を表示している。

　逆に、/Alng/ 場面、/To.undr/ 場面では主要部による経路表示がほとんど見られない。

（18）は /Alng/ 場面の回答例である。

　（18）*huk　　qari　　yaku-pa　　pata-n-ta　　　　puri-chka-n*
　　　　1.NUM　男性　　水=GEN　　そば-3SG.POSS-ACC　歩く-PROG-3SG

　　「男性が川の岸に沿って歩いている」　（ID: 07, /Walk-Alng/）

（18）の主動詞語根 *puri*「歩く」は経路ではなく様態を表示している。

　動詞接尾辞による経路表示が最も頻繁に用いられるのは /To/ 場面と /Twrd/ 場面であり、次いで /To.in/ 場面、/To.undr/ 場面で頻

繋に用いられる。(19) は /Twrd/ 場面において動詞接尾辞による経路表示が用いられる例である。

(19) huk qari kallpa-y=lla=ña mesa-man
　　 1.NUM 男性 走る-NMLZ.INF=LIM=COMPL 机-DAT

　　 asu-yku-n
　　 近づく-YKU-3SG

「男性が走って机に近づく」 (ID: 07, /Run-Twrd/)

(19) では、動詞接尾辞-yku が与格接尾辞-man、主動詞語根 asu「近づく」と同時に経路を表示している。

　一方で、動詞接尾辞による経路表示は全体的に頻度が低い。17の経路場面中、5つの経路場面では一度も動詞接尾辞による経路表示が用いられなかった。(20) は動詞接尾辞による経路表示が用いられない /Arnd/ 場面の回答例である。

(20) warma qari palmeras-pa siki-n-pi muyu-chka-n
　　 少年 男性 ヤシ-GEN 底-3SG.POSS-LOC 回る-PROG-3SG

「少年がヤシの木の根元で回っている」 (ID: 06, /Run-Arnd/)

(20) では、動詞接尾辞-yku が一度も現れていない。/Arnd/ 場面のほか、/Up/ 場面、/Alng/ 場面、/Acrs/ 場面、/Thru/ 場面では動詞接尾辞による経路表示が全く見られなかった。

5.1.2.2　経路タイプごとの経路表示の頻度

　1つの回答における経路表示の頻度の傾向も、経路場面によって異なる。図5.8および図5.8は、各経路場面における経路の表示回数ごとの回答数を示したものである。

　経路表示が見られない回答は全体的に頻度が低い。経路が一度のみ表示される回答は、全く見られない経路場面もあれば全体の半数程度を占める経路場面も見られる。経路多重表示は多くの回答で頻繁に見られるが、回答全体の半数に満たない経路場面も見られる。(14) のように経路表示が見られない回答は、/Twrd/ 場面と /To.undr/ 場面で他の場面に比べて頻繁に見られる。(21) は経路表示が用いられない /Twrd/ 場面の回答例である。

表 5.8　経路場面・経路表示手段の使用頻度ごとの回答数：単純経路局面

経路場面	経路表示の数						経路表示のパターン		
	0	1	2	3	4	5	表示無し	一重表示	多重表示
/To/ 場面	2	5	9	6	0	0	2	5	15
/Frm/ 場面	2	9	6	5	0	0	2	9	11
/Twrd/ 場面	5	8	4	5	0	0	5	8	9
/Up/ 場面	0	1	15	6	0	0	0	1	21
/Dwn/ 場面	0	0	14	7	1	0	0	0	22
/To.in/ 場面	0	1	13	8	0	0	0	1	21
/Out/ 場面	0	1	16	4	1	0	0	1	21
/Alng/ 場面	1	10	11	0	0	0	1	10	11
/Acrs/ 場面	0	4	17	0	1	0	0	4	18
/Pst/ 場面	0	9	12	1	0	0	0	9	13
/Thru/ 場面	1	1	15	2	2	1	1	1	20
/Ovr/ 場面	0	3	14	3	0	2	0	3	19
/Via.undr/ 場面	0	4	11	5	2	0	0	4	18
/Arnd/ 場面	1	9	12	0	0	0	1	9	12
/Via.btw/ 場面	2	5	13	2	0	0	2	5	15
/To.undr/ 場面	6	6	6	4	0	0	6	6	10
/Frm.undr/ 場面	2	7	10	3	0	0	2	7	13

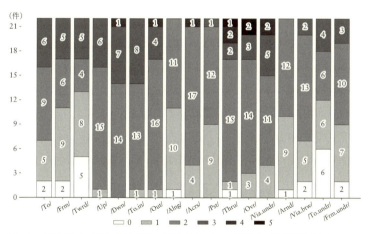

図 5.8　経路場面・経路表示手段の使用頻度ごとの回答数：単純経路局面

(21) runa　　ichi-ri-spa　　saya-ri-ru-n
　　　人　　歩く-INCH-SR.SS　止まる-INCH-PST-3SG
　　「人が歩いてから止まった」　　　　　(ID: 04, /Walk-Twrd/)

(21)では、経路動詞、格接尾辞、動詞接尾辞のいずれの経路表示も見られない。(21)のような回答も見られるが、全体的には少数である。

経路を一度だけ表示する回答は /Alng/ 場面で最も頻繁に見られ (22 例中 10 例)、次いで /Frm/ 場面、/Arnd/ 場面に多く見られる (共に 22 例中 9 例)。(22)は /Frm/ 場面における経路表示を一度だけ表示する回答例である。

(22) kay runa <u>mesa</u> waqta-n-pi
   これ 人 机 そば-3SG.POSS-LOC

   <u>saya-sqa-n-manta</u>   ri-chka-n
   止まる-NMLZ.REAL-3SG.POSS-ABL 行く-PROG-3SG

   「この人が机のそばで止まっていたところから行っている」
              (ID: 05, /Walk-Frm/)

(22)では、経路が奪格接尾辞 -manta でのみ表示されている。このような経路を一度だけ表示する回答は /Alng/ 場面や /Frm/ 場面をはじめとする一部の経路場面で他の場面と比較して頻繁に見られるが、/Dwn/ 場面のように全く見られない経路場面や /Up/ 場面、/To.in/ 場面のように稀にしか見られない経路場面もある。

経路多重表示はどの場面でも見られ、17 経路場面中 13 経路場面では過半数の回答に見られる。特に頻度が高い経路場面は /Dwn/ 場面であり、22 例の全ての回答で経路多重表示が見られる。(23) は /Dwn/ 場面における経路多重表示の例である。

(23) huk qari=ña=taq=mi gradas-ni-n-ta
   1.NUM 男性=COMPL-CONTR-FOC 階段-EUPH-3SG.POSS-ACC

   <u>corre~corre-y</u> uray-man <u>baja-ra-mu-n</u>
   走る~走る-NMLZ.INF 下-DAT 下る-PST-VEN-3SG

   「男性が階段を走って下へ下ってきた」 (ID: 02, /Run-Dwn/)

(23)では、経路が対格接尾辞 -ta、与格接尾辞を伴う位置名詞 uray-man、主動詞語根 baja の 3 つの要素で表示されている。このような回答は /Dwn/ 場面に次ぎ、/Up/ 場面、/To.in/ 場面、/Out/ 場面で頻繁に見られる (3 場面とも全 22 回答中 21 回答)。最も頻度が低い /Twrd/ 場面でも全回答の 40.9 % (22 回答中 9 回答) と高

い割合で経路多重表示が見られる。

5.1.2.3 経路タイプごとの経路表示パターン

単純経路局面場面における経路表示のパターンは、経路のタイプ

表5.9 経路主要部・両表示・主要部外・表示無しの回答数:単純経路局面

経路場面	主要部表示のみ	両表示	主要部外表示のみ	表示無し
/To/場面	0	13	7	2
/Frm/場面	2	9	9	2
/Twrd/場面	3	7	7	5
/Up/場面	0	19	3	0
/Dwn/場面	0	18	4	0
/To.in/場面	0	21	1	0
/Out/場面	0	19	3	0
/Alng/場面	0	2	19	1
/Acrs/場面	0	17	5	0
/Pst/場面	2	12	8	0
/Thru/場面	0	19	2	1
/Ovr/場面	2	17	3	0
/Via.undr/場面	0	14	8	0
/Arnd/場面	8	11	2	1
/Via.btw/場面	0	13	7	2
/To.undr/場面	0	7	9	6
/Frm.undr/場面	3	10	7	2

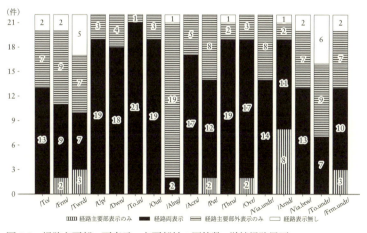

図5.9 経路主要部・両表示・主要部外の回答数:単純経路局面

第5章 C実験:経路タイプによる移動表現の多様性

による違いが非常に大きい。図5.9および図5.9は、C実験における単純経路局面場面ごとの経路主要部表示、経路主要部外表示、両者が共起する両表示の割合を表したものである。経路場面は、経路主要部表示全体の割合が大きい順に並べている。

　アヤクーチョ・ケチュア語は、主体移動場面全体で見ると経路を主要部で表示する傾向にある言語である（第4章第4.1節、本章第5.1.1.4節）。しかし、全ての経路がTO.INのように経路主要部表示を取る傾向にあるのではなく、ALNGのように主に経路主要部外表示を取る経路場面も存在する。

　最も経路主要部表示の頻度が高い経路はTO.INであり、95.5％の回答で経路が主要部で表示されている。(24)は /To.in/ 場面における経路主要部表示の例である。

(24) *wasi*　　*uku-man*　　*yayku-n*
　　　 家　　 　中-DAT　　 　入る-3SG

　　「（彼/彼女が）家の中に入る」　　　　　(ID: 01, /Run-To.in/)

(24)では、経路が格接尾辞を伴う位置名詞 *uku-man*「中へ」および動詞語根 *yayku*「入る」で表示されている。

　一方 /Alng/ 場面は経路主要部表示の頻度が非常に低く、主に主要部外で経路が表示される。(25)は、/Alng/ 場面における経路主要部外表示の例である。

(25) <u>*corre*</u>~<u>corre</u>=lla　　*huk*　　*qari*　　*kallpa-chka-n*　　*yaku*
　　　 走る～走る=LIM　　1.NUM　　男性　　走る-PROG-3SG　　水

　　 pata-n-ta
　　 そば-3SG.POSS-ACC

　　「男性が川に沿って走りに走っている」　　(ID: 06, /Run-Alng/)

(25)では、経路が格接尾辞を伴う位置名詞 *pata-n-ta*「〜に沿って」で表示されている。経路主要部表示が見られる回答は /Alng/ 場面ではわずか9.1％であり、C実験の単純経路局面全体の平均(59.2％)と比較して明らかに低い。

　アヤクーチョ・ケチュア語の移動表現における経路タイプは、主要部経路表示を取る傾向の強さから3つのグループに分けることができる。1つ目の類型的グループは、TO.IN、UP、OUT、THRU、

OVR、ARND、DWN、ACRSから成る、経路主要部表示の頻度が非常に高い経路である。(26) は、/Arnd/ 場面で経路が主要部で表示される例である。

(26) huk   joven   palmera-ta   muyu-ri-chka-n
     1.NUM   若い   ヤシ-ACC   回る-INCH-PROG-3SG

「ある若者がヤシの周りを回っている」　　(ID: 09, /Run-Arnd/)

(26) では、動詞語根 *muyu*「回る」が経路を表示している。これらの経路を表す場面では、約8割かそれ以上の回答で経路主要部表示が見られる。

2つ目のグループは、VIA.UNDR、PST、TO、VIA.BTW、FRM.UNDR、FRM、TWRDから成る、経路主要部表示の頻度が比較的高い経路である。(27) は、/Via.undr/ 場面で経路が主要部で表示される例である。

(27) chaka   uku-n-ta   pasa-ru-n   runa
     橋   中-3SG.POSS-ACC   通る-PST-3SG   男性

「男性が橋の下を通る」　　　　　　　(ID: 01, /Run-Via.undr/)

(27) における主動詞語根 *pasa*「通る」は経路を表示している。これらの経路を表す場面では、5〜6割前後の回答で経路主要部表示が見られる。

最後のグループは、TO.UNDR, ALNGから成る、経路主要部表示の頻度が低い経路である。TO.UNDR の例である。(28) は、/To.undr/ 場面の例である。

(28) kay   runa=m   ri-ru-n   kay   llantu-man
     これ   男性=FOC   行く-PST-3SG   これ   影-DAT

「この男性がこの影のところに行った」

(ID: 08, /Walk-To.undr/)

(28) における主動詞語根 *ri*「行く」は、経路ではなく直示を表示している。これらの経路を表す場面で経路主要部表示が見られる回答の割合は4割以下である。

5.2 複雑経路局面場面

複雑経路局面場面における経路表示は、第5.1節で見た単純経路局面場面とは大きく異なる特徴を見せる。具体的には、地上を犬が移動する場面を除き、重文がほとんど用いられず、経路主要部表示の頻度が非常に低い。

本節では、複雑経路局面場面の表現を4つの場面グループに着目して記述する。複雑経路局面場面は様態あるいは経路の対照性によって4つのグループに分けられる。表5.10は、複雑経路局面の場面一覧と本節におけるグループ分けを示したものである（第3.2.2節、表3.6参照）。

テーブル場面は、人間がテーブルとそのそばにあるベンチの間を一跳びで移動する場面である。テーブルとベンチには高低差があり、テーブルからベンチに飛び降りる（DWN.OFF~TO.ON）場面とベンチからテーブルに飛び上がる（UP.OFF~ON.TO）場面で対照されている。

猫場面は、猫が椅子の上と床上の箱の間を一跳びで移動する場面である。椅子の上から箱の中に飛び降りる（DWN.OFF~TO.IN）場面と箱の中から椅子の上に飛び上がる（UP.OUT~TO.ON）場面で対照されている。ボール場面はボールが画面外から水たまりに落ちる場面である。

ボール場面に含まれる場面はボールの移動する様態が異なってお

表5.10　C実験複雑経路局面場面のグループ分け

グループ名	動画ID	移動物	様態	経路	参照物
テーブル場面	C1–35	人間	Jump	DWN.OFF~TO.ON	机、ベンチ
	C1–36	人間	Jump	UP.OFF~ON.TO	机、ベンチ
猫場面	C1–37	猫	Jump	DWN.OFF~TO.IN	椅子、箱
	C1–38	猫	Jump	UP.OUT~TO.ON	椅子、箱
ボール場面	C1–39	ボール	Roll	DWN~TO.IN	水たまり
	C1–40	ボール	Fall	DWN~TO.IN	水たまり
犬場面	C1–41	犬	Run	OUT~VIA.UNDR~TO.IN	庭
	C1–42	犬	Run	OUT~VIA.UNDR	庭
	C1–43	犬	Run	VIA.UNDR~TO.IN	庭
	C1–44	犬	Run	OUT~TO.IN	庭

り、C1-39 はボールが画面の左端から傾斜伝いに転がって水たまりに落ちる（ROLL）場面である。C1-40 はボールが画面外上方の中空から直接水たまりに落ちる（FALL）場面である。

犬場面は犬がケージ・ベンチ・おもちゃのサッカーゴールの間を走って移動する場面である。4つの場面はこの3つの参照点のどれが含まれるかが異なっている。C1-41 では犬がケージから出る・ベンチの下をくぐる・ゴールの中に入るという3つの局面が含まれる（OUT~VIA.UNDR~TO.IN）。C1-42 では犬がケージから出る・ベンチの下をくぐるの2つの局面が含まれる（OUT~VIA.UNDR）。C1-43 ではベンチの下をくぐる・ゴールの中に入るの2つの局面が含まれる（VIA.UNDR~TO.IN）。C1-41 では犬がケージから出る・ゴールの中に入るの2つの局面が含まれる（OUT~TO.IN）。

以下では4つの場面グループそれぞれについて、第5.2.1節で使われる構文、第5.2.2.1節で移動を構成する各概念の表示頻度、第5.2.2.2節で経路の多重表示、第5.2.3節で主要部が表示する概念、第5.2.4節で経路表示のパターンに注目して記述する。

5.2.1 構文の選択

単文を中心的に使用する傾向は複雑経路局面の表現においても見られる。表5.11と図5.10は場面グループごとに各構文を使用する回答の数を示したものである。

複雑経路局面場面ではどの場面でも単文が過半数の回答で使用されている。例えば、(29) は複雑経路局面場面における単文での回答の例である。

表5.11 各構文の場面ごとの回答数：複雑経路局面

場面グループ	単文	複文	重文
テーブル場面	18	4	0
猫場面	21	1	0
ボール場面	18	2	2
犬場面	24	10	10

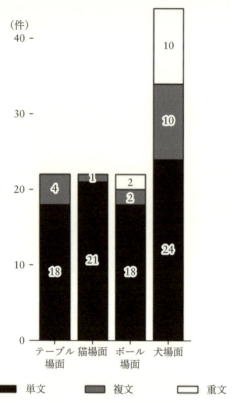

図5.10　各構文の回答数：複雑経路局面

(29) *pelota*　　*wichi-yku-n*　　*yaku-man*
　　　ボール　　落ちる-YKU-3SG　　水-DAT

「ボールが水に落ちる」　　　　　(ID: 04, /Fall-Dwn~To.in/)

(29) に現れる主動詞は *wichi-yku-n*「落ちる」の1つのみであり、従属節も含まれていない。

　複雑経路局面で使われる構文の傾向は、場面グループによって異なる。具体的には、上下の移動を含むグループと含まないグループで重文・複文の使用頻度が大きく異なる。上下移動を表すテーブル場面、猫場面、ボール場面では、ほとんどが単文で表現されている。一方、上下移動を含まない接地の移動である犬場面では、他の場面に比べて複文・重文の割合が高い。

　テーブル場面は単文による回答が多く、重文による回答は見られ

ない。表5.12と図5.11はテーブル場面に含まれる場面ごとの構文の回答数を示したものである。

/Dwn.off~To.on/場面では11回答中8回答、/Up.off~To.on/場面では11回答中10回答と大半が単文による表現である。(30)は/Up.off~To.on/場面における単文での回答の例である。

表5.12 各構文の場面ごとの回答数：複雑経路局面テーブル場面

	単文	複文	重文
/Dwn.off~To.on/場面	8	3	0
/Up.off~To.on/場面	10	1	0

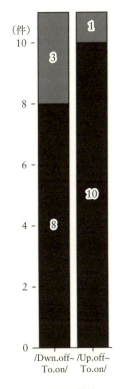

図5.11 各構文の回答数：複雑経路局面テーブル場面

(30) huk　　　qari　　　banca-pa　　　hawa-n-manta　　pawa-yku-n
　　　1.NUM　　男性　　　ベンチ-GEN　　　上-3SG.POSS-ABL　　跳ぶ-YKU-3SG

　　　mesa-pa　　hawa-n-man
　　　机-GEN　　　上-3SG.POSS-DAT

　　　「男性がベンチの上から机の上に跳ぶ」

　　　　　　　　　　　　　　　　　　　　(ID: 10, /Jump-Up.off~To.on/)

(30)に現れる主動詞は *pawa-yku-n*「跳ぶ」のみであり、従属節も含まれていない。

テーブル場面では複文も使われることがある（全22例中18.2％）。(31)は /Dwn.off~To.on/ 場面における複文での回答の例である。

(31) huk　　　qari　　　mesa-pa　　　hawa-n-pi
　　　1.NUM　　男性　　　机-GEN　　　上-3SG.POSS-LOC

　　　saya-spa-n　　　　　salta-yku-n　　　　pampa-man
　　　止まる-SR.SS-3SG.POSS　跳ぶ-YKU-3SG　　　原-DAT

　　　「男性が机の上に止まってから野原に跳ぶ」

　　　　　　　　　　　　　　　　　　　(ID: 02, /Jump-Dwn.off~To.on/)

(31)では、*salta-yku-n*「跳ぶ」を主動詞とする主文に従属節 *mesa-pa hawa-n-pi saya-spa-n*「机の上に止まって」が埋め込まれている。このような複文は /Dwn.off~To.on/ 場面の方が /Up.off~To.on/ 場面よりも多く見られる。

　猫場面ではほぼ全てが単文による回答である。表5.13と図5.12は猫場面に含まれる場面ごとの構文の使用頻度を示したものである。

　猫場面では /Up.out~To.on/ 場面の1例のみを除いて全て単文による回答である。(32)は /Dwn.off~To.in/ 場面における単文での回答の例である。

表5.13　各構文の場面ごとの回答数：複雑経路局面

	単文	複文	重文
/Dwn.off~To.in/ 場面	11	0	0
/Up.out~To.on/ 場面	10	1	0

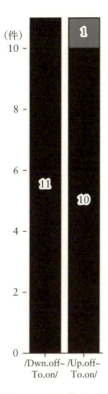

図5.12　各構文の回答数：複雑経路局面

(32) misi　　　pawa-yku-n　　caja　　uku-man
　　 猫　　　 跳ぶ-YKU-3SG 　　箱　　 中-DAT

　　「猫が箱の中に跳び込む」　　　(ID: 03, /Jump-Dwn.off~To.in/)

(32) に現れる主動詞は pawa-yku-n「跳ぶ」の1つのみであり、従属節は含まれていない。

　ボール場面では、上下移動を表す他の場面と異なり重文による回答が見られる。表5.14 と図5.13 はボール場面に含まれる場面ごとの構文の使用頻度を示したものである。

　/Fall/ 場面では単文のみが用いられる一方、/Roll/ 場面では複文・重文も用いられている。

　/Fall/ 場面の回答は全てが単文による回答である。(33) は /Fall/ 場面における単文での回答の例である。

第5章　C実験：経路タイプによる移動表現の多様性　201

表5.14 各構文の場面ごとの回答数：複雑経路局面

	単文	複文	重文
/Fall/場面	11	0	0
/Roll/場面	7	2	2

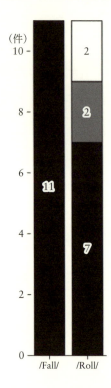

図5.13 各構文の回答数：複雑経路局面

(33) pelota　　wichi-yku-n　　yaku-man
　　　ボール　　落ちる-YKU-3SG　　水-DAT
　　「ボールが水に落ちる」　　　　　(ID: 04, /Fall-Dwn~To.in/)

(33) に現れる主動詞は wichi-yku-n「落ちる」の1つのみであり、従属節も含まれていない。

　/Roll/場面では単文・複文・重文の全てが用いられている。(34)、(35)、(36) はそれぞれ /Roll/ 場面における単文、複文、重文によ

る回答の例である。

(34) <u>pelota</u>　　wichi-yku-n　　yaku　　pukyu-man
　　　ボール　　落ちる-YKU-3SG　水　　泉-DAT
　　「ボールが泉に落ちる」　　　　　　(ID: 03, /Roll-Dwn~To.in/)

(35) <u>pelota</u>　　qucha-man　　wichi-yku-n　　muyu-spa-n
　　　ボール　　湖-DAT　　　落ちる-YKU-3SG　回る-SR.SS-3SG.POSS
　　「ボールが回りながら湖に落ちる」　(ID: 10, /Roll-Dwn~To.in/)

(36) kay　<u>pelota</u>　uray-ta　siqa-ku-yku-n　　　y
　　　これ　ボール　下-ACC　上る-REFL-YKU-3SG　と
　　　chaya-ru-n　　yaku　uku-man
　　　着く-PST-3SG　水　　中-DAT
　　「このボールが下に向かって現れた。そして水の中に着いた」　　　　　　　　　　　(ID: 05, /Roll-Dwn~To.in/)

(34)で用いられている主動詞は wichi-yku-n「落ちる」のみであり、従属節も埋め込まれていない。(35)では、従属節 muyu-spa-n「回りながら」が含まれている。(36)では、2つの主文 kay pelota uray-ta siqa-ku-yku-n「ボールが下に向かって現れる」と chaya-ru-n yaku uku-man「水の中に着いた」が接続詞 y によって並列されている。

犬場面ではどの場面でも単文・複文・重文の全てが用いられている。表 5.15 と図 5.14 は犬場面に含まれる場面ごとの構文の使用頻度を示したものである。

/Out~To.in/ 場面は単文による回答がほとんどである。/Out~Via.undr~To.in/ 場面と /Out~Via.undr/ 場面は単文のほか、複文もしばしば用いられる。/Via.undr~To.in/ 場面は重文が最も頻繁に用いられる。

表 5.15　各構文の場面ごとの回答数：複雑経路局面

	単文	複文	重文
/Out~To.in/ 場面	9	1	1
/Out~Via.undr~To.in/ 場面	5	4	2
/Out~Via.undr/ 場面	7	3	1
/Via.undr~To.in/ 場面	3	2	6

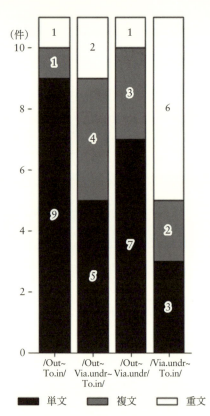

図 5.14　各構文の回答数：複雑経路局面

/Out~To.in/場面は単文による回答がほとんどである。(37) は /Out~To.in/場面における単文での回答の例である。

(37) *allqu*　　*rinka-ru-n*　　　*apuraw=lla-man=ña*　　　*wasi*
　　 犬　　　走る-PST-3SG　　急ぎ=LIM-DAT=COMPL　　　家

　　uku-n-man
　　中-3SG.POSS-DAT

　　「犬が急いで家の中へ走った」　　　　(ID: 04, /Run-Out~To.in/)

(37) に現れる主動詞は *rinka-ru-n*「走る」の 1 つのみであり、従属節も含まれていない。

　/Out~Via.undr~To.in/場面と /Out~Via.undr/場面は単文のほか、複文もしばしば用いられる。(38) は /Out~Via.undr/場面における複文での回答の例である。

(38) allqu   arco-manta   lluqsi-ru-spa-n   mesa
　　 犬   ゴール-ABL   出る-PST-SR.SS-3SG.POSS   机

　　 uku-n-ta   pasa-ru-n
　　 中-3SG.POSS-ACC   通る-PST-3SG

「犬がゴールを出て机の下を通った」

(ID: 03, /Run-Out~Via.undr/)

(38)では、主文に従属節 *arco-manta lluqsi-ru-spa-n*「ゴールを出て」が埋め込まれている。

/Via.undr~To.in/場面は重文が最も頻繁に用いられる。(39)は/Via.undr~To.in/場面における重文での回答の例である。

(39) allqu   pasa-ru-n   mesa   uku-n-ta
　　 犬   通る-PST-3SG   机   中-3SG.POSS-ACC

　　 chay-manta   yayku-ru-n   wasi-n-man
　　 それ-ABL   入る-PST-3SG   家-3SG.POSS-DAT

「犬が机の下を通った。そして彼/彼女の家に入った」

(ID: 04, /Run- Via.undr~To.in/)

(39)では、2つの主文 *allqu pasa-ru-n mesa uku-n-ta*「犬が机の下を通った」と *yayku-ru-n wasi-n-man*「彼/彼女の家に入った」が *chay-manta*「そして」によって並列されている。

5.2.2　移動を構成する概念に言及する回答の頻度

複雑経路局面の表現においては、全ての回答で経路が表示されている。まずテーブル場面においては、経路と様態が常に表示されている。表5.16と図5.15はテーブル場面において各種移動概念が表示される回答の頻度とその割合を示したものである。(40)はテーブル場面における経路・様態表示の例である。

表5.16　各種移動概念が表示される回答数と割合：複雑経路局面テーブル場面

	回答数	全回答（22例）における割合
経路	22	100.0 %
様態	22	100.0 %

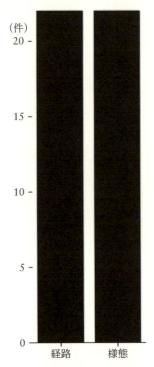

図 5.15 各種移動概念が表示される回答数：複雑経路局面テーブル場面

(40) *mesa-manta*　　*banca-man*　　*salta-yku-n*
　　　机-ABL　　　　ベンチ-DAT　　　跳ぶ-YKU-3SG

「机からベンチに飛び降りる」　（ID: 01, /Jump-Dwn.off~To.on/）

(40) では奪格接尾辞 *-manta* および与格接尾辞 *-man* が経路を、主動詞語根 *salta* が様態を表示している。

　猫場面でも全ての回答で経路を表示している。表 5.17 と図 5.16 は猫場面において各種移動概念が表示される回答の数とその割合を示したものである。(41) は猫場面における経路・様態表示の例である。

(41) *misi*　　*caja-man*　　*silla-manta*　　*salta-yku-n*
　　　猫　　　箱-DAT　　　　椅子-ABL　　　　跳ぶ-YKU-3SG

表 5.17　各種移動概念が表示される回答数と割合：複雑経路局面猫場面

	回答数	全回答（22 例）における割合
経路	22	100.0 %
様態	15	68.2 %

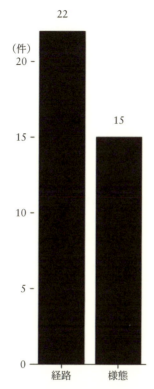

図 5.16　経路、様態が表示される回答数：複雑経路局面

　「猫が箱へ椅子から飛び込む」　（ID: 01, /Jump-Dwn.off~To.in/）（41）では与格接尾辞-*man* および奪格接尾辞-*manta* が経路を、主動詞語根 *salta* が様態を表示している。
　テーブル場面とは異なり、猫場面では様態が表示されないこともある。（42）は猫場面における経路・様態表示の例である。

第 5 章　C 実験：経路タイプによる移動表現の多様性　　207

(42) misi　　cajon　　uku-n-man　　　　yayku-ru-n
　　　猫　　　箱.AUG　　中-3SG.POSS-DAT　　入る-PST-3SG

　　　「猫が箱の中に入った」　　　　　(ID: 04, /Jump-Dwn.off~To.in/)

(42) では、与格接尾辞を伴う位置名詞 *uku-n-man*「中へ」と主動詞語根 *yayku*「入る」が経路を表示している一方、様態表示は一度も現れていない。

　ボール場面でも全ての回答で経路を表示している一方、その他の概念の表示頻度は低い。表 5.18 と図 5.17 はボール場面において各種移動概念が表示される回答の数とその割合を示したものである。(43) は経路のみが表示される回答の例である。

(43) *yaku-man*　　*pelota*　　urma-yku-n
　　　水-DAT　　　ボール　　落ちる-YKU-3SG

　　　「水にボールが落ちる」　　　　　(ID: 01, /Fall-Dwn~To.in/)

(43) では与格接尾辞 *-man*、動詞接尾辞 *-yku* が経路を表示している一方、様態や直示の表示は現れていない。

　ボール場面では様態と直示が稀に表示される。(44)、(45) は様態と直示を表示する例である。

(44) huk　　pelota　　alli=lla-manta　　wichi-yku-n
　　　1.NUM　ボール　　良い=LIM-ABL　　　落ちる-YKU-3SG

　　　yaku-man
　　　水-DAT

　　　「ボールがゆっくりと水に落ちる」　(ID: 07, /Roll-Dwn~To.in/)

(45) pelota=ña=taq=mi　　　　hamu-sqa
　　　ボール=COMPL=CONTR=FOC　来る-NMLZ.REAL

　　　hina-spa-n=mi　　　　　　yaku-man
　　　そのようにする-SR.SS-3SG.POSS=FOC　水-DAT

表 5.18　各種移動概念が表示される回答数と割合：複雑経路局面ボール場面

	回答数	全回答（22 例）における割合
経路	22	100.0 %
様態	3	13.6 %
直示	3	13.6 %

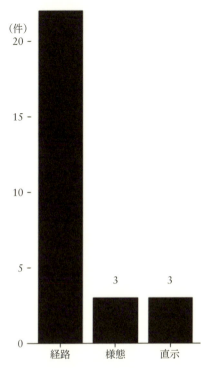

図5.17 各種移動概念が表示される回答数：
複雑経路局面ボール場面

wichi-yku-n
落ちる-YKU-3SG

「ボールがやってきて、水に落ちる」（ID: 02, /Roll-Dwn~To.in/）
（44）では副詞句 *alli=lla-manta*「ゆっくりと」が様態を表示しており、（45）では従属節の動詞語根である *hamu*「来る」が直示を表示している。

犬場面でも経路が全ての回答で表示されるほか、様態が半数程度の頻度で表示される。表5.19と図5.18は犬場面において各種移動概念が表示される回答の数とその割合を示したものである。
（46）は犬場面において経路と様態が表示される回答の例である。

(46) kay   allqu-cha=m   kallpa-yku-n   kay   jaula-man
     これ   犬-DIM=FOC   走る-YKU-3SG   これ   ケージ-DAT

表5.19 各種移動概念が表示される回答の頻度と割合：複雑経路局面犬場面

	回答数	全回答（44例）における割合
経路	44	100.0 %
様態	20	45.5 %

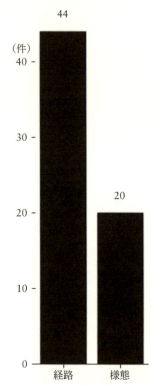

図5.18 各種移動概念が表示される回答数：複雑経路局面犬場面

「このわんちゃんがケージへ駆け込む」

(ID: 08, /Run-Out~To.in/)

(46) では、与格接尾辞 -*man* が経路、主動詞語根 *kallpa* が様態を表示している。

5.2.2.1 移動を構成する概念の表示頻度

複雑経路局面場面では、どの場面グループでも経路の1回答当たり表示頻度が2を超える。まずテーブル場面では、様態が1回、経路が複数回表示されることが多い。表5.20と図5.19はテーブル場面において各種移動概念が表示される回答の頻度とその割合を示したものである。

表5.20 各種移動概念の表示回数と1回答
あたりの表示頻度：複雑経路局面
テーブル場面

	表示回数	1回答あたりの表示頻度
経路	52	2.36
様態	22	1.00

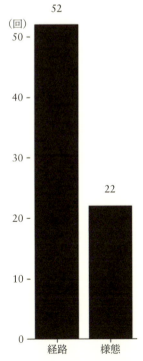

図5.19 各種移動概念の表示
回数：複雑経路局面
テーブル場面

経路の1回答当たり表示頻度は2.36であり、A実験の主体移動場面やC実験単純経路局面場面と比べても非常に高い。様態の1回答当たり言及頻度は1.0であり、様態は全ての回答で表示されている（表5.16、図5.15参照）ことから、様態は全ての回答で一度だけ表示されていることがわかる。(47)はテーブル場面における回答例である。

(47) *salta-ru-n*　　*banca-manta*　　*mesa*　　*hawa-n-man*
　　　跳ぶ-PST-3SG　ベンチ-ABL　　　机　　　上-3SG-DAT
　　　「ベンチから机の上に跳んだ」　(ID: 04, /Jump-Up.off~To.on/)

(47)では、経路が奪格接尾辞 *-manta* と格接尾辞を伴う位置名詞 *hawa-n-man*「上へ」の2つの手段で経路が表示されている。一方様態は主動詞語根 *salta*「跳ぶ」の1か所でのみ表示されている。

　猫場面でもテーブル場面と同様に経路が複数回表示されることが多い。表5.21と図5.20は猫場面において各種移動概念が表示される回数とその1回答あたりの頻度を示したものである。

　経路の1回答当たり表示頻度は2.68とテーブル場面よりもさらに高い。様態の表示回数は様態を表示する回答数と同じ15（表5.17、図5.16参照）であり、多重表示は見られない。
(48)はテーブル場面における回答例である。

(48) *misi=m*　　*caja*　　*uku-manta=m*　　*pawa-ru-n*
　　　猫=FOC　　箱　　　中-ABL=FOC　　　跳ぶ-PST-3SG

　　　asiento-man
　　　椅子-DAT

　　　「猫が箱の中から椅子へ跳んだ」　(ID: 03, /Jump-Up.out~To.on/)

(48)では、経路が格接尾辞を伴う位置名詞 *uku-manta*「中から」と与格接尾辞 *-man* の2つの手段で経路、主動詞語根 *pawa* の1か

表5.21　各種移動概念の表示回数と1回答
　　　　あたりの表示頻度：複雑経路局面猫
　　　　場面

	表示回数	1回答あたりの表示頻度
経路	59	2.68
様態	15	0.68

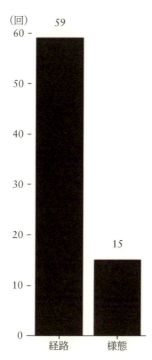

図 5.20 各種移動概念の表示回数：複雑経路局面猫場面

所で様態が表示されている。

　ボール場面でも経路が複数回表示されることが多い。ただし、様態や直示は稀にしか表示されない。表 5.22 と図 5.21 はボール場面において各種移動概念が表示される回答の頻度とその割合を示したものである。

　経路の 1 回答当たり表示頻度は 2.50 である。(49) はテーブル場面における回答例である。

(49) kay　　pelota=m　　rumi　　　hawa-manta
　　これ　　ボール=FOC　　石　　　　上-ABL
　　wichi-yka-mu-n　　yaku-man
　　落ちる-YKU-VEN-3SG　水-DAT
　　「このボールが石の上から水に落ちた」

(ID: 05, /Fall-Dwn~To.in/)

表 5.22　各種移動概念の表示回数と 1 回答あたりの表示頻度：複雑経路局面ボール場面

	表示回数	1回答あたりの表示頻度
経路	54	2.45
様態	3	0.14
直示	3	0.14

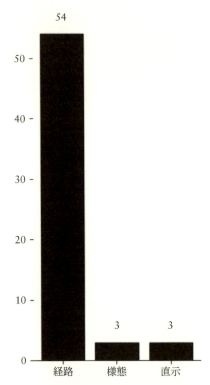

図 5.21　各種移動概念の表示回数：複雑経路局面ボール場面

(49) では、経路が格接尾辞を伴う位置名詞 *hawa-manta*「上から」、動詞接尾辞 *-yku*、与格接尾辞 *-man* の 3 つの手段で同時に経路が表示されている。

　犬場面は他の場面と比べても経路の表示頻度が極めて高い。表 5.23 と図 5.22 は犬場面において各種移動概念が表示される回答の

頻度とその割合を示したものである。

　経路の 1 回答当たり表示頻度は 3.11 であり、二重表示以上の多重表示がしばしば見られることが示唆される。(50) は犬場面における回答例である。

(50) kay　　allqu-cha=m　　banca　　uku-n-ta
　　これ　　犬　　　　　　ベンチ　　中-3SG.POSS-ACC

表 5.23　各種移動概念の表示回数と 1 回答あたりの表示頻度：複雑経路局面犬場面

	表示回数	1 回答あたりの表示頻度
経路	137	3.11
様態	21	0.48

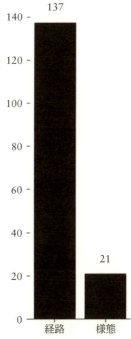

図 5.22　各種移動概念の表示回数：複雑経路局面犬場面

第 5 章　C 実験：経路タイプによる移動表現の多様性　215

pasa-ru-spa-n
通る-PST-SR.SS-3SGPOSS

wasi-n	*uku-n-man*	*yayku-ru-n*
家-3SG.POSS	中-3SG.POSS-DAT	入る-PST-3SG

「このわんちゃんがベンチの下を通って自分の家の中に入った」　　　　　　　　　　(ID: 05, /Fall-Dwn~To.in/)

(50)では、経路が格接尾辞を伴う位置名詞 *uku-n-ta*「下を通って」と *uku-n-man*「中へ」、従属節の動詞語根 *pasa*「通る」、主動詞語根 *yayku* の4つの手段で同時に経路が表示されている。

5.2.2.2　経路の多重表示

複雑経路局面場面においては経路の多重表示が非常に頻繁に見られる。場面グループによる多重表示の割合は表5.24、図5.23の通りである。

猫場面、ボール場面はすべての回答で経路が多重表示されている。(51)は猫場面における経路多重表示の例である。

(51) *cajon*	*uku-n-manta*	*misi*	*pawa-yku-n*
箱.AUG	中-3SG.POSS-ABL	猫	跳ぶ-YKU-3SG

silla-pa	*hawa-n-man*
椅子-GEN	上-3SG.POSS-DAT

「箱の中から猫が椅子の上へ跳んだ」

(ID: 06, /Jump-Out~Via.undr/)

(51)では、接尾辞を伴う位置名詞 *uku-n-manta*「中から」および *hawa-n-man*「上へ」、動詞接尾辞 -*yku* の3つの要素で経路が表示

表5.24　場面グループごと・1回答内の経路の表示数ごとの回答数：複雑経路局面

	経路表示の数						経路表示のパターン			三重以上の表示
	1	2	3	4	5	6	表示無し	一重表示	多重表示	
テーブル場面	1	12	9	0	0	0	0	1	21	9
猫場面	0	9	11	2	0	0	0	0	22	13
ボール場面	0	14	7	0	1	0	0	0	22	8
犬場面	6	12	7	11	6	2	0	6	38	26

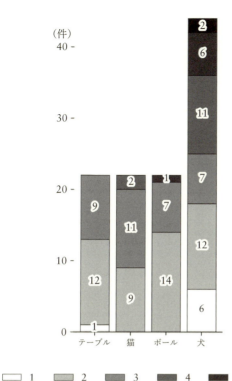

図 5.23 場面グループごと・1 回答内の経路の表示数ごとの回答数：複雑経路局面

されている。

経路一重表示はテーブル場面の1回答以外は全て犬場面で見られる。(52) は犬場面における経路一重表示の例である。

(52) kay　　allqu　　kallpa-ru-n　　kay　　mesa-pa　　uku-n-ta
　　 これ　　犬　　　走る-PST-3SG　 これ　　机-DAT　　中-3SG.POSS-ACC
　　「この犬がこの机の下を走った」　（ID: 08, /Run-Out~Via.undr/）

(52) では、対格接尾辞 -ta を伴う位置名詞 uku-n-ta「下を通って」の1か所のみで経路が表示されている。このような経路一重標示が用いられるのはテーブル場面では全体の 4.5 %（22 例中 1 例）、犬場面では 13.6 %（44 例中 6 例）とごく少数である。

複雑経路局面の表現においては経路の多重表示が頻繁に見られるだけでなく、三重以上の経路表示がしばしば見られる。(53) は経

路が四重表示を受ける例である。

(53) *silla*　　*hawa-n-manta=ña=taq=mi*　　　　　　　*misi*
　　　椅子　　上-3SG.POSS-ABL=COMPL=CONTR=FOC　　　猫

　　　ura-yku-n　　　*carton*　　*caja-n-man*
　　　下る-YKU-3SG　　段ボール　　箱-3SG-DAT

　　　「椅子の上から猫が段ボール箱に降りる」

(ID: 11, /Jump-Dwn.Off~To.in/)

(53) では、経路が格接尾辞を伴う位置名詞 *hawa-n-manta*「上から」、動詞語根 *ura*「下る」、動詞接尾辞 *-yku*、格接尾辞 *-man*（与格）の4つの表示手段で表示されている。複雑経路局面場面における多重表示は全体の98.2%であり、かつ (53) のような四重以上の経路表示が44.5%の回答で見られる。

5.2.3　主要部が表示する概念

　複雑経路局面場面の中には、単純経路局面場面と異なり主要部が様態を表す回答が主要部が経路を表す回答よりも支配的なものがある。表5.25および図5.24は主要部で表示される概念の回答数を場面ごとに示したものである。

　4つの複雑経路局面場面グループのうち、テーブル場面と猫場面では様態を主要部で表示することが多い。ボール場面はその他の概念を主要部で表示する回答が支配的であり、犬場面は経路を主要部で表示する例が多い。

　テーブル場面と猫場面では、主動詞が様態を表示する例が経路を表示する例よりも支配的である。(54) および (55) は、それぞれテーブル場面と猫場面において様態が主要部で表示される例である。

表5.25　場面ごとの主動詞で表示される概念：複雑経路局面

場面グループ	経路	様態	その他	複合
テーブル場面	0	21	1	0
猫場面	7	15	0	0
ボール場面	1	1	18	2
犬場面	23	11	0	10

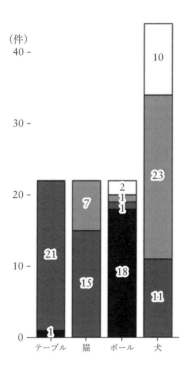

図 5.24　場面ごとの主動詞で表示される概念：複雑経路局面

(54) huk　joven=ña=taq=mi　kullu
　　 1.NUM　若い=COMPL=CONTR=FOC　木材

　　 hawa-n-manta　huk　<u>alto</u>　kullu-man　pawa-n
　　 上-3SG.POSS-ABL　1.NUM　高い　木材-DAT　跳ぶ-3SG

　　 「若者が木材の上から高い木材に跳んだ」

　　　　　　　　　　　　　　　(ID: 11, /Jump-Up.off~To.on/)

(55) misi　pawa-yku-n　<u>tiyana</u>　hawa-n-manta　cajon
　　 猫　跳ぶ-YKU-3SG　椅子　上-3SG.POSS-ABL　箱.AUG

　　 uku-man
　　 中-DAT

　　 「猫が椅子の上から箱の中に飛び込む」

　　　　　　　　　　　　　　　(ID: 10, /Jump-Dwn.off~To.in/)

（54）と（55）の主動詞語根 *pawa*「跳ぶ」は様態を表示している。

猫場面は、経路主要部表示が一定数見られるという点で経路主要部表示が見られないテーブル場面と異なる特徴を持つ。（56）は、猫場面における経路主要部表示の例である。

(56) *huk muru misi=m qispi-ru-n silla-man*
1.NUM 2色の 猫=FOC 上る-PST-3SG 椅子-DAT

「2色の猫が椅子に上った」　　　(ID: 09, /Jump-Up.out~To.on/)

（56）の主動詞語根 *qispi*「上る」は経路を表示している。

ボール場面は主要部でその他の概念を表示する傾向が圧倒的である。具体的には *wichi*「落ちる」や *urma*「落ちる」が用いられる。（57）は、ボール場面における経路主要部表示の例である。

(57) *huk pelota wichi-yku-n yaku-man*
1.NUM ボール 落ちる-YKU-3SG 水-DAT

「ボールが水に落ちる」　　　(ID: 04, /Roll-Dwn~To.in/)

（57）の主動詞語根 *wichi*「落ちる」はその他の概念を表示している。

犬場面は他の複雑経路局面場面と比較して経路が主要部で表示される傾向が強い。（58）は、犬場面における経路主要部表示の例である。

(58) *arco-manta chapu allqu pasa-ru-n*
ゴール-ABL ふさふさ 犬 通る-PST-3SG

banca-pa uku-n-ta
ベンチ-GEN 中-3SG.POSS-ACC

「ゴールからふさふさの犬がベンチの下を通った」

(ID: 06, /Run-Out~Via.undr/)

（58）の主動詞語根 *pasa*「通る」は経路を表示している。このような経路主要部が見られる回答は、犬場面の回答全体の過半数（52.3％）を占める。

5.2.4 経路表示のパターン

複雑経路局面場面の回答ではほぼすべての回答が経路主要部外表示のみか経路両表示のみが使われている。表5.26および図5.25は、

各複雑経路局面場面における経路主要部表示、経路主要部外表示、両者が共起する両表示の回答数を表したものである。

経路が主要部のみで表示される例は犬場面の1例のみである。経路両表示は経路主要部表示と同じく、犬場面で頻繁に見られるが、それ以外の場面では稀である。

テーブル場面では経路主要部表示が全く見られない。表5.27および図5.26はテーブル場面に含まれる場面ごとに各経路表示パターンの回答数を示したものである。
(59)はテーブル場面の例である。

表5.26　経路主要部・両表示・主要部外・表示無しの回答数：複雑経路局面

場面グループ	主要部表示のみ	両表示	主要部外表示のみ	表示無し
テーブル場面	0	0	22	0
猫場面	0	7	15	0
ボール場面	0	2	20	0
犬場面	1	32	11	0

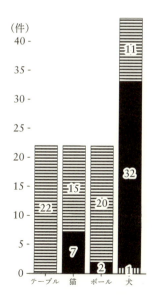

図5.25　経路主要部・両表示・主要部外・表示無しの回答数：複雑経路局面

表 5.27　経路主要部・両表示・主要部外・表示無しの回答数：複雑経路局面
テーブル場面

経路表示	主要部表示のみ	両表示	主要部外表示のみ	表示無し
/Dwn.off~To.on/ 場面	0	0	11	0
/Up.off~To.on/ 場面	0	0	11	0

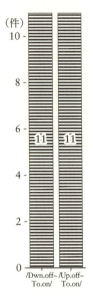

図 5.26　経路主要部・両表示・主要部外・表示無しの回答数：複雑経路局面
テーブル場面

(59) huk　　qari　　mesa　　hawa-n-man　　pawa-yku-n
　　 1.NUM　 男性　　 机　　 上-3SG.POSS-DAT　 跳ぶ-YKU-3SG
「ある男性が机の上へ跳んだ」　　(ID: 07, /Jump-Up.off-To.on/)

(59) の主動詞語根 pawa「跳ぶ」は、経路ではなく様態を表示している。

猫場面ではテーブル場面と異なり経路両表示が見られる。表5.28 および図 5.27 は猫場面に含まれる場面ごとに各経路表示パターンの回答数を示したものである。

(60) は猫場面における経路両表示の例である。

表 5.28　経路主要部・両表示・主要部外・表示無しの回答数：複雑経路局面猫場面

経路場面	主要部表示のみ	両表示	主要部外表示のみ	表示無し
/Dwn.off~To.in/ 場面	0	4	7	0
/Up.out~To.on/ 場面	0	3	8	0

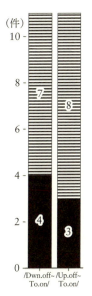

図 5.27　経路主要部・両表示・主要部外・表示無しの回答数：複雑経路局面猫場面

(60) huk silla azul-manta yana misi baja-ru-n
  1.NUM 椅子 青い-ABL 黒い 猫 降りる-PST-3SG

  caja-man
  箱-DAT

「青い椅子から黒い猫が箱へ降りた」

(ID: 09, /Jump-Dwn.off~To.on/)

(60) では、奪格接尾辞 -manta と与格接尾辞 -man の 2 つの主要部外標示要素と主要部である主動詞語根 baja「降りる」で同時に経路を表示している。

経路両表示も見られるものの、猫場面では /Dwn.off~To.in/ 場面

と/Up.out~To.on/場面のいずれにおいても経路を主要部外でのみ表示する回答の方が多い。(61)は猫場面における経路を主要部外でのみ表示する回答の例である。

(61) kay   misi=m   salta-yku-n   kay   caja-man
     これ   猫=FOC   跳ぶ-YKU-3SG   これ   箱-DAT

「この猫がこの箱に跳び込んだ」（ID: 08, /Jump-Dwn.off~To.in/）
(61)では、動詞接尾辞-ykuと与格接尾辞-manの2つの主要部外標示要素で経路を表示している。

ボール場面では、/Roll/場面でのみ経路両表示が見られる。表5.29および図5.28はボール場面に含まれる場面ごとに各経路表示

表5.29　経路主要部・両表示・主要部外・表示無しの回答数：複雑経路局面ボール場面

様態場面	主要部表示のみ	両表示	主要部外表示のみ	表示無し
/Fall/場面	0	0	11	0
/Roll/場面	0	2	9	0

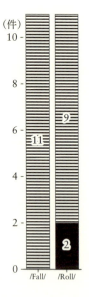

▒▒▒▒ 経路主要部表示のみ　■ 経路両表示　≡ 経路主要部外表示のみ　□ 経路表示無し

図5.28　経路主要部・両表示・主要部外・表示無しの回答数：複雑経路局面ボール場面

パターンの頻度を示したものである。

/Roll/場面ではわずかに（11回答中2例）経路主要部表示が見られる。(62)は/Roll/場面における経路主要部表示の例である。

(62) yaku   qucha-raya-q-man   yayku-ru-n
     水   水が溜まる-DUR-NMLZ.AG-DAT   入る-PST-3SG

「水たまりに入った」　　　　　　　　(ID: 11, /Roll-Dwn~To.in/)

(62)では、主要部外標示要素である与格接尾辞-man と主要部である主動詞語根 yayku「入る」で同時に経路を表示している。

一方、ボール場面のうち/Fall/場面は全ての回答で経路が主要部外要素のみで表示されている。(63)は/Fall/場面における経路主要部外表示の例である。

(63) pelota=m   wichi-yku-n   yaku-man
     ボール=FOC   落ちる-YKU-3SG   水-DAT

「ボールが水に落ちる」　　　　　　　(ID: 03, /Fall-Dwn~To.in/)

(63)では、動詞接尾辞-yku と与格接尾辞-man の2つの主要部外標示要素で経路を表示している。

犬場面では、場面によって経路表示のパターン傾向が異なる。表5.30および図5.29はボール場面に含まれる場面ごとに各経路表示パターンの頻度を示したものである。

/Via.undr~To.in/場面は犬場面の中でも経路主要部表示および両表示の頻度が高く、全ての回答で経路が主要部で表示されている。(64)は/Via.undr~To.in/場面における経路両表示の例である。

(64) allqu   wasi-man   yayku-ru-n
     犬   家-DAT   入る-PST-3SG

「犬が家に入った」　　　　　　　　　(ID: 01, /Run-Via.undr~To.in/)

表5.30　経路主要部・両表示・主要部外・表示無しの回答数：複雑経路局面犬場面

経路場面	主要部表示のみ	両表示	主要部外表示のみ	表示無し
/Out~To.in/場面	0	5	6	0
/Out~Via.undr~To.in/場面	1	8	2	0
/Out~Via.undr/場面	0	8	3	0
/Via.undr~To.in/場面	0	11	0	0

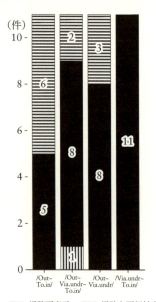

図5.29 経路主要部・両表示・主要部外・表示無しの回答数：複雑経路局面犬場面

(64) では、経路主要部外要素である与格接尾辞 -*man* と主動詞語根 *yayku*「入る」が同時に経路を表示している。

/Out~Via.undr/ および /Out~Via.undr~To.in/ 場面でも /Via.undr~To.in/ 場面よりも低い割合であるが頻繁に経路両表示が見られる。(65)、(66) はそれぞれ /Out~Via.undr/ と /Run~Out~Via.undr~To.in/ 場面における経路両表示の例である。

(65) *allqu*　*pasa-ru-n*　*banca*　*uku-n-ta*
　　犬　　通る-PST-3SG　ベンチ　中-3SG.POSS-ACC

　　「犬がベンチの下を通った」　　(ID: 01, /Run~Out~Via.undr/)

(66) *kay*　*allqu-n*　*kallpa-yku-n*　*kay*　*banco-pa*
　　これ　犬-3SG　走る-YKU-3SG　これ　ベンチ-GEN

　　uku-n-ta;　　*hina-spa-n*　　　*yayku-ru-n*
　　中-3SG.POSS-ACC　そのようにする-SR.SS-3SG　入る-PST-3SG

　　kay　*jaula-man*
　　これ　ケージ-DAT

「この犬がこのベンチの下を走って、このケージに入る」

(ID: 08, /Run- Out~Via.undr~To.in/)

(65) では、経路主要部外要素である格接尾辞付き位置名詞 *uku-n-ta*「下を通って」と主動詞語根 *pasa*「通る」が同時に経路を表示している。(66) では、動詞接尾辞-*yku*、格接尾辞付き位置名詞 *uku-n-ta*「下を通って」、与格接尾辞-*man* の 3 つの主要部外要素と主動詞語根 *yayku*「入る」が同時に経路を表示している。

/Out~To.in/ 場面は経路両表示の割合が最も低い。(67) は /Out~To.in/ 場面における経路両表示の例である。

(67) *allqu* *arco* *cama-n-man* *yayku-ru-n*
　　　犬　　ゴール　ベッド-3SG.POSS-DAT　入る-PST-3SG

「犬がゴールのような自分のベッドに入った」

(ID: 01, /Run-Out~To.in/)

(67) では、経路主要部外要素である与格接尾辞-*man* と主動詞語根 *yayku*「入る」が同時に経路を表示している。一方、(68) は /Out~Via.undr/ 場面における経路を主要部外要素のみで表示する例である。

(68) *allqu-cha=m*　　*arco*　　*uku-manta=m*
　　　犬-DIM=FOC　　ゴール　　中-3SG.POSS-ABL=FOC

　　　brinca-ru-n　　*wasi-cha-n-man*
　　　走る-PST-3SG　　家-DIM-3SG.POSS-DAT

「わんちゃんがゴールの中から彼のおうちに走った」

(ID: 03, /Out~Via.undr/)

(68) では、格接尾辞付き位置名詞 *uku-manta*「中から」と与格接尾辞-*man* の 2 つの主要部外標示要素で経路を表示している。

5.3　議論

以上では C 実験の調査結果に基づき、アヤクーチョ・ケチュア語の移動表現を経路タイプの差異に注目して記述した。アヤクーチョ・ケチュア語の移動表現は、経路タイプの違いにより大きな違いを見せることがわかった。このことは、移動表現研究においては経

路全体の表示方法だけでなく、経路の多様性に着目した分析の重要性を示している。以下ではこの言語における経路タイプの類型化（第 5.3.1 節）と、移動表現の経路タイプの違いに注目した類型論におけるアヤクーチョ・ケチュア語の位置づけ（第 5.3.2 節）を議論する。

5.3.1 アヤクーチョ・ケチュア語における経路タイプの類型

5.3.1.1 単純経路局面の類型：境界越えと上下の移動

アヤクーチョ・ケチュア語の移動表現は、同じ主体移動であっても経路の種類によって大きく異なる特徴を見せる。アヤクーチョ・ケチュア語は、主体移動の表現においては経路主要部表示の頻度が高く、特に経路両表示を好む。この傾向は A 実験だけでなく、C 実験でも全体的な特徴として観察される。しかし、経路の種類を細分化すると、経路主要部表示がほとんど見られない経路も存在することがわかった（第 5.1.2.3 節参照）。例えば単純経路局面場面では、/To.in/ 場面ではほぼ全ての回答で主要部経路表示が見られる一方で、/To.undr/ 場面、/Alng/ 場面では稀にしか見られない。

アヤクーチョ・ケチュア語の移動表現において、経路のタイプは経路主要部表示の頻度によって 3 つのグループにグループ化することができる。表 5.31 は、C 実験で分析した経路場面を経路主要部表示の頻度によって整理したものである。

1 つ目のグループは経路主要部表示の頻度が 8 割前後からそれ以上と非常に高い経路であり、/To.in/ 場面や /Up/ 場面などが含まれる。2 つ目のグループは経路主要部表示の頻度が 5〜6 割前後の経路であり、/Pst/ 場面や /Frm/ 場面などが含まれる。3 つ目のグループは経路主要部表示の頻度が 4 割以下と低い経路であり、/To.

表 5.31　アヤクーチョ・ケチュア語における経路タイプの類型

具体的な経路場面	経路主要部表示の頻度
/To.in/, /Up/, /Out/, /Thru/, /Ovr/, /Arnd/, /Dwn/, /Acrs/	非常に高い（8 割〜）
/Via.undr/, /Pst/, /To/, /Via.btw/, /Frm.undr/, /Frm/, /Twrd/	高い（5〜6 割）
/To.undr/, /Alng/	（〜4 割）

undr/ 場面と /Alng/ 場面が含まれる。

　表 5.31 に示す C 実験の結果からは、上下移動を含む経路場面は経路が主要部で表示されやすいことがわかる。具体的には、/Up/ 場面（階段を上る）と /Dwn/ 場面（階段を下る）、さらに本実験においては /Ovr/ 場面（小さな丘を片側から上り、もう片側へ下る形で越える）が該当する。これら上下の移動を含む経路場面は、全て経路主要部表示の頻度が非常に高い経路場面である。

　これは上下の移動が人間の移動においては有標であるからと考えられる。上下の移動は、水平方向への移動で必要な人間の意思と労力に加えて、重力の影響を受ける。人間にとって上への移動は重力に逆らうため負荷が大きい。逆に下への移動は重力に身を委ねることになり、負荷が小さい代わりに危険を伴うことがある。このように、上下の移動は重力の影響を受ける有標な経路である。この有標性が、アヤクーチョ・ケチュア語においては主要部で経路が表されやすいという特徴に現れていると考えられる。

　さらに、境界線をまたぐ経路場面は経路が主要部で表示されやすい。具体的に、/To.in/ 場面（建物の外から中へ）、/Out/ 場面（建物の中から外へ）、/Acrs/ 場面（道の片側からもう片側へ）、/Thru/ 場面（建物の片側から入り、中を通ってもう片側から外へ）は、移動物が建物の出入り口や道といった明示的な境界線をまたぐ経路場面である。/Via.undr/ 場面（橋の下を通る）と /Via.btw/ 場面（2 つの木の間を通る）では、明示的な境界線は映されていないが、それぞれ橋と平行な地上の線、2 つの木を結んだ線を境界線とみなし得る。このような境界線をまたぐ経路場面のうち、明示的な境界線をまたぐ経路場面は全て経路主要部表示の頻度が非常に高い経路場面である。明示的でない境界線をまたぐ経路場面は、経路主要部表示の頻度がやや高い経路場面に分類される。

　これは、空間の境界線を越える経路がしばしば社会的重要性を持つ有標な経路であるからと言える。空間の境界線の有無は、空間の社会的機能の違いを伴うことが多い。例えば家、部屋、店のように閉鎖空間の内と外は、社会的に異なる機能を持つことが多い。道や建物そのものも住所の基準となるなど、社会的に異なる機能を持つ

空間の境界となることが多い。水平方向への移動に対する上下の移動と同様に、アヤクーチョ・ケチュア語では境界線を越える経路の有標性が経路主要部表示の頻度の高さに反映されていると言える。

ある1点を着点や目的地、起点、通過点とする水平方向の移動は、経路主要部表示の頻度が上下の移動を含む経路、境界線を越える経路よりもやや低い傾向にある。上下の移動を含む経路、境界線を越える経路以外の経路のうち、/Alng/場面以外はテーブル（/To/場面、/Twrd/場面、/Frm/場面）やポスト（/Pst/場面）、傘（/To.undr/場面、/Frm.undr/場面）など特定の指示物を着点・目的地・起点・通過点としている。これらの場面はほとんど全てが表5.31における経路主要部表示の頻度がやや高い経路場面にあたる。例外は/To.undr/場面であり、傘の下を着点とするが頻度が非常に低い。

/Alng/場面（川岸を川に沿って移動する）と/Arnd/場面（木の下で木のすぐ周りを回る）はどちらも上下の移動でなく、境界線をまたがず、特定の指示物を着点としないという点で共通性を持つが、経路主要部表示の頻度は真逆の特徴を持つ。/Alng/場面は経路主要部表示の頻度が非常に低い一方、/Arnd/場面では非常に高い。

この/Alng/場面と/Arnd/場面の違いは、経路がループするか否かの違いによることが示唆される。/Arnd/場面では、移動物である人物が同じ円形の軌道を繰り返し移動している。このようなループ性は、同じく水平方向かつ境界線や着点等を含まない/Alng/場面には見られない。

5.3.1.2　単純経路局面と複雑経路局面の違いから見る経路タイプの類型

単純経路局面場面と複雑経路局面場面は共に、上下移動とそうでない移動の対比が見られる。ただし、頻度の高低の傾向は、単純経路局面場面と複雑経路局面場面で異なっている。複雑経路局面場面では、上下移動が含まれるテーブル場面、猫場面、ボール場面は経路が主要部で表示される頻度が低い。逆に、上下に移動しない犬場面では経路主要部表示が頻繁に見られる。これは、上下に移動する経路場面における経路主要部表示の頻度がそうでない経路場面にお

ける頻度よりも高い単純経路局面場面とは反対の特徴である。

　このことは、上下移動の中でも継続的な移動と瞬間的な移動で経路主要部表示の頻度に差異が見られることを示している。単純経路場面における上下の移動は、全て継続的な移動である。/Up/ 場面と /Dwn/ 場面は階段をそれぞれ下から上、上から下へ歩いてまたは走って移動する場面であり、移動が完了するまでの時間が長い。/Ovr/ 場面もまた丘の下から上、そして上から下へ歩いてまたは走って移動する場面であり、上下の移動を継続的に行っている。一方複雑場面における上下の移動は、ボール場面の /Roll/ 場面を除き瞬間的である。テーブル場面と猫場面では移動物である人間または猫が、一跳びで上下に移動している。このような継続的な上下移動と瞬間的な上下移動の違いが、アヤクーチョ・ケチュア語では経路主要部表示の頻度の違いに反映されていると考えられる。

　興味深いことに、共に瞬間的な上下移動であるテーブル場面と猫場面の間でも経路主要部表示の頻度に違いが見られる。具体的には、テーブル場面では経路主要部表示が一切見られない一方で、猫場面では低い頻度ながら経路主要部表示が見られる。

　このテーブル場面と猫場面の間の経路主要部表示の頻度の違いは、境界をまたぐ経路場面で経路主要部表示が見られやすい傾向が単純経路局面だけでなく複雑経路局面でも見られることを示している。テーブル場面は面から面への移動であり、境界は示されていない。一方猫場面は閉鎖空間の中から外の面、または閉鎖空間の外の面から内部への移動であり、閉鎖空間の内と外の境界をまたぐ。経路主要部表示の頻度が低いボール場面は経路 TO.IN を表すものとしてデザインされているが、実際にはボールは水面に浮きあがっており、水で満たされた空間内にはとどまらない。したがってこの場面では、中空の空間から水で満たされた空間の境界をまたぐとは解釈されない可能性がある。このように、境界の有無は、複雑経路局面場面においても経路主要部表示の頻度に影響を及ぼす要素であると言える。

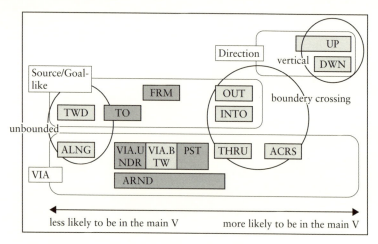

図 5.30　経路のマップスケール（Matsumoto to appear）

5.3.2　経路タイプの類型論におけるアヤクーチョ・ケチュア語の位置づけ

　アヤクーチョ・ケチュア語における単純経路局面の経路タイプごとの主要部表示への選好は、Matsumoto（to appear）による経路のマップスケールによく従っている。Matsumoto（to appear）では、各経路タイプにおける境界越えの有無と経路主要部表示の頻度の相関関係に注目した経路タイプの類型化を行っている。図5.30は、C実験で扱う各経路*1を意味によって類型化し、さらにより経路主要部表示の頻度が高いものが右側に来るよう配置したマップスケール（Matsumoto to appear）である。

　図5.30で示すように、TO.IN/OUTのように境界をまたぐ移動を含意する経路は経路主要部表示の頻度が高く、そうでないFRM、TOのような経路は低くなる傾向が通言語的に報告されている。アヤクーチョ・ケチュア語も図5.30に示す傾向と同様に、DWN/UP、OUT/TO.IN、THRU、ACRSは主要部で表示されやすく、ALNG、TWRD、TO、FRMなどは比較的主要部で表示されにくい。

　さらに、境界越えの有無とは別に、単純経路局面場面において上下の移動で経路主要部表示の頻度が高くなるという通言語的傾向もアヤクーチョ・ケチュア語と共通している。上下の移動は必ずしも

境界をまたぐ移動を含意しない。C実験単純経路局面場面における上下の移動は階段を上るまたは降りる行為として表現されており、境界となる参照物は明示されていない。このようにC実験単純経路局面場面における/Up/場面、/Dwn/場面では境界越えが無いにもかかわらず、アヤクーチョ・ケチュア語においても通言語的にも経路主要部表示の頻度が高くなっている。

　このことは、境界越えの有無と上下の移動の有無による移動タイプの類型化が、通言語的に重要な分析基準となることを示している。第5.3.1.1では、アヤクーチョ・ケチュア語の経路タイプごとの経路主要部表示への選好が境界の有無と性質の違いと概ね相関することを見た。この類型化はアヤクーチョ・ケチュア語固有のものではなく、言語を越えて普遍的に認められるものである。

---

*1　OVRは対応する経路表示の使用が稀であるため、分析の対象外とされている。

第6章

アヤクーチョ・ケチュア語の経路表示の個別言語的特徴

　本章ではアヤクーチョ・ケチュア語の移動表現における経路表示の機能を、経路場面ごとの分布に注目して記述する。第2.5節で見たように、アヤクーチョ・ケチュア語は移動を構成する概念を表示する手段を幅広い文法的クラスに持つ言語である。特に経路は、動詞語根、格接尾辞による名詞形態法、そして動詞接尾辞の3つの文法的手段によって表示されうる。第4章、第5章ではこの言語における経路表示の特徴を各経路場面で用いられる経路表示の数と文法的クラスに注目して分析・記述した。本章では逆に、各経路表示手段の文法的クラスおよび各語彙に注目し、その分布から機能を分析する。

　以下では第6.1節から第6.2節にかけて、アヤクーチョ・ケチュア語における経路表示手段の使用の特徴を経路場面ごとの使用頻度に基づいて分析する。具体的には、第6.1節では動詞、第6.2節では名詞形態法、第6.3節では動詞接尾辞にそれぞれ着目する。本章では特に、1つの経路表示が少ない種類の経路場面に集中して用いられる単機能性、逆に幅広い種類の経路場面に用いられる多機能性に注目する。

　第6.4節では、これらの節での分析を元に以下の3点を主張する。i) アヤクーチョ・ケチュア語において、経路表示手段の文法性の高さは多機能性の高さと対応している。具体的には、文法性が低く語彙的な経路表示手段である動詞と位置名詞は、少数の経路場面に集中して用いられる。一方、文法性が高い経路表示手段である格接尾辞と動詞接尾辞は幅広い種類の経路場面で用いられる。ii) 経路動詞 *pasa*「通る」は単機能性の高い経路動詞の中でも特異的に多機能性が高く、直示 AWYFRM.S を表す機能を伴っている。iii) 動詞接尾辞 *-yku* は多機能性が高く、従来指摘されている「中へ」「下

「へ」よりも抽象的な経路を表示し得る。

6.1 経路動詞

アヤクーチョ・ケチュア語の経路動詞の多くは、少数の経路場面で集中的に使われる。例えば *subi*「上る」は、A 実験では /Up/ 場面、C 実験では /Up/ 場面と /Ovr/ 場面でのみ用いられる。一方で、*pasa*「通る」は例外的に多くの経路場面で使われる。A 実験では 3 つの経路場面全てで用いられ、C 実験では 17 種類の経路場面のうち過半数の経路場面で用いられる。

以下では、A 実験と C 実験それぞれにおける各経路動詞の使用を、経路場面ごとの使用頻度に注目して記述する。第 6.1.1 節では A 実験、第 6.1.2 節では C 実験における経路動詞の使用を分析する。

6.1.1　A 実験主体移動場面における経路動詞の使用

A 実験で用いられる経路動詞の多くは 1 つの経路場面でのみ用いられるか、複数の経路場面で用いられても 1 つの経路場面に使用頻度が集中している。表 6.1 は、A 実験主体移動場面で使われる各経路動詞の経路場面ごとの使用頻度を示したものである。

さらに図 6.1 は、表 6.1 を元に、より頻度の高い経路場面・経路動詞の組み合わせをより濃い色で示したヒートマップである。

表 6.1　各経路動詞の各経路場面における使用回数：A 実験主体移動

経路動詞	/To/ 場面	/To.in/ 場面	/Up/ 場面
anchu「離れる」	1	0	0
asu「近づく」	12	1	0
chaya「着く」	3	1	0
lluqa「上る」	0	0	10
pasa「通る」	14	10	6
qispi「上る」	4	0	37
siqa「上る」	0	0	16
subi「上る」	0	0	12
taripa「着く」	1	0	0
yayku「入る」	0	53	0

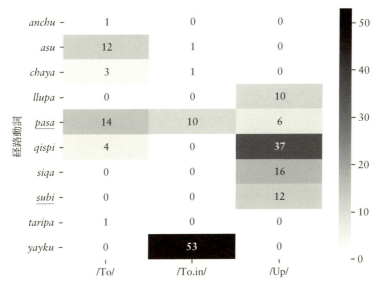

図6.1 各経路動詞の各経路場面における使用回数：A実験主体移動

　10種類の動詞のうち、6つの動詞は1つの経路場面でしか使われておらず、3つの動詞（asu「近づく」、chaya「着く」、qispi「上る」）は1つの経路場面に分布が集中している。一方pasa「通る」は全ての経路場面で一定数使われている。

　A実験で用いられる経路動詞は、ほとんどが1つの経路場面のみに集中して用いられる。まず10の経路動詞のうち過半数が1つの経路場面でのみ用いられる。具体的には、anchu「離れる」、lluqa「上る」、siqa「上る」、subi「上る」、taripa「着く」、yayku「入る」の6つの動詞が1つの経路場面でのみ用いられる。(1) は、/Up/場面でのみ用いられるsubiの例である。

(1) subi-chka-n　　　salta-spa　　　gradas-ta　　　hanay-man
　　上る-PROG-3SG　　跳ぶ-SR.SS　　階段-ACC　　　上-DAT

　　「跳びながら階段を上に上っている」
　　　　　　　　　　　　　　　　(ID: 08, /Skip-Up-AwyFrmS/)

動詞subiは、(1) のように/Up/場面でのみ用いられている。
　複数の経路場面で用いられる経路動詞も、ほとんどは1つの経路場面に使用が集中している。具体的には、複数の経路場面で用いら

れる4つの経路動詞のうち、*asu*「近づく」は 92.3 %（13回中 12回）が /To/ 場面、*chaya*「着く」75.0 %（4回中 3回）が /To/ 場面、*qispi*「上る」90.2 %（41回中 37回）が /Up/ 場面で使われている。

　pasa「通る」は以上の1つの経路場面に集中して用いられる動詞と対照的に、異なる経路場面を通じて多機能的に用いられている。具体的に *pasa* は、他の動詞と異なり i) 全ての経路場面で使われており、かつ ii) 経路場面ごとの使用頻度の偏りが小さいという2つの特徴を持つ。

　まず、*pasa* は（2）、（3）、（4）に示すように、A実験で扱う3つの経路場面全てで用いられている。

(2) *warmi*　　　*qawa-wa-spa-n*　　　　*pasa-ru-n*
　　女性　　　　見る-1SG.OBJ-SR.SS-3SG.POSS　通る-PST-3SG

　　carretera-n-ta
　　道-3SG.POSS-ACC

　　「女性が私を見て道を進んだ」　（ID: 01, /Walk-To-AwyFrmS/）

(3) *huk*　　*warmi*　*qawa-yku-wa-spa-n*　　　*uku law-man*
　　1.NUM　女性　　見る-YKU-1SG.OBJ-SR.SS-3SG.POSS　中　そば-DAT

　　pasa-yku-n
　　通る-YKU-3SG

　　「女性が私を見て内側へ進んだ」　（ID: 07, /Walk-To.in-Orthog/）

(4) *amiga-y*　　　　*pasa-ku-n*　　　*escalera-n-ta*
　　友達.F-1SG.POSS　通る-REFL-3SG　階段-3SG.POSS-ACC

　　「私の友達が階段を通った」

（2）は /To/ 場面、（3）は /To.in/ 場面、（4）は /Up/ 場面において *pasa* が使用される例である。他の経路動詞が1つまたは2つの経路場面でのみ用いられる一方、*pasa* はこのように3つの経路場面で用いられる多機能性がある。

　pasa「通る」はさらに、3つの経路場面での使用頻度の偏りが小さい。*pasa* は全30回の出現のうち、46.7 %（14回）が /To/ 場面、33.3 %（10回）が /To.in/ 場面、20.0 %（6回）が /Up/ 場面で現れている。/To/ 場面での出現頻度が高く、/Up/ 場面での出現頻度は低いという偏りは見られるものの、10種類の経路動詞のうち8

種類で1つの経路場面における使用頻度が使用頻度全体の9割以上、または1割以下であることを鑑みると、その偏りは比較的小さいといえる。

6.1.2 C実験単純経路局面場面における経路動詞の使用

C実験においてもA実験と同じく、ほとんどの経路動詞が少数の経路場面に集中して用いられる。表6.2は、C実験単純経路局面場面で使われる各経路動詞の経路場面ごとの使用頻度を示したものである。

さらに図6.2は、表6.2を元に、より頻度の高い経路場面・経路動詞の組み合わせをより濃い色で示したヒートマップである。

14種類の経路動詞のうち、*pasa*「通る」、*qispi*「上る」、*siqa*「上る」を除く11種類は17の経路場面のうち1/4以下(4場面以

表6.2 各経路動詞の各経路場面における使用回数:C実験単純経路局面

経路動詞	/To/	/Frm/	/Twrd/	/Up/	/Dwn/	/To.in/	/Out/	/Alng/	/Acrs/
acerca「近づく」	2	0	0	0	0	0	0	0	0
asu「近づく」	5	0	5	0	0	0	0	0	0
baja「下る」	0	0	0	0	17	0	0	0	0
chaya「着く」	4	0	1	0	0	1	0	0	0
chimpa「渡る」	0	1	0	0	1	0	0	0	4
cruza「横切る」	0	0	0	0	0	0	0	0	3
lluqsi「出る」	0	0	0	0	0	0	21	0	0
muyu「回る」	0	0	0	0	0	0	0	0	0
pasa「通る」	1	9	1	1	0	1	0	2	10
qispi「上る」	1	0	3	12	2	0	0	0	0
siqa「上る」	0	1	0	3	0	1	0	0	0
subi「上る」	0	0	0	3	0	0	0	0	0
ura「下る」	0	0	0	0	1	0	0	0	0
yayku「入る」	0	0	0	0	0	19	0	0	1

	/Pst/	/Thru/	/Ovr/	/Via.undr/	/Arnd/	/Via.btw/	/To.undr/	/Frm.undr/
acerca「近づく」	0	0	0	0	0	0	0	0
asu「近づく」	0	0	0	0	0	0	4	0
baja「下る」	0	0	2	0	0	0	0	0
chaya「着く」	0	0	0	0	0	0	1	0
chimpa「渡る」	0	0	2	0	0	0	0	0
cruza「横切る」	0	0	0	0	0	0	0	0
lluqsi「出る」	0	2	0	0	0	0	0	1
muyu「回る」	0	0	0	0	20	0	0	0
pasa「通る」	14	17	4	14	0	11	0	11
qispi「上る」	0	0	9	0	0	0	3	0
siqa「上る」	0	0	3	1	0	2	0	1
subi「上る」	0	0	2	0	0	0	0	0
ura「下る」	0	0	0	0	0	0	0	0
yayku「入る」	0	3	0	0	0	0	0	0

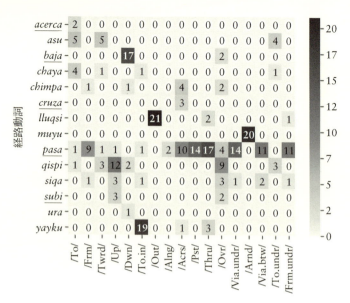

図6.2　各経路動詞の各経路場面における使用回数：C実験単純経路局面

下）の経路場面のみで用いられている。最も多くの経路場面で用いられている経路動詞は <u>pasa</u> であり、過半数の13経路場面で用いられている。

　C実験で用いられる経路動詞の多くは、少数の経路場面でのみ使われている。まずC実験で用いられる14の経路動詞のうち、<u>acerca</u>「近づく」、<u>cruza</u>「横切る」、muyu「回る」、<u>ura</u>「下る」の4つは1つの経路場面でのみ用いられている。(5) は muyu が使われる例である。

(5)　muyu-chka-n　sacha-pa　siki-n-pi　　　huk　　qari　runa
　　 回る-PROG-3SG　木-GEN　　底-3SG.POSS-LOC　1.NUM　男性　人

　　 「男の人が木の根元で回っている」　　　　　(ID: 06, /Walk-Arnd/)

経路動詞 muyu「回る」は (5) のように /Arnd/ 場面でのみ用いられる。さらにC実験の結果では、13の動詞が半数以下（17経路場面中8場面以下）、11の動詞が1/4以下（17経路場面中4場面以下）の経路場面でのみ使用されている。例えば asu「近づく」は、3種類の経路場面でのみ使われている。(6) は asu が使われる例である。

(6) huk   runa   alli=lla-manta   mesa-man
    1.NUM 人   良い=LIM-ABL   机-DAT

asu-yku-chka-n
近づく-YKU-PROG-3SG

「人がゆっくりと机に近づいている」　　（ID: 07, /Walk-Twrd/）

経路動詞 asu「近づく」は（6）をはじめ /Twrd/ 場面、/To/ 場面、/To.undr/ 場面でのみ用いられる。C 実験の結果においては、多くの経路動詞が muyu「回る」や asu「近づく」のように限られた経路場面に特化して用いられる。

このように多くの経路動詞が少数の経路場面でのみ使われる一方、pasa「通る」、qispi「上る」、siqa「上る」の3つは多くの経路場面で使われている。例えば pasa は 17 の経路場面中 13 の経路場面で使われている。（7）は pasa が /Thru/ 場面で使われる例である。

(7) huk   qari wasi-pa uku-n-ta   pasa-ru-n   apuraw-man
    1.NUM 男性 家-GEN   中-3SG-ACC 通る-PST-3SG 急ぎ-DAT

「男性が家の中を急いで通った」　　（ID: 07, /Walk-Thru/）

pasa「通る」は 17 の経路場面中過半数の 13 経路場面で使われており、最も使われる経路場面の数が多い。2 番目に使われる経路場面の数が多いのは siqa「上る」（7 場面）であり、qispi「上る」（6 場面）が次ぐ。

C 実験において複数の経路場面で用いられる経路動詞の中には、1 つの経路場面で集中的に用いられるものと、複数の経路場面に使用頻度が分散しているものがある。具体的には、複数の経路場面で用いられる 10 の経路動詞のうち、5 つの動詞 baja「下る」、chaya「着く」、lluqsi「出る」、subi「上る」、yayku「入る」は 1 つの経路場面での使用頻度がその動詞の使用頻度の過半数を占めている。例えば、lluqsi「出る」は 3 つの経路場面で使われているが、/Out/ 場面での使用が大半を占めている（全 23 回中 20 回が /Out/ 場面での使用）。例えば（8）は、/Out/ 場面において lluqsi が使われる例である。

(8) kay   runa lluqsi-ru-n   wasi-n-manta
    これ   人   出る-PST-3SG   家-3SG.POSS-ABL

「この人が家から出た」　　　　　　　(ID: 08, /Walk-Out/)

lluqsi「出る」は /Out/ 場面のほか、/Thru/ 場面や /Frm.undr/ 場面でも使われる。(9) は /Frm.undr/ 場面において lluqsi が使われる例である。

(9) *sombrilla-manta*　　*lluqsi-ra-mu-n*　　*runa*
　　傘-ABL　　　　　　　出る-PST-VEN-3SG　　人

　　「傘から人が出てきた」　　　　　　　(ID: 01, /Walk-Frm.undr/)

経路動詞 lluqsi「出る」の /Frm.undr/ 場面における使用頻度は1回、/Thru/ 場面における使用頻度は2回であり、ほとんどが (8) のように /Out/ 場面で用いられる。

　複数ではあるが少数の経路場面で集中的に用いられる動詞もある。たとえば qispi「上る」は6つの場面で用いられつつ、/Up/ 場面と /Ovr/ 場面での使用が使用頻度のそれぞれ40.0 %（30例中12例）と30.0 %（30例中9例）を占めている。(10) と (11) はそれぞれ /Up/ 場面と /Ovr/ 場面において qispi が使われる例である。

(10) *huk*　　*qari=ña=taq=mi*　　　*gradas-ni-n-ta*　　*alto-man*
　　1.NUM　男性=COMPL=CONTR=FOC　階段-EUPH-3SG-ACC　高い-DAT

　　qispi-chka-n
　　上る-PROG-3SG

　　「男性が階段を上へ上っている」　　　　(ID: 02, /Run-Up/)

(11) *huk*　　*qari=ña=taq=mi*　　*wichay-ta*　*qispi-ra-mu-n*
　　1.NUM　男性=COMPL=CONTR=FOC　上-ACC　　上る-PST-VEN-3SG

　　sacha　　*uku-n-ta*
　　木　　　　中-3SG-ACC

　　「男性が上へ、木立の中へ上ってきた」　　(ID: 02, /Run-Ovr/)

qispi「上る」は (10) と (11) のように上方への移動を表す場面で集中的に使われる。qispi は上方への移動を表さない場面でも用いられるが、その頻度は散発的である。(12) は /Twrd/ 場面において qispi が使われる例である。

(12) *huk*　　*maqtiku*　　*brinca-y=lla*　　*qispi-ra-mu-n*
　　1.NUM　青年　　　　走る-1SG.POSS=LIM　上る-PST-VEN-3SG

　　「青年が走ってやってきた」　　　　　(ID: 11, /Run-Twrd/)

(12) が表現する動画では、男性が画面外からテーブルに向かい、テーブルから数歩離れたところまで走る様子が映っており、上への移動は見られない。つまり、アヤクーチョ・ケチュア語の辞書 (Tenorio García 2019, p. 142) では qispi の意味は「上る」と記述されているものの、実際には (12) のように上方への移動を表さない場面でも散発的に使われる。

このことは qispi「上る」の多義性と同時に、「上る」がこの動詞の中核的な意味であることを表す。qispi は「現れる」「視界の外から来る」の意味を表すことも報告されている (Soto Ruiz 1976, pp. 142–143)。上への移動を含む /Up/ 場面、/Ovr/ 場面以外で用いられる場面は /To/ 場面、/Twrd/ 場面、/Dwn/ 場面、/To.undr/ 場面の4つであり、この4つの場面では移動物である人物が画面の外側から現れている。この点からは、qispi が C 実験において「現れる」を表しうることを示している。一方で、これらの4つの場面で用いられる頻度は /Up/ 場面、/Ovr/ 場面と比べて明らかに低く、「現れる」としての使用は C 実験においては周辺的であることを示す。

一方、多数の経路場面で満遍なく用いられる経路動詞も見られる。例えば siqa「上る」は7種類の経路場面で各場面1から3回用いられている。(13) は siqa が /Up/ 場面で使われる例である。

(13) huk runa=m brinca-y=lla siqa-ru-n gradas-ta
  1.NUM 人=FOC 走る-NMLZ.INF=LIM 上る-PST-3SG 階段-ACC

  「人が走って階段を上ってくる」   (ID: 11, /Run-Up/)

経路動詞 siqa「上る」は (13) のように /Up/ 場面をはじめとして、幅広い経路場面で低い頻度で使われている。siqa「上る」と asu「近づく」は、このように幅広い種類の経路場面を通じて小さな偏りで用いられている。

pasa「通る」は、C 実験においても経路動詞の中で特異な多機能性を見せる。具体的には、*pasa* は C 実験において以下の2つの特徴を見せる。i) 他の経路動詞と比べて非常に幅広い種類の経路場面で用いられる。ii) その上、多くの経路場面で高い頻度で用いられる。まず i) について、*pasa* は 13 種類の経路場面で使われてお

り、他の経路動詞と比較して最も幅広い経路場面で使用されている。

　しかも *pasa*「通る」は多くの経路場面で使用が見られるだけでなく、そのうちの多くの経路場面で頻繁に用いられている。*pasa* が用いられる13の経路場面のうち、8場面において *pasa* は他の経路動詞と比較して最も頻繁に用いられる動詞である。このように *pasa* は、C実験においても幅広い種類の経路場面を通じて多機能的に用いられている。

　C実験における *pasa*「通る」は、起点や通過点を明示し、着点を明示しない経路場面で頻繁に使われる傾向にある。図6.2におけるセルの色の濃さの比較から、*pasa* は、/Thru/ 場面、/Pst/ 場面、/Via.undr/ 場面、/Via.btw/ 場面、/Frm.undr/ 場面、/Acrs/ 場面、/Frm/ 場面の7つの場面で他の経路場面と比較して頻繁に用いられていると言える。これらの経路場面のうち、/Frm.undr/ 場面（傘の下から）と /Frm/ 場面（机のそばから）では起点が明示されており、/Thru/ 場面（小屋の中を通過）、/Pst/ 場面（ポストの前を通過）、/Via.undr/ 場面（橋の下を通過）、/Via.btw/ 場面（2つの木の間を通過）、/Acrs/ 場面（道を横切って通過）では通過点が明示されている。さらにこれらの場面では、着点となるような物体が明示されていない。

　逆に *pasa*「通る」の使用頻度が比較的低い10種類の経路場面のうち、/To/ 場面、/Twrd/ 場面、/Alng/ 場面、/Arnd/ 場面、/To.undr/ 場面の5場面では、着点を明示あるいは示唆しているか起点・通過点・着点のいずれも明示していない。具体的に /To/ 場面（机のそばへ）、/Twrd/ 場面（机に向かい、その数歩前まで）、/To.undr/ 場面（傘の下へ）の3つの場面では机や傘が着点として明示または示唆されている。そして /Alng/ 場面（川に沿った道の上を通る）と /Arnd/ 場面（木の周りを回る）場面では、起点・通過点・着点となる物体が画面に映っていない。

　pasa「通る」はさらに、上下または内外の移動を示す場面で使われにくい傾向にある。具体的に、*pasa* の使用頻度が低い残りの5種類の場面のうち、/Up/ 場面と /Dwn/ 場面は上下の移動に注目した場面である。/Ovr/ 場面は小さな丘を通過点とする場面である一

方、通過のために上下移動を行う経路場面でもある。最後に、/To.in/ 場面と /Out/ 場面は閉鎖空間の内外の移動に注目した場面である。これらの場面では *pasa* の使用頻度が低い代わりに、/To.in/ 場面における *yayku* など他の単機能的な動詞が頻繁に用いられている。

6.1.3 直示場面、様態場面ごとの経路動詞 *pasa*「通る」の使用

第 6.1.1 節と第 6.1.2 節では、*pasa*「通る」が他の経路動詞と比べて特異的な多機能性を持つことが明らかになった。経路動詞の多くは少数の経路場面で集中的に用いられており、単機能性が高い。一方 *pasa* は、他の経路動詞とは明確に異なり幅広い経路場面で用いられる。具体的には、A 実験では唯一 3 つの経路場面全てで用いられる経路動詞であり、C 実験では唯一 17 種類の経路場面のうち過半数（13 場面）の場面で用いられている。

重要なことに、A 実験と C 実験では *pasa*「通る」の使用傾向に明確な差異が見られる。A 実験では /To/ 場面と /To.in/ 場面で *pasa* が頻繁に使用される一方、C 実験ではむしろこれらの場面での使用頻度が低い。これらの場面では A 実験・C 実験共に着点となる参照物が明示されており、経路以外の要素が使用頻度の差をもたらしていると考えられる。

この *pasa*「通る」の使用頻度の際は、様態または直示の影響を受けると考えられる。A 実験では C 実験では比較対象としていない様態 SKIP および直示 TWRD.S、AWYFRM.S が比較対象となっており、これら様態と直示の種類の違いが *pasa* の使用頻度に影響していることが予想される。特に直示の種類は A 実験では 3 種類のバリエーションがある一方で C 実験では 1 種類に固定されているパラメタであり、大きな影響が予想される。

以上の観察を踏まえ、以下では様態場面ごと（第 6.1.3.1 節）、直示場面ごと（第 6.1.3.2 節）ごとの *pasa*「通る」の使用頻度を分析する。

6.1.3.1　様態場面ごとの *pasa*「通る」の使用

A 実験の結果において、*pasa*「通る」はどの様態場面でも用いられる。表 6.3 は、A 実験主体移動場面で使われる各経路動詞の様態場面ごとの使用頻度を示したものである。

さらに図 6.3 は、表 6.3 を元に、より頻度の高い様態場面・経路動詞の組み合わせをより濃い色で示したヒートマップである。

表 6.3　各経路動詞の各様態場面における使用回数：A 実験主体移動

格接尾辞	/Walk/	/Run/	/Skip/
anchu「離れる」	1	0	0
asu「近づく」	4	2	7
chaya「着く」	1	1	2
lluqa「上る」	6	2	2
pasa「通る」	15	5	10
qispi「上る」	12	15	14
siqa「上る」	5	5	6
subi「上る」	4	3	5
taripa「着く」	0	0	1
yayku「入る」	21	14	18

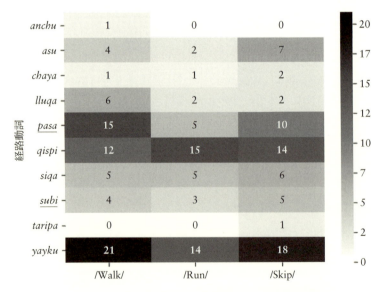

図 6.3　各経路動詞の各様態場面における使用回数：A 実験主体移動

(14)、(15)、(16) は、それぞれの様態場面において *pasa* が用いられる例である。

(14) *pi=m   wak   warmi   qawa-yku-wa-spa-n=raq*
    誰-FOC   それ   女性   見る-YKU-1SG.OBJ-SR.SS-3SG.POSS=CONT

   chimpa-y-ta   pasa-ru-n   bicicleta-n-man
   そば-1SG.POSS-ACC   通る-PST-3SG   自転車-3SG.POSS-DAT

   「誰だかその女性が私を見て彼女の自転車に向かって私のそばを通った」
   　　　　　　　　　　　　　　　(ID: 01, /Walk-To-Orthog/)

(15) *warmi-cha=qa   allin-ta=raq=chu=s*
    女性-DIM=TOP   良い-ACC=CONT=DUB=FOC.HYS

   qawa-yku-wa-spa-n   pasa-ru-n   uray-ta
   見る-YKU-1SG.OBJ-SR.SS-3SG.POSS   通る-PST-3SG   下-ACC

   「女の子がゆっくりと私を見て内側へ通った」
   　　　　　　　　　　　　　　　(ID: 01, /Run-To-TwrdS/)

(16) *wak   runa   salta-spa=raq   chimpa-nchik-ta*
    それ   人   跳ぶ-SR.SS=CONT   そば-1PL.INCL.POSS-ACC

   pasa-ru-n   bicicleta-man
   通る-PST-3SG   自転車-DAT

   「その人が跳びながら自転車に向かって私たちのそばを通った」
   　　　　　　　　　　　　　　　(ID: 01, /Skip-To- Orthog/)

(14) は /Walk/ 場面、(15) は /Run/ 場面、(16) は /Skip/ 場面において *pasa*「通る」が使用される例である。*pasa* はこのように 3 つの様態場面全てで用いられる多機能性がある。

　一方 *pasa*「通る」の使用頻度には偏りが見られる。具体的には、*pasa* の使用頻度は /Walk/ 場面が最も高く、/Run/ 場面で最も低い。

　一方、C 実験における *pasa*「通る」の使用頻度は、様態場面による差異が非常に小さい。表 6.4 は、C 実験単純経路局面場面で使われる各経路動詞の様態場面ごとの使用頻度を示したものである。

　さらに図 6.4 は、表 6.4 を元に、より頻度の高い様態場面・経路動詞の組み合わせをより濃い色で示したヒートマップである。

　pasa の使用頻度は /Walk/ 場面と /Run/ 場面でほとんど変わらない。(17)、(18) C 実験におけるそれぞれの様態場面において *pasa*

表6.4 各経路動詞の各様態場面における使用回数：C実験単純経路局面

格接尾辞	/Walk/	/Run/
acerca「近づく」	2	0
asu「近づく」	10	4
baja「下」	10	9
chaya「着く」	2	5
chimpa「渡る」	5	3
cruza「横切る」	2	1
lluqsi「出る」	13	11
muyu「回る」	11	9
pasa「通る」	49	47
qispi「上る」	15	15
siqa「上る」	3	9
subi「上る」	4	1
ura「下る」	0	1
yayku「入る」	13	10

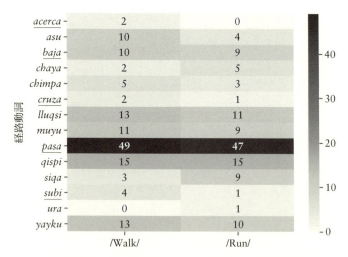

図6.4 各経路動詞の各様態場面における使用回数：A実験主体移動

が用いられる例である。

(17) *sipas   warmi   pasa-ru-n   huk   buzon-pa*
　　 少女　　女性　　通る-PST-3SG　1.NUM　ポスト-GEN

248

　　　　lado-n-ta
　　　　そば-3SG.POSS-ACC

　「少女がポストのそばを通った」　　　　（ID: 06, /Walk-Pst/）

(18) *buzon-pa　lado-n-ta　　　pasa-ru-n　kallpa-spa　huk*
　　　ポスト-GEN　そば-3SG.POSS-ACC　通る-PST-3SG　走る-SR.SS　1.NUM

　　　qari　　runa
　　　男性　　人

　「男性が走りながらポストのそばを通った」（ID: 06, /Run-Pst/）

(17)は/Walk/場面、(18)は/Run/場面において*pasa*「通る」が使用される例である。*pasa*の/Walk/場面における使用頻度は49回、/Run/場面における使用頻度は47回であり、様態場面による使用頻度の差は非常に小さい。

　このように、様態場面ごとの*pasa*「通る」の使用頻度の傾向は、A実験とC実験で異なっている。A実験では/Walk/場面で使用頻度が最も高く、/Run/場面では最も低い。一方C実験では/Walk/場面と/Run/場面で使用頻度の差がほとんど見られない。

　このことは、様態の種類以外の要素が*pasa*「通る」のA実験とC実験の間の経路場面ごとおよび様態場面ごとの使用頻度の傾向の違いに寄与していることを示す。直示をORTHOGの1種類に統一しているC実験の結果において様態場面ごとの*pasa*の使用頻度の差がほとんど無いことから、様態の種類単独では*pasa*の使用頻度に影響を及ぼさないと言える。

6.1.3.2　直示場面ごとの*pasa*「通る」の使用

　直示場面に注目すると、*pasa*「通る」は/AwyFrmS/場面に使用が集中している。表6.5は、A実験主体移動場面で使われる各経路動詞の様態場面ごとの使用頻度を示したものである。

　さらに図6.5は、表6.5を元に、より頻度の高い直示場面・経路動詞の組み合わせをより濃い色で示したヒートマップである。(19)は、/AwyFrmS/場面で*pasa*が使用される例である。

(19) *qawa-mu-wa-sa-n-ta　　　　　　　pasa-n　　wasi*
　　　見る-VEN-1SG.OBJ-NMLZ.REAL-3SG.POSS-ACC　通る-3SG　家

表6.5 各経路動詞の各直示場面における使用回数：
A実験主体移動

経路動詞	/TwrdS/	/AwyFrmS/	/Orthog/
anchu「離れる」	0	1	0
asu「近づく」	3	3	7
chaya「着く」	1	1	2
lluqa「上る」	3	3	4
pasa「通る」	1	23	6
qispi「上る」	13	13	15
siqa「上る」	6	4	6
subi「上る」	5	4	3
taripa「着く」	0	0	1
yayku「入る」	17	16	20

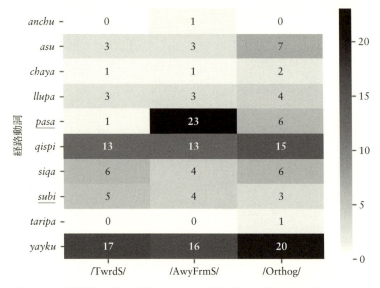

図6.5 各経路動詞の各直示場面における使用回数：A実験主体移動

uku-man
中-DAT

「私を見てから家の中へ通る」 (ID: 08, /Walk-To.in-AwyFrmS/)
A実験の結果においては、*pasa*「通る」の使用頻度のうち、76.7％（30回中23回）を（19）のような/AwyFrmS/場面での使用が占める。

/AwyFrmS/場面に使用が集中するのは、経路動詞の中では*pasa*

250

「通る」に特異的に見られる特徴である。/AwyFrmS/場面での使用頻度が全体の使用頻度の過半数を占める経路動詞は、*pasa* の他は1回しか使われていない *anchu*「離れる」のみである。

つまり、*pasa*「通る」は他の経路動詞とは異なり、直示 AWYFRM.S を伴うとき、様態 WALK や着点を明示する経路 TO や TO.IN を表す場面で使われやすくなるという特徴を持つと考えられる。逆に C 実験の結果のように、直示 AWYFRM.S を伴わない場合は、*pasa* は /Run/ 場面では /Walk/ 場面よりも使われにくくなり、/To/ 場面、/To.in/ 場面では /Up/ 場面よりも明確に使われやすくなる。

このように、*pasa*「通る」は幅広い種類の経路場面の表現に用いられるだけでなく、直示 AWYFRM.S を伴う場面の表現でも用いられやすい。このような *pasa* の多機能性が持つ意義については、第6.4.2節で詳しく議論する。

6.2 名詞形態法

アヤクーチョ・ケチュア語の名詞形態法による経路表示は、多機能性の高い格接尾辞と単機能性の高い位置名詞によって成り立っている。経路を表示する格接尾辞は、幅広い種類の経路場面を通じて用いられる。一方位置名詞は少数の経路場面に集中して用いられる傾向にある。

以下では、第6.2.1節で格接尾辞、第6.2.3節で位置名詞による経路表示について記述する。

6.2.1 格接尾辞

格接尾辞は高い多機能性を見せる経路表示手段である。A 実験（第6.2.1.1節）においても C 実験（第6.2.2節）においても、個々の格接尾辞が幅広い種類の経路場面で用いられる。

6.2.1.1 A 実験主体移動場面における格接尾辞の使用

A 実験で用いられる格接尾辞は、どれも複数の経路場面で用いら

れている。表6.6は、A実験主体移動場面で使われる各経路表示格接尾辞の経路場面ごとの使用頻度を示したものである。

さらに図6.6は、表6.6を元に、より頻度の高い経路場面・格接尾辞の組み合わせをより濃い色で示したヒートマップである。

A実験では、この実験結果で用いられた4つ全ての経路表示格接尾辞が複数の経路場面で用いられている。しかも4つのうち3つの格接尾辞が3種類の経路場面全てで用いられている。

与格接尾辞-man は、A実験における経路を表示する格接尾辞の中で最も頻繁に用いられる格接尾辞である。さらに、どの経路場面

表6.6　各経路表示格接尾辞の各経路場面における使用回数：A実験主体移動

格接尾辞	/To/	/To.in/	/Up/
-kama（限界格）	7	0	1
-man（与格）	67	85	46
-manta（奪格）	5	10	5
-ta（対格）	25	7	20

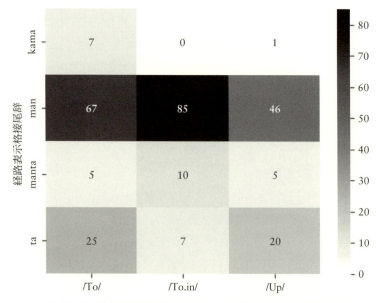

図6.6　各経路表示格接尾辞の各経路場面における使用回数：A実験主体移動

でも最もよく使われる格接尾辞は-*man*である。

　与格接尾辞-*man*は、3つの経路場面の中では/To.in/場面で最も頻繁に用いられる。(20) は/To.in/場面において-*man*が用いられる例である。

(20) *amigo-y*　　　　*yayku-mu-n*　*pabellon-man*　*salta-stin*
　　　友達.F-1SG.POSS　入る-VEN-3SG　建物-DAT　　　　跳ぶ-SR.SS

　　「私の友達が跳びながら建物に入ってくる」

　　　　　　　　　　　　　　　　　　　(ID: 05, /Skip-To.in-TwrdS/)

(20) では着点を示す名詞 *pabellon*「建物」に与格接尾辞-*man*が接続している。

　対格接尾辞-*ta*は与格接尾辞-*man*に次いで用いられる格接尾辞である。-*ta*は全ての経路場面で用いられるが、/To/場面（25回）と/Up/場面（20回）に比べて/To.in/場面での使用頻度（7回）が低い。(21) は/To/場面、(22) は/To.in/場面において-*ta*が用いられる例である。

(21) *warmi*　*qawa-wa-spa-n*　　　　　　*pasa-ru-n*
　　　女性　　見る-1SG.OBJ-SR.SS-3SG.POSS　通る-PST-3SG

　　　carretera-n-ta
　　　道-3SG.POSS-ACC

　　「女性が私を見て道を通った」　(ID: 01, /Walk-To-AwyFrmS/)

(22) *wak*　*runa=m*　*corre-chka-n*　*wasi*　*uku-ta*
　　　それ　　人=FOC　　走る-PROG-3SG　　家　　　中-ACC

　　「その人が家の中に入っている」　(ID: 01, /Skip-To.in-Orthog/)

(21) では名詞 *carretera-n-ta*「(3SGの) 公園」と位置名詞 *waqta-n*「(3SGの) 道」、(22) では位置名詞 *uku*「中」に-*ta*が接続している。

　対格接尾辞-*ta*は移動の着点を標示することが先行研究で記述されている。A実験の実験結果においてもしばしば着点となる参照物を表す名詞句や位置名詞に接続して現れる。例えば (22) では、-*ta*が着点の位置を表す位置名詞 *uku*「中」に接続している。

　一方でA実験の結果においては、対格接尾辞-*ta*がしばしば通路となる参照物に接続する。例えば (21) では、-*ta*が通路となる名

詞句 carretera-n-ta「(3SG の) 道」に接続している。

奪格接尾辞-manta は、-ta と対照的に /To/ 場面 (5 回) と /Up/ 場面 (5 回) に比べて /To.in/ 場面での使用頻度 (10 回) が高い。(23) は /To.in/ 場面で-manta が用いられる例である。

(23) wak   qari=m   wak   pampa-manta   kallpa-mu-chka-n
     それ   男性=FOC それ   原-ABL   走る-VEN-PROG-3SG

kusi-ku-spa   pabellon   wasi   uku-man
喜ぶ-REFL-SR.SS 建物   家   中-DAT

「その男性がその原っぱから、喜びながら建物の中に走ってきている」
(ID: 09, /Skip-To.in-Orthog/)

(23) では、-manta が出発地を表す名詞 pampa「原」に接続している。

限界格接尾辞-kama は他の格接尾辞と比較して限定的な使用にとどまる。具体的には、/To/ 場面で 7 回、/Up/ 場面で 1 回だけ使われている。(24) は、/To/ 場面において-kama が使用される例である。

(24) wak   qari=m   kallpa-chka-n   bicicleta-pa
     それ   男性=FOC 走る-PROG-3SG   自転車-GEN

waqta-n-kama
そば-3SG.POSS-LIM

「その男性が自転車のそばまで走っている」
(ID: 09, /Run-To-Orthog/)

(24) では、-kama が位置名詞 waqta-n「(自転車の) そば」に接続している。

6.2.2　C 実験単純経路局面場面における格接尾辞の使用

C 実験でも、A 実験と同じ経路表示格接尾辞が用いられる。表 6.7 は、C 実験で使われる各経路表示格接尾辞の経路場面ごとの使用頻度を示したものである。

さらに図 6.7 は、表 6.7 を元に、より頻度の高い経路場面・格接尾辞の組み合わせをより濃い色で示したヒートマップである。

C 実験で用いられる経路表示格接尾辞は、A 実験で用いられる格接尾辞と同じく対格-ta、与格-man、奪格-manta、限界格-kama の

表6.7 各経路表示格接尾辞の各経路場面における使用回数：C実験単純経路局面

格接尾辞	/To/	/Frm/	/Twrd/	/Up/	/Dwn/	/To.in/	/Out/	/Alng/	/Acrs/	/Pst/	/Thru/	/Ovr/	/Via.undr/	/Arnd/	/Via.btw/	/To.undr/	/Frm.undr/
-kama（限界格）	2	0	0	2	4	0	0	7	0	2	2	0	4	0	1	1	0
-man（与格）	16	4	13	6	5	21	4	0	2	0	2	8	0	0	1	13	4
-manta（奪格）	0	16	0	0	1	2	22	0	3	0	4	5	0	0	1	1	16
-ta（対格）	3	2	1	22	21	1	0	23	19	19	20	14	29	13	18	1	2

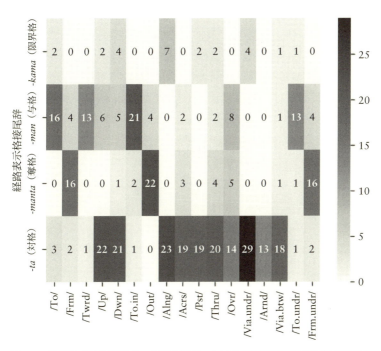

図6.7 各経路表示格接尾辞の各経路場面における使用回数：C実験単純経路局面

4種類である。

C実験においてもA実験と同じく全ての格接尾辞が複数の経路場面で用いられている。全ての経路場面で用いられる格接尾辞は無いが、4つの格接尾辞全てが17の経路場面のうち半数以上の経路場面で使われている。

C実験の結果では、A実験主体移動場面での結果と異なり対格接尾辞-taが中心に用いられている。-taは、C実験で用いられる経路表示格接尾辞の中で最も頻繁に用いられている。

さらに対格接尾辞-taは、出現頻度の合計が他の格接尾辞に比べて高いだけでなく、17経路場面中16場面と使われる経路場面の数が最も高い。(25)は、/To/場面で-taが用いられる例である。

(25) *wak   runa=m   parque-n-ta=m   pasa-chka-n   mesa*
　　 それ   人=FOC   公園-3SG.POSS=FOC 通る-PROG-3SG 机

　　 waqta-n-ta
　　 そば-3SG.POSS-ACC

　　「その人が公園の中をテーブルのそばへと通っている」
　　　　　　　　　　　　　　　　　　　　　(ID: 03, /Walk-To/)

(25)では、-taが通路となる名詞句*parque-n*「(3SGの) 公園」および着点を示す位置名詞*waqta-n*「(3SGの) そば」に接続している。

与格接尾辞-manと対格接尾辞-mantaも多くの経路場面で頻繁に用いられている。(26)は/Acrs/場面において-manが使われる例、(27)は/Ovr/場面において-mantaが使われる例である。

(26) *wak   niña-cha   carretera-ta   chimpa-ru-spa-n*
　　 それ   少女-DIM   道-ACC   渡る-PST-SR.SS-3SG

　　 parque-man   yayku-ru-n
　　 公園-DAT   入る-PST-3SG

　　「その女の子が道を渡って公園に入った」(ID: 03, /Walk-Acrs/)

(27) *uray-manta   subi-mu-chka-n   huk   maqta*
　　 下-ABL   上る-VEN-PROG-3SG   1.NUM   青年

　　「下から青年が上ってきている」　　　(ID: 04, /Walk-Ovr/)

(26)では-manが着点を表す名詞*parque*「公園」に、(27)では-mantaが起点を表す位置名詞*uray*「下」に接続している。

いくつかの経路場面において、与格接尾辞-manと奪格接尾辞-mantaの分布頻度は対照的である。具体的には、/To/、/Twrd/、/To.in/、/To.under/場面では-manの使用頻度が高く、-mantaの使用頻度が低い。そして/Frm/、/Out/、/Frm.undr/場面

では-manta の使用頻度が高く、-man の使用頻度が低い。(28) は /To/ 場面において-man が使われる例、(29) は /Frm/ 場面において-manta が使われる例である。

(28) wak　runa　brinca-spa-n=mi　　　asu-yku-n　　　mesa-man
　　　それ　人　　走る-SR.SS-3SG.POSS=FOC　近づく-YKU-3SG　机-DAT

　　　「その人が走りながらテーブルに近づく」　　(ID: 03, /Run-To/)

(29) huk　　qari　mesa-pa　pata-n-manta　　puri-chka-n
　　 1.NUM　男性　机-GEN　　そば-3SG.POSS-ABL　歩く-PROG-3SG

　　　「男性が机のそばから歩いている」　　　　(ID: 10, /Walk-Frm/)

(28) では-man が着点を表す名詞 mesa「机」に、(29) では-manta が起点を表す位置名詞 pata-n「(3SG の) そば」に接続している。

6.2.3　位置名詞

位置名詞は格接尾辞と異なり、全体的に単機能性が高い。A 実験（第 6.2.3.1 節）においても C 実験（第 6.2.3.2 節）においても、位置名詞は 1 つまたはごく少数の経路場面に集中して用いられる傾向にある。

6.2.3.1　A 実験主体移動場面における位置名詞の使用

A 実験において、位置名詞は 1 つの経路場面でのみ用いられる傾向にある。表 6.8 は、A 実験主体移動場面で使われる位置名詞の経路場面ごとの使用頻度を示したものである。

さらに図 6.8 は、表 6.8 を元に、より頻度の高い経路場面・位置名詞の組み合わせをより濃い色で示したヒートマップである。

A 実験の結果で見られる 10 種類の位置名詞のうち、7 つは 1 つの経路場面でのみ用いられている。

A 実験で用いられる位置名詞は、どれも 1 つの経路場面で集中的に用いられている。まず「そば」、「前」を表現する位置名詞は、着点である「自転車のそば」「自転車の前」を表現するために /To/ 場面で用いられることが多い。(30) は、/To/ 場面において ñawpaq「前」が使われる例である。

表6.8　各位置名詞の各経路場面における使用回数：A実験主体移動

格接尾辞	/To/	/To.in/	/Up/
<u>alto</u>「高み」	0	0	6
hanay「上」	0	0	12
hawa「上、外」	0	4	0
<u>lado</u>「そば」	7	0	0
law「そば」	13	5	1
uku「中、下」	1	55	1
uray「下」	0	0	3
waqta「そば」	11	0	0
wichay「上」	0	0	23
ñawpaq「前」	4	0	1

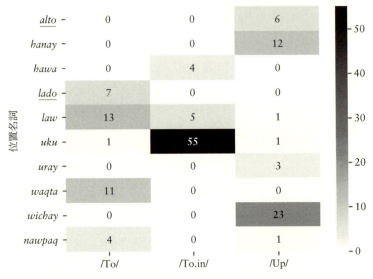

図6.8　各位置名詞の各経路場面における使用回数：A実験主体移動

(30) huk　　maqtiku　brinca-y=lla　　qispi-ra-mu-n　　hasta
　　　1.NUM　青年　　走る-NMLZ.INF=LIM　上る-PST-VEN-3SG　まで

　　　bicicleta-n-pa　　　ñawpaq-ni-n-man
　　　自転車-3SG.POSS-GEN　前-EUPH-3SG.POSS-DAT

　　　「青年が走って自転車の前までやって来る」

(ID: 10, /Run-To-Orthog/)

(30)では、移動の着点を表す名詞句 bicicleta-n-pa ñawpaq-ni-n

「自転車の前」を構成する名詞として ñawpaq が用いられている。このように隣接・近接関係を表す位置名詞 lado「そば」、law「そば」、waqta「そば」、ñawpaq「前」は、/To/ 場面に使用が集中している。

「中」「外」を表現する位置名詞は、着点である「家の中」、あるいは起点である「家の外」を表現するために /To.in/ 場面で用いられることがほとんどである。(31) は、/To.in/ 場面において uku「中、下」が使われる例である。

(31) huk　runa　kallpa-mu-chka-n　wasi　uku-man
　　　1.NUM　人　走る-VEN-PROG-3SG　家　中-DAT
　　「人が家の中に走ってきている」　　(ID: 11, /Run-To.in-TwrdS/)

(31) では、移動の着点を表す名詞句 wasi uku「家の中」を構成する名詞として uku が用いられている。このように内外の位置を表す位置名詞 uku「中、下」と hawa「外、上」は、/To.in/ 場面に使用が集中している。

「上」「下」の位置を表す位置名詞は、移動の方向「上へ」または「下から」を表す名詞句の構成要素として /Up/ 場面で用いられることが多い。例えば (32) は、/Up/ 場面において hanay「上」が使われる例である。

(32) allin　ri-spa　pasa-n　hanay-ni-n-man
　　　良い　行く-SR.SS　通る-3SG　上-EUPH-3SG.POSS-DAT
　　「ゆっくりと行きながら上へ通る」
　　　　　　　　　　　　　　　(ID: 08, /Walk-Up-AwyFrmS/)

(32) では、移動の方向を表す名詞句 hanay-ni-n-man「上へ」の構成要素として位置名詞 hanay が用いられている。このように上下の位置を表す位置名詞である hanay「上」、wichay、alto と uray「下」は、/Up/ 場面に使用が集中している。

6.2.3.2　C 実験単純経路局面場面における位置名詞の使用

C 実験においても、位置名詞は少数の経路場面に集中して用いられる傾向にある。表 6.9 は、C 実験単純経路局面場面で使われる位置名詞の経路場面ごとの使用頻度を示したものである。

さらに図6.9は、表6.9を元に、より頻度の高い経路場面・位置名詞の組み合わせをより濃い色で示したヒートマップである。

C実験で用いられる16の位置名詞のうち、<u>alto</u>「高み」、<u>punta</u>「そば」、<u>ura</u>「下」の3つが1つの経路場面でのみ用いられている。さらに17の経路場面の過半数の経路場面で用いられる位置名詞は<u>uku</u>「中、下」と<u>waqta</u>「そば」（ともに9場面）の2つのみである。

このようにC実験の結果における位置名詞は高い単機能性を見せる一方で、経路動詞よりは多機能性が高い。まずC実験で用いられる経路動詞のうち、17の経路場面の1/4以上（5場面以上）で用いられるのは14種類のうち3種類のみであったが、位置名詞は16種類のうち半数が17の経路場面の1/4以上で用いられている。

表6.9　各位置名詞の各経路場面における使用回数：C実験単純経路局面

位置名詞	/To/	/Frm/	/Twrd/	/Up/	/Dwn/	/To.in/	/Out/	/Alng/	/Acrs/
alto「高み」	0	0	0	1	0	0	0	0	0
chawpi「中央」	0	0	0	0	0	0	0	0	3
chimpa「前、反対側」	0	1	1	0	0	0	1	0	2
hanay「上」	0	0	0	0	0	0	0	0	0
hawa「上、外」	0	0	0	0	0	1	3	1	3
lado「そば」	4	4	2	0	0	0	0	1	0
law「そば」	0	4	1	0	1	0	0	0	0
pata「そば」	2	2	0	1	0	0	0	11	0
punta「そば」	0	0	0	0	0	0	0	0	0
siki「底」	0	0	0	0	0	0	0	0	0
uku「中、下」	0	0	0	0	0	15	11	0	2
ura「下」	0	0	0	0	0	0	0	0	0
uray「下」	0	1	0	0	3	0	0	0	0
waqta「そば」	6	2	2	0	0	0	0	2	0
wichay「上」	0	0	0	3	0	0	0	0	0
ñawpaq「前」	3	2	0	0	0	0	0	0	0

	/Pst/	/Thru/	/Ovr/	/Via.undr/	/Arnd/	/Via.btw/	/To.undr/	/Frm.undr/
alto「高み」	0	0	0	0	0	0	0	0
chawpi「中央」	2	6	0	1	0	12	0	0
chimpa「前、反対側」	0	0	0	0	0	0	0	0
hanay「上」	0	2	2	0	0	0	0	0
hawa「上、外」	0	1	1	0	0	0	0	0
lado「そば」	2	0	0	0	1	0	2	3
law「そば」	0	0	2	0	0	0	0	2
pata「そば」	0	0	2	4	0	0	0	0
punta「そば」	2	0	0	0	0	0	0	0
siki「底」	0	0	0	0	8	0	1	1
uku「中、下」	0	16	2	20	0	3	9	5
ura「下」	0	0	0	0	0	0	0	1
uray「下」	0	0	4	0	0	1	0	1
waqta「そば」	7	0	0	1	4	0	4	2
wichay「上」	0	0	5	0	0	0	0	0
ñawpaq「前」	0	0	0	0	0	0	0	0

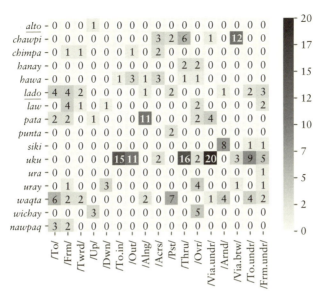

図6.9　各位置名詞の各経路場面における使用回数：C実験単純経路局面

1種類の経路場面でのみで用いられる位置名詞の使用頻度は *alto*「高み」が1回、*punta*「そば」2回、*ura*「下」が1回であり、使われる経路場面の種類が少ない位置名詞は使用頻度が全体的に低い。つまり、少数の経路場面でのみ使われる位置名詞はごく散発的に用いられている。

さらにC実験で使われる位置名詞は、C実験で使われる経路動詞よりも経路場面による使用頻度の偏りが小さい。C実験の結果において複数の場面で使われる13の位置名詞のうち、1つの経路場面での使用が全体の過半数を占めるのは wichay「上」(/Ovr/ 場面が2場面8回のうちの5回)、*ñawpaq*「前」(/To/ 場面が2場面5回のうちの3回)、*siki*「底」(/Arnd/ 場面が3場面10回のうちの8回) の3つのみである。最も使用頻度の高い位置名詞である *uku*「中、下」は最も使用頻度の高い /Via.undr/ 場面における使用頻度も全体の使用頻度のわずか24.1％ (9場面83回のうちの20回) にとどまる。このように、位置名詞の単機能性は、経路動詞に比べると低いことがC実験の結果からわかる。

6.3 動詞接尾辞

本実験で経路表示手段として用いられた動詞接尾辞は-*yku*のみである。この-*yku*はA実験においてもC実験においても幅広い種類の経路場面で使われており、多機能性が高い経路表示手段と言える。さらに-*yku*は従来この動詞接尾辞の意味として報告されてきた「中へ」「下へ」を表す経路場面以外でも使われている。

以下、第6.3.1節でA実験、第6.3.2節でC実験における-*yku*の使用を分析する。

6.3.1　A実験主体移動場面における動詞接尾辞-*yku*の使用

動詞接尾辞-*yku*はA実験で扱う3つの経路場面全てで用いられる（第4.1.2.3.1節参照）。表6.10は、A実験各経路場面における-*yku*の使用頻度を示したものである。

(33)、(34)、(35)はそれぞれ/To/場面、/To.in/場面、/Up/場面における-*yku*の使用例である（第4.1.2.3.1節より再掲）。

(33) huk　　qari=m　calle-n-ta　　kallpa-*yku*-n bicicleta-man
　　 1.NUM 男性=FOC 道-3SG-YKU-3SG 自転車-DAT

　　「男性が道を自転車のところまで走る」

　　　　　　　　　　　　　　　　　　　(ID: 03, /Run-To-Orthog/)

(34) tusu-kacha-spa huk　　qari runa asu-*yku*-chka-n　　wasi
　　 踊る-ITER-SR.SS 1.NUM 男性 人 近づく-YKU-PROG-3SG 家

　　 uku-n-man
　　 中-3SG.POSS-DAT

　　「男の人が踊りながら家の中へ近づいている」

表6.10　各経路表示格接尾辞の各経路場面における使用回数：A実験主体移動

格接尾辞	/To/	/To.in/	/Up/
-*yku*	16	20	2

(ID: 02, /Skip-To.in-Twrd/)

(35) wak   maqta=m   wichay-man   patapata-ta
     それ   少年=FOC   上-DAT   階段-ACC

kallpa-yka-mu-chka-n
走る-YKU-VEN-PROG-3SG

「少年が階段を上へ走ってきている」(ID: 09, /Run-Up-TwrdS/)

このように、-*yku*はA実験のどの経路場面でも用いられている。

-*yku*はA実験のどの経路場面でも使われる多機能性を持つ一方で、経路場面による使用頻度の偏りが見られる。具体的には、/To/場面(16回)と/To.in/場面(20回)に比べると/Up/場面(2回)での-*yku*の使用頻度は低い。

6.3.2　C実験単純経路局面場面における動詞接尾辞 -*yku*の使用

C実験の結果においても、-*yku*は多くの種類の経路場面で用いられる。表6.11は、C実験各経路場面における-*yku*の使用頻度を示したものである。

-*yku*は、17種類の経路場面のうち12種類の経路場面で用いられている。

-*yku*は、移動の着点の存在を明示または示唆する場面で比較的頻繁に用いられる。-*yku*は/To/場面と/Twrd/場面(共に7回)で最も頻繁に使われており、次いで/To.undr/場面(6回)、/To.in/(5回)場面で多く使われている。(36)、(37)、(38)はそれぞれ/To/場面、/To.undr/場面、/To.in/場面において-*yku*が使用される例である。

表6.11　各経路表示格接尾辞の各経路場面における使用回数：C実験単純経路局面

	/To/	/Frm/	/Twrd/	/Up/	/Dwn/	/To.in/	/Out/	/Alng/	/Acrs/
-*yku*	7	3	7	0	1	5	2	0	0

	/Pst/	/Thru/	/Ovr/	/Via.undr/	/Arnd/	/Via.btw/	/To.undr/	/Frm.undr/
-*yku*	1	0	1	1	0	3	6	1

(36) huk　　qari=m　　mesa-pa　　waqta-n-man　　ri-yku-spa
　　 1.NUM　男性=FOC　机-GEN　　そば-3SG.POSS-DAT　行く-YKU-SR.SS

saya-chka-n
止まる-PROG-3SG

「男性が机のそばへ行って止まっている」　　(ID: 02, /Run-To/)

(37) kay　pasña-cha　asu-yku-ru-n　　paragua　waqta-n-man
　　 これ　少女-DIM　　近づく-YKU-PST-3SG　傘　　　そば-3SG.POSS-DAT

「女の子が傘のそばへ近づいた」　　(ID: 05, /Run-To.undr/)

(38) huk　　qari　brinca-y=lla　　pasa-yku-n　wasi uku-man
　　 1.NUM　男性　走る-NMLZ.INF=LIM　通る-YKU-3SG　家　中-DAT

「男性が走って家の中へ進む」　　(ID: 10, /Run-To.in/)

これらの/To.in/場面、/To.undr/場面、/To/場面、/Twrd/場面はどれも移動の着点の存在が明示（/To.in/場面の建物、/To.undr/場面の傘、/To/場面のテーブル）または示唆（/Twrd/場面のテーブル）されている。-yku は 12 の経路場面で合計 38 回現れているが、うち 25 回（65.8％）がこの 4 場面に現れている。

逆に、移動の着点の存在を示唆しない場面では-yku の使用頻度が低い。/To.in/場面、/To.undr/場面、/To/場面、/Twrd/場面以外の 13 の経路場面では、移動の着点となるようなランドマークが映っていない。例えば/Alng/場面は川に沿って道を歩いて（/Walk-Alng/場面）または走って（/Run-Alng/場面）移動する場面であり、着点となる建物などは画面に映っていない。/Frm/場面はテーブルのそばに立っている人物が歩いてまたは走ってテーブルから離れる場面であり、/Alng/場面と同様テーブルから離れた後に着点となる建物などは映っていない。このような移動の着点の存在を示唆しない場面のうち、5つの場面（/Up/場面、/Alng/場面、/Acrs/場面、/Thru 場面/、/Arnd/場面）では-yku が全く使われておらず、最も頻繁に使われている経路場面（/Frm/場面、/Via.btw/）場面でも 3 回しか現れていない。

6.4 議論:経路表示手段の単機能性と多機能性

本節の分析から、アヤクーチョ・ケチュア語における経路表示手段にはごく少数の経路場面で用いられる単機能的なものと、幅広い経路場面で用いられる多機能的なものがあることがわかった。例えば動詞 *yayku*「入る」は、単機能的な経路動詞である。この動詞はA実験では3つの経路場面のうち /To.in/ 場面のみ、C実験では17の経路場面のうち /To.in/ 場面、/Thru/ 場面、/Acrs/ 場面の3つの経路場面でのみ用いられている。一方、与格接尾辞 *-man* は多機能的な経路表示格接尾辞である。*-man* はA実験で扱う3つの経路場面全てで用いられ、C実験では17の経路場面のうち13の経路場面で用いられている。

この小節では、経路表示手段の単機能性と多機能性を文法的クラスと個々の語彙に注目して議論する。具体的には、経路動詞 *pasa*「通る」と動詞接尾辞 *-yku* に注目する。

6.4.1 経路表示手段の文法的クラスと単機能性・多機能性

アヤクーチョ・ケチュア語の経路表示手段を文法的クラスに見ると、単機能的な手段が多いクラスと多機能的な手段が多いクラスに分類できる。具体的には、動詞と位置名詞には単機能的な手段が多い。一方、格接尾辞には多機能的な手段が多く、動詞接尾辞 *-yku* も動詞や位置名詞と比較して多機能的である。

経路動詞はA実験の結果においてもC実験の結果においても単機能的なものが多く見られる。A実験では、10の経路動詞のうち *pasa*「通る」以外の9つが1つの経路場面で集中的に用いられている。C実験では14種類の経路動詞のうち11種類の動詞が1つまたは少数の経路場面で集中的に用いられている。

位置名詞もほとんどが単機能的である。A実験では、10種類の位置名詞の全てが1つの経路場面で集中的に用いられている。C実験では16種類の位置名詞のうち、13の位置名詞が複数の経路場面で用いられる。一方でC実験において複数の経路場面で用いられ

る位置名詞も3～5場面の少数の経路場面に使用が集中している。

　位置名詞は、経路動詞と比較すると単機能性が低い。1つあるいはごく少数の経路場面でのみ使われる経路表示手段は、経路動詞と比較すると位置名詞では少ない。さらに少数の経路場面でのみ使われる経路動詞に比べると少数の経路場面でのみ使われる位置名詞は使用頻度が低く、散発的な使用にとどまる。

　格接尾辞は全てが多機能的である。A実験、C実験で用いられる4つの格接尾辞のうち、3つはどちらの実験でも複数の経路場面で用いられている。限界格接尾辞-*kama*はA実験の結果においては/To/場面でしか用いられないが、C実験では17の経路場面のうち9場面で使われている。

　動詞接尾辞-*yku*はA実験とC実験のどちらにおいても多機能性を見せる。A実験では/To/場面と/To.in/場面に使用が集中しつつ、3つの経路場面全てで用いられている。C実験でも/To.in/場面、/To.undr/場面、/To/場面、/Twrd/場面の4つの場面での使用が過半数を占めつつ、17経路場面中12の経路場面で使用されている。

　つまりアヤクーチョ・ケチュア語では、より語彙的な文法クラスには単機能的な経路表示手段が多く、より文法的な文法的クラスには多機能的な経路表示手段が多い。動詞と位置名詞は語彙的な文法的クラスであり、より具体的な意味を示す傾向にある。したがって、動詞と位置名詞はこの具体的な意味に対応する経路場面でのみ集中的に用いられると考えられる。逆に格接尾辞と動詞接尾辞は文法的な閉じた文法的クラスであり、より抽象的な意味を示す傾向にある。したがって、格接尾辞と動詞接尾辞は幅広い経路場面で用いられる。

　位置名詞が経路動詞に比べて多機能性が高いのは、位置名詞が格接尾辞や具体的な参照物を指示する名詞句を伴って現れるからと考えられる。位置名詞が表す概念は位置であり、単体で経路を表示することは無い。移動表現においては、*uku-man*（中-DAT）「中へ」のような位置名詞と経路を表示する格接尾辞の組み合わせや、*mesa-pa hawa-n-manta*（机-GEN 上-3SG.POSS-ABL）「机の上から」のような参照物を表す名詞句で修飾される位置名詞と格接尾辞の組み合わせが経路を表示する。このように、位置名詞は経路を表示す

る上で他の経路表示手段との組み合わせが必須であるため、単体では経路動詞と比べると機能の幅が広い。

6.4.2　動詞 *pasa* の多機能性

　pasa「通る」は経路動詞の中でも特異的な多機能性を見せる。アヤクーチョ・ケチュア語の経路動詞は少数の経路場面に集中して用いられる単機能的なものがほとんどである。しかし *pasa* は、A実験においてもC実験においても多くの経路場面で使用されている。具体的に *pasa* はA実験では全ての経路場面、C実験では経路動詞では唯一17種類のうち過半数の経路場面で用いられている。さらに *pasa* は単に幅広い経路場面で用いられるだけでなく、幅広い経路場面で一定した頻度で用いられる。このように *pasa* は、A実験およびC実験の結果において他の経路動詞と異なり多機能的に用いられている。

　さらに *pasa*「通る」は、直示の種類によって経路表示としての機能が異なるという他の経路動詞に無い特徴を持つ。この動詞は、直示ORTHOGまたはTWRD.Sを伴う場面ではi) 起点または通過点となる参照物を明示し、ii) 着点となる参照物を明示せず、iii) 上下、内外の移動を含まない経路場面で用いられる傾向にある。一方、直示AWYFRM.Sを伴う場合は、着点を明示する経路場面や、内外の移動を含む経路場面でも用いられやすくなる。ただし、上下の移動を表す /Up/ 場面では、直示ORTHOGまたはTWRD.Sを伴う場面と同様に *pasa* が用いられにくい。

　つまり *pasa*「通る」は、起点または通過点となる参照物を明示する経路場面または話者から離れる方向へ向かう直示場面を表現する機能を持っている。このような *pasa*「通る」の特徴は、借用元であるスペイン語 *pasar*「通る、過ぎる」でも見られない特徴であり、ケチュア語内での意味の拡張が見られる。

　この意味の拡張は、C場面におけるTWRD.Sの表示（第5.1.1.2節参照）と同様に、話者が注目する地点から離れる移動が直示AWYFRM.Sとして解釈されうるためと考えられる。例えば /Frm/ 場面や /Frm.undr/ 場面では、参照点である机や傘から離れる移動

が疑似的に話者の視点から離れる移動と解釈され得る。/Pst/ 場面などある一点を通過する場面では、通過点に到達する移動よりも通過点から離れる移動が時間的に後に起こるため、参照点であるポストなどから離れる移動に注目が集まり、疑似的に話者の視点から離れる移動と解釈され得る。このように話者の視点の解釈が話者の注目する参照点に拡大することが、*pasa*「通る」の意味の拡張の動機であると考えられる。

6.4.3　動詞接尾辞-*yku* の多機能性

　A 実験および C 実験の結果において、-*yku* は多機能的に使用されている。A 実験においては 3 つの経路場面の全て、C 実験では 17 の経路場面の半数を超える 12 の経路場面で使用されている。1 つの経路場面のみで使われるものや少数の経路場面に集中して用いられるものが多い経路動詞や位置名詞と比べると、-*yku* は多機能性の高い経路表示手段と言える。

　興味深いことに、-*yku* は従来報告されてきた「中へ」「下へ」を含む経路場面以外でも用いられる。具体的には、A 場面では /To.in/ 場面に限らず /To/ 場面でも頻繁に用いられる。/To/ 場面では /To.in/ 場面と異なり、内部に入るような閉鎖空間は映されていない。/To/ 場面では下に向かう移動も行っていないため、/To/ 場面で見られる -*yku* が「中へ」「下へ」の意味を表しているとは言えない。さらに A 場面では低い頻度ながら「下へ」とは正反対の経路を表現する /Up/ 場面でも用いられている。/Up/ 場面の動画でも内部や下への移動は行っていない。したがって、/Up/ 場面で用いられる -*yku* も「中へ」「下へ」の意味を表しているとは言えない。このように、-*yku* は TO.IN「中へ」、DWN「下へ」の経路表示に限らない機能を持っている。

　一方で、C 実験の結果からは -*yku* は TO と TWRD にあたる経路表示の機能を持っていることが示唆される。C 実験における -*yku* は、移動の着点の存在を明示または示唆する経路場面で集中的に用いられる。具体的には C 実験において -*yku* が頻繁に用いられる /To.in/ 場面、/To.undr/ 場面、/To/ 場面は移動の着点の存在が明示

されており、/Twrd/場面では移動の着点であることを示唆する参照物が映っている。逆に/Alng/場面のように移動の着点となるような参照物が全く映っていない場面では-*yku*は全く使用されないか稀にしか使用されない。したがって、-*yku*は経路表示の機能を持たないのではなく、従来報告されてきた「中へ」「下へ」よりも抽象的な「特定の参照物へ」という経路を表す機能を持っていると考えられる。

　このような-*yku*が持つ抽象的な経路表示の機能は、本稿の実験的調査でこそ明らかになったものである。先行研究でも、この-*yku*が話者の感情的評価（Zariquiey and Córdova 2008, pp. 174–175; Parker 1969, p. 7）や完了のアスペクトZariquiey and Córdova 2008, pp. 174–175 など、「下へ」「中へ」という動作の方向以外の機能を持つことが指摘されている。一方で、i)-*yku*がDWN「下へ」やTO.IN「中へ」を表す場面以外でも用いられること、ii)-*yku*の使用頻度は経路場面の種類と無関係ではなく、移動の着点の存在を明示または示唆する経路場面で使われやすいことは、映像刺激を用いた実験が初めて実証的に示した。

　このように-*yku*の経路表示の機能が先行研究の記述より抽象化していることは、他の方向接尾辞の経路表示の機能も抽象化している可能性を示す。方向接尾辞-*rqu*は、先行研究においては「外へ」の経路を表すことが指摘されている（Zariquiey and Córdova 2008, p. 169）。しかし、この-*rqu*は、話し言葉のアヤクーチョ・ケチュア語においては主に過去のテンス標示として用いられる。本研究のA実験、C実験の結果においても明確に経路を表示していると分析できる例は見られず、特定の経路を表せないほど経路を表示する機能が抽象化していると考えられる。

第 7 章
結語

　本章では本稿の発見をふりかえり、その意義を議論する。以下第7.1節では、本稿の各章における議論をまとめる。そして第7.2節で本稿の発見がもたらす理論的貢献を述べる。第7.3節では本稿の意義を振り返り、結語を述べる。

7.1　本稿の発見のまとめ

　第1章では本稿の理論的背景を述べた。ケチュア語は南米アンデス地域のリンガ・フランカとして大きな社会的意義を持つだけでなく、それ自体が言語学的に重要な特徴を数多く見せる言語として言語学の分野でも注目を集めている。アヤクーチョ・ケチュア語はケチュア語の中でも研究が遅れている地域変種であり、文法記述の進展が期待される言語である。このようなアヤクーチョ・ケチュア語の文法を言語類型論研究において非常に重要な分野である移動表現に注目して記述することは、個別言語の文法記述だけでなく言語類型論においても大きく貢献する。

　第2章では、本稿の議論の前提としてアヤクーチョ・ケチュア語の社会的位置づけと文法の類型論的特徴を記述し、移動表現で用いられる各概念の表示手段を紹介した。アヤクーチョ・ケチュア語の文法は、多様な接尾辞を駆使する形態法の発達が重要な類型論的特徴である。特に用言形態法の1つである方向接尾辞は、移動表現における経路および直示表示の多様性をもたらす表示手段である。

　第3章では本研究の調査手法を解説した。本稿の記述・分析は、移動表現の通言語比較研究プロジェクトである Motion Event Descriptions across Languages プロジェクト（代表者：松本曜（国立国語研究所））で共有されている実験的調査の結果に基づいてい

る。このプロジェクトでは、異なる経路タイプ、様態・使役手段タイプ、直示タイプ、移動タイプを体系的に組み合わせた移動事象を録画した動画を刺激として用いたエリシテーション調査を行う。この方法を用いることにより、本研究ではアヤクーチョ・ケチュア語の移動表現を網羅的かつ体系的に収集し、かつ類型論的特徴に注目した記述と分析を行う。

　第4章では、A実験の結果を元にアヤクーチョ・ケチュア語の移動表現の全体的な特徴を記述した。アヤクーチョ・ケチュア語は、主体移動場面の主要部における経路・様態・直示の競合という観点では、主要部表示型言語と評価できる。一方、経路主要部表示と経路主要部外表示の頻度の通言語比較という観点では、アヤクーチョ・ケチュア語はどちらにおいても通言語的に高い頻度を取る言語であり、経路主要部表示型言語と経路主要部外表示型言語の両方の特徴を持つと言える。さらにこの特徴は、アヤクーチョ・ケチュア語が経路両表示を強く好む言語であることを意味する。この言語では、経路が主要部と主要部外の両方で同時に表される頻度が通言語的に比較しても高い。しかしこのような特徴は客体移動および抽象的放射では見られず、これらの場面では経路が主に主要部外でのみ表示される。

　第5章では、C実験の結果を元に、主体移動場面における経路のタイプに注目しながらアヤクーチョ・ケチュア語の移動表現の類型論的特徴を記述した。C実験の結果で見られる全体的な特徴はA実験の主体移動場面の実験結果とほぼ共通しており、経路主要部表示が優勢であるという特徴は確かにこの言語の全体的な類型論的特徴であることがわかる。しかし一方で、ALNGのように主体移動場面であっても経路をほとんど主要部で表示しない経路もあり、経路の表示パターンは経路のタイプによって大きな多様性を見せることもわかった。

　第6章では、アヤクーチョ・ケチュア語の移動表現における経路表示手段の機能を経路場面ごとの分布の観点から記述した。この章では、アヤクーチョ・ケチュア語において、語彙的な経路表示手段である動詞と位置名詞は少数の経路場面に集中して用いられ、文法

性が高い経路表示手段である格接尾辞と動詞接尾辞は幅広い種類の経路場面で用いられることを示した。そして経路動詞 *pasa*「通る」はこの傾向に対する明確な例外であり、直示 AWYFRM.S を表す機能を伴う多機能的な経路動詞である。さらにこの章では、動詞接尾辞-*yku* は従来報告されている「中へ」「下へ」よりも抽象的な経路を表示し得ることがわかった。

7.2 本稿の理論的貢献

本稿で明らかになったアヤクーチョ・ケチュア語の移動表現の重要な特徴は、以下の3点である。

ⅰ）主体移動における経路両表示への強い選好（第4章）
ⅱ）移動のタイプによる表現パターンの多様性（第4章）
ⅲ）経路のタイプによる表現パターンの多様性（第4章、第5章）
ⅳ）経路表示の単機能性と多機能性（第6章）

ⅰ）について、アヤクーチョ・ケチュア語が主体移動における経路両表示の頻度は、通言語的に比較しても高い。中でも動詞接尾辞-*yku* は単独で経路を表すことは稀であり、主に両表示や経路主要部外の多重表示の一部として現れる。ⅱ）について、アヤクーチョ・ケチュア語は主体移動では経路主要部表示・両表示を好む一方、客体移動と抽象的放射では経路主要部外表示が支配的であり、経路主要部表示の頻度は低くなる。ⅲ）について、アヤクーチュア語は主体移動の全体的な特徴として経路主要部表示・経路両表示を好むが、経路のタイプによっては経路主要部表示がほとんど見られない。ⅳ）について、アヤクーチョ・ケチュア語の経路表示手段のうち、経路動詞と位置名詞は単機能性が高く、少数の経路場面でのみ用いられる傾向にある。格接尾辞と動詞接尾辞-*yku* は多機能性が高く、幅広い種類の経路場面で用いられる傾向にある。

これらの特徴は、それぞれ言語類型論において重要な示唆を与える。

i）は、言語表現における特徴とされる経済性の原理（Haiman 1983）に対する明確な反例である。経済性の原理は、文法的カテゴリーの表示において、形態の有無や複雑性の違いによる非対称性が見られるとき、より予想されやすい概念はより無標な表現方法を取る傾向にあることを予測する（Haiman 1983, p. 802）。概念の予想されやすさは、その概念が表現される頻度によって示される。

　アヤクーチョ・ケチュア語は、この原理に反して経路を余剰に表示する傾向にある。アヤクーチョ・ケチュア語の主体移動の表現では、経路が頻繁に表現される。具体的には、A実験、C実験共に、経路を少なくとも一度は表示する回答が回答の大半を占めている（A実験については第4.1.1.2節、C実験については第5.1.1.2節参照）。しかし、アヤクーチョ・ケチュア語は、まさしく経路を複数の表示手段で余剰に表示する両表示を好む言語である。このようにアヤクーチョ・ケチュア語の移動表現はこの経済性の原理に対する例外的な事例である。

　アヤクーチョ・ケチュア語で余剰な経路表示である経路両表示が頻繁に用いられるのは、この言語の文法的要請と文法的要請に基づかない選好の両者が重なった結果である。この言語では移動の参照物に言及する場合、経路主要部外表示がほぼ義務的に現れる。参照物を指示する名詞句は格接尾辞無しには現れ得ず、参照物を指示する名詞句に伴って現れる格接尾辞はほとんどが経路を表示するものである。したがって、格接尾辞による経路主要外表示は、この言語の文法的要請により経路主要部表示の有無にかかわらず高い頻度で現れる。

　さらにこの言語では、文法的要請とは関係無く経路主要部表示が頻繁に用いられる。経路動詞が主動詞で用いられるか否かは、参照物を指示する名詞句の有無とは全く関係が無い。このように、アヤクーチョ・ケチュア語における経路両表示の頻度の高さは、参照物を表す名詞句は経路を表示する格接尾辞を伴う必要があるという文法的要請と、文法的要請とは関係なく経路動詞を主動詞で使う傾向にあるという話者の選好の2つの要因から成る特徴である。

　ii）の特徴は、移動タイプの違いに注目した分析の重要性を示す。

近年の移動表現研究では、主体移動と客体移動・抽象的放射の間の表現パターンの違いが注目を集めている。イタリア語のように主体移動では経路主要部表示を好む言語も客体移動では主に経路主要部外表示を好む傾向にあることが指摘されており（松本 2017）、経路タイプの違いによる移動表現の多様性が報告されている。

アヤクーチョ・ケチュア語における主体移動と客体移動・抽象的放射の経路表示パターンの違いは、各経路表示で経路を表せる移動物の意味役割が違うことに起因している。具体的には、動詞は原則として主語の移動経路しか表せないが、体言形態法による経路表示や動詞接尾辞は目的語や項とならない実体・概念の移動経路も表せる（第4章第4.4節）。このように典型的には移動物が主語として表現される主体移動、目的語として表現される客体移動、項として表現されない抽象的放射という移動タイプの違いは、各言語における意味役割と形態法・統語法の対応関係と強く結びついている。このような移動タイプに注目することで、移動表現をより多角的な視点で分析することができる。

ⅲ）の特徴は、経路それ自体の類型の重要性を示している。経路タイプの違いによる移動表現パターンの違いは移動表現研究でも注目を集めてきたポイントである。例えばスペイン語では有界な経路では経路主要部表示、無界な経路では経路主要部外表示が好まれることが指摘されている（Aske 1989）。これまでに MEDAL プロジェクトで行われた C 実験の結果からは、境界越えの有無によって各経路の主要部表示への選好が異なることが指摘されている。さらに本稿で記述したアヤクーチョ・ケチュア語の事例は、同じ経路であっても瞬間的な移動と継続的な移動で表示パターンが異なりうることを示している（第5章第5.3節）。

ⅳ）の特徴は、経路表示手段の単機能性・多機能性が移動表現において重要な類型となることを示している。アヤクーチョ・ケチュア語においては、より文法的な経路表示手段は多機能性が高く、より語彙的な経路表示手段は単機能性が高いという傾向が見られる。この傾向が通言語的なものであるか、さらにアヤクーチョ・ケチュア語における経路動詞 *pasa*「通る」のような例外はどのような経

路表示に見られるかを分析することにより、人間の認知機能と言語表現のインターフェースを探る上で多くの示唆が得られることが期待される。

7.3 おわりに

　本稿では、実験的手法で得られたデータを元にアヤクーチョ・ケチュア語の移動表現を記述し、その類型論的特徴を分析した。ケチュア語の移動表現の包括的な研究は本研究が初であり、この言語の文法記述を大きく前進させると共に、類型論的にも重要な現象を数多く報告した。

　アヤクーチョ・ケチュア語の移動表現は、この言語の語彙意味論から形態統語論に至るまで、あらゆる領域の文法現象と結びついている。本稿で明らかにしたアヤクーチョ・ケチュア語の移動表現の類型論的特徴は、この言語の文法研究のみならず、人間の認知と言語表現のインターフェースを探る上でも多くの示唆を与えるものである。

参考文献

Adelaar, Willem F. H. (1977). *Tarma Quechua: Grammar, Texts, Dictionary*. Lisse: Peter de Ridder Press.

Adelaar, Willem F. H. (2012a). "Historical overview: Descriptive and comparative research on South American Indian languages". In: Lyle Campbell and Verónica Grondona, eds. *The Indigenous Languages of South America: A Comprehensive Guide*. Berlin: De Gruyter Mouton, pp. 1–58.

Adelaar, Willem F. H. (2012b). "Languages of the middle Andes in areal-typological perspective: Emphasis on Quechuan and Aymaran". In: Lyle Campbell and Verónica Grondona, eds. *The Indigenous Languages of South America: A Comprehensive Guide*. Berlin: De Gruyter Mouton, pp. 575–624.

Adelaar, Willem F. H. and Pieter C. Muysken (2004). *The Languages of the Andes*. Cambridge: Cambridge University Press.

Aske, Jon (1989). "Path predicates in English and Spanish: A closer look". In: *Annual Meeting of the Berkeley Linguistics Society* 15.0, pp. 1–14.

Bergh, Lars (1948). *Moyens D'exprimer En Fran͵cais l'idée de Direction: Étude Fondée Sur Une Comparaison Avec Les Langues Germaniques, En Particulier Le Suédois*. Goteborg: Rundquists boktryckeri.

Bohnemeyer, Jürgen et al. (2007). "Principles of event segmentation in language: The case of motion events". In: *Language* 83.3, pp. 495–532.

Campbell, Lyle (2012). "Typological characteristics of South American indigenous languages". In: Lyle Campbell and Verónica Grondona, eds. *The Indigenous Languages of South America: A Comprehensive Guide*. Berlin: De Gruyter Mouton, pp. 259–330.

Chow, Crystal (2021). "Expressing paths of motion in Apurimac Quechua". In: Angelica Hernández and Butterworth M. Emma, eds. *Proceedings of the 2020 Annual Conference of the Canadian Linguistic Association*. https://cla-acl.artsci.utoronto.ca/actes- 2020- proceedings/ [accessed June 2022]. Tronto: Canadian Linguistic Association.

Cole, Peter and Gabriella Hermon (2011). "Nominalization and case assignment in Quechua". In: *Lingua* 121.7, pp. 1225–1251.

Croft, William A. et al. (2010). "Revising Talmy's typological classification of complex event constructions". In: Hans C. Boas, ed. *Contrastive Studies in Construction Grammar*. Vol. 10. Amsterdam: John Benjamins, pp. 201–236.

Encyclopædia Britannica (n.d.). "Inca". In: *Encyclopædia Britannica*. https://www.britannica.com/topic/Inca. [accessed August 2022].

González Holguín, Diego (1607). *Gramática y Arte Nueva de la Lengua General de Todo el Perú Llamada Lengua Qquichua o Lengua del Inca*. Lima: Francisco del Canto.

Guillaume, Antoine and F. Rose (2010). "Sociative causative markers in South-American languages: A possible areal feature". In: Franck Floricic, ed. *Essais de Typologie et de Linguistique Générale, Mélanges Offerts à Denis Creissels*. Lyon: ENS Éditions, pp. 383–402.

Haiman, John (1983). "Iconic and economic motivation". In: *Language* 59.4, pp. 781–819. JSTOR: 413373.

Haspelmath, Martin (2021). "Explaining grammatical coding asymmetries: Form-frequency correspondences and predictability". In: *Journal of Linguistics* 57.3, pp. 605–633.

Kalt, Susan E. (2015). "Pointing in space and time: Deixis and directional movement in schoolchildren's Quechua". In: Marilyn Manley and Antje Muntendam, eds. *Quechua Expressions of Stance and Deixis*. Leiden: Brill, pp. 25–74.

Lefebvre, Claire and Pieter Muysken (1988). *Mixed Categories: Nominalizations in Quechua*. Dordrecht: Kluwer.

Luykx, Aurolyn, Fernando García Rivera, and Félix Julca Guerrero (2016). "Communicative strategies across Quechua languages". In: *International Journal of the Sociology of Language* 2016.240, pp. 159–191.

Matsumoto, Yo, ed. (to appear). *Motion Event Descriptions from a Cross-Linguistic Perspective*. Berlin: De Gruyter Mouton.

Matsumoto, Yo, Kimi Akita, and Kiyoko Takahashi (2017). "The functional nature of deictic verbs and the coding patterns of deixis: An experimental study in English, Japanese, and Thai". In: Iraide Ibarretxe-Antunano, ed. *Motion and Space Across Languages*. Amsterdam: John Benjamins, pp. 95–122.

Morokuma, Yuko (2022). "Quadrisyllabic ideophones in Southern Quechua: Constrained peculiarities in the phonology". In: *Asian and African Languages and Linguistics* 16, pp. 241–260.

Morokuma, Yuko (to appear). "Motion event descriptions in Ayacucho Quechua". In: Yo Matsumoto, ed. *Motion Event Descriptions from a Cross-Linguistic Perspective*. Berlin: De Gruyter Mouton.

Narasimhan, Bhuvana et al. (2012). "Putting and taking events: A crosslinguistic perspective". In: Bhuvana Narasimhan and Anetta Kopecka, eds. *Putting and Taking Events: A Crosslinguistic Perspective*. John Benjamins, pp. 1–18.

Parker, Gary J. (1963). *Ayacucho Reader*. Ithaca, NY: Cornell University.

Parker, Gary J. and Donald F. Sola (1964). *The Structure of Ayacucho Quechua*. Ithaca, NY: Cornell University.

Parker, Gary John (1969). *Ayacucho Quechua Grammar and Dictionary*. The Hague: Mouton.

Santo Tomás, Domingo de (1560a). *Grammatica o Arte de la Lengua General de los Indios de los Reynos del Peru*. Valladolid: Francisco Fernández de Córdova.

Santo Tomás, Domingo de (1560b). *Lexicon, o Vocabulario de la Lengua General del Peru*. Valladolid: Francisco Fernández de Córdova.

Shibatani, Masayoshi (2019). "What is nominalization? Towards the theoretical foun- dations of nominalization". In: Roberto Zariquiey, Masayoshi Shibatani, and David W. Fleck, eds. *Nominalization in Languages of the Americas*. Amsterdam: John Ben- jamins, pp. 15–167.

Shibatani, Masayoshi and Prashant Pardeshi (2002). "The causative continuum". In: Masayoshi Shibatani, ed. *The Grammar of Causation and Interpersonal Manipulation*. Amsterdam: John Benjamins, pp. 85–126.

Shimelman, Aviva (2017). *A Grammar of Yauyos Quechua*. Berlin: Language Science Press.

Soto Ruiz, Clodoaldo (1976). *Gramática Quechua, Ayacucho-Chanca*. Lima: Ministerio de Educación.

Talmy, Leonard (1985). "Lexicalization patterns: Semantic structure in lexical forms". In: Timothy Shopen, ed. *Language Typology and Syntactic Description. Language Typology and Syntactic Description. Vol. 3: Grammatical Categories and the Lexicon*. Cambridge, MA: Cambridge University Press, pp. 36–149.

Talmy, Leonard (1991). "Path to realization: A typology of event conflation". In: *Proceedings of the Seventeenth Annual Meeting of the Berkeley Linguistics Society* 17.1, pp. 480–519.

Talmy, Leonard (2000). *Toward a Cognitive Semantics, Vol. Ll: Typology and Process in Concept Structuring. Vol. 2*. Cambridge, MA: MIT Press.

Tenorio García, Víctor (2019). *Nuevo Diccionario Quechua: Musuq Runasimi Marka*. Ayacucho: Colectivo Cultural Amarti.

Torero, Alfredo A. (1964). "Los dialectos quechuas". In: *Anales Científicos de la Universidad Agraria* 2.4, pp. 446–478.

University of Hawaii at Manoa (2022). "Ayacucho Quechua". In: *Catalogue of Endangered Languages*. https://www.endangeredlanguages.com/lang/8125. [accessed July 2022].

Valdivia-Flores, Eritka (2014). "Quechua in the 21st century: From an endangered language to a revitalization". In: *Geolinguistics* 39.

van de Kerke, Simon and Pieter Muysken (2014). "The Andean matrix". In: Loretta O'Connor and Pieter Muysken, eds. *The Native Languages of South America: Origins, Development, Typology*. Cambridge: Cambridge University Press, pp. 126–151.

van Gijn, Rik (2014). "Subordination strategies in South America: Nominalization". In: Loretta O'Connor and Pieter Muysken, eds. *The Native Languages of South America: Origins, Development, Typology*. Cambridge: Cambridge University Press, pp. 274–296.

Weber, David (1989). *A Grammar of Huallaga (Huánuco) Quechua*. Berkeley, CA: University of California Press.

Zariquiey, Roberto and Gavina Córdova (2008). *Qayna, Kunan, Paqarin. Una Introducción Práctica al Quechua Chanca*. San Miguel: Pontificia Universidad Católica del Perú.

風間伸次郎（2014）「日本語の類型について―『アルタイ型言語』の解明を目指して―」『北方言語研究』4: pp. 157–171.

寺村秀夫（1992）『寺村秀夫論文集 I: 日本語文法編』東京：くろしお出版.

細川弘明（1988a）「アヤクチョ語」亀井孝・河野六郎・千野栄一編『言語学大辞典 第 1 巻 世界言語編（上）あ-こ』東京：三省堂 pp. 457–458.

細川弘明（1988b）「ケチュア語族」亀井孝・河野六郎・千野栄一編『言語学大辞典 第 1 巻 世界言語編（上）あ-こ』東京：三省堂 pp. 1589–1608.

吉成祐子（2017）「イタリア語の移動表現」松本曜編『移動表現の類型論』東京：くろしお出版 pp. 189–212.

諸隈夕子（2022）「ケチュア語アヤクーチョ方言の言語類型論的特徴」『東京大学言語学論集』44 pp. 235–278.

諸隈夕子（2023）「ケチュア語アヤクーチョ方言の示差的目的語標示と情報構造」『言語研究』163 pp. 1–28.

松本曜（2003）「タルミーによる移動表現の類型をめぐる問題―移動の意味論（1）」『明治学院論叢』695 pp. 51–82.

松本曜（2017）「移動表現の類型に関する課題」松本曜編『移動表現の類型論』東京：くろしお出版 pp. 1–24.

付録 A　実験協力者の一覧

表 A.1　A 実験協力者一覧

ID	性別	年齢	出身地
01	F	38	Huamanga
02	M	57	Huamanga
03	M	49	Huamanga
04	F	44	La Selva
05	F	40	Huamanga
06	M	45	Pampa Cangallo
07	F	21	La Mar
08	M	25	Vinchos
09	F	30	San Miguel
10	F	58	Huamanga
11	F	18	Mayupampa

表 A.2　C 実験協力者一覧

ID	性別	年齢	出身地
01	F	49	Huamanga
02	M	49	Huamanga
03	F	38	Huamanga
04	M	25	La Selva
05	F	44	Huamanga
06	M	57	Pampa Cangallo
07	F	18	La Mar
08	M	45	Vinchos
09	F	68	San Miguel
10	F	58	Huamanga
11	F	58	Vinchos

付録 B　用語集

移動タイプ（types of motion event）
: 移動物の移動の方法に着目した移動事象の分類を指す。本稿では、移動物が自律的に移動する事象を主体移動、移動物が外部からの働きかけによって移動する事象を客体移動、物理的な移動物は存在しないが、視線や道などが疑似的に移動物として解釈される事象を抽象的放射と分類する。

客体移動（caused motion）
: 外部からの働きかけによって移動物が移動する事象を指す。

局面（trajectory）
: 移動事象の区切りの基準となる、経路中の一地点を指す。本稿では、例えば移動が始まる地点を起点、移動が完了する地点を着点と呼ぶ。

経路（path）
: 移動物が辿る軌跡を指す。本稿では、例えば特定の地点へ向かう軌跡を TO、ある閉鎖空間の中へ向かう軌跡を TO.IN、上へ向かう軌跡を UP と下位分類する。

使役手段（means of causation）
: 移動物を移動させる使役行為の手段を指す。本稿では、例えば手で掴んで移動させる行為を MOVE.BY.HAND、呼びかけて移動させる行為を CALL と下位分類する。

主体移動（self-motion）
: 移動物が自律的に移動する事象を指す。

主要部（head）
: 主動詞語根を指す。

主要部外表示（head-external coding）
: ある概念を主動詞語根以外の表示手段で表示する表現パター

ンを指す。

主要部外要素（head-external item）
主動詞語根以外の文法的クラスを指す。本稿では、例えば格接尾辞、格接尾辞を伴う位置名詞、動詞接尾辞、副詞を全て主要部外要素として分析する。

主要部表示（head coding）
ある概念を主動詞語根で表示する表現パターンを指す。

単純経路局面（path in a simplex trajectory）
局面を1つだけ含むか、全く含まない経路を指す。本稿では、例えば「建物の中に入る」という事象を、建物の中という着点のみを含む単純経路局面と分析する。

抽象的放射（fictive motion）
物理的な移動物は存在しないが、視線や道などが疑似的に移動物として解釈される事象を指す。

直示（deixis）
話者から見て移動物が近づくか、遠ざかるかという相対的位置関係の変化を指す。本稿では、話者に近づく移動はTWRD.S、話者から離れる移動はAWY.FRM.S、話者と移動物の間の距離が変化しない移動はORTHOGとして分析する。

複雑経路局面（path in complex trajectories）
複数の局面が組み合わさった経路を指す。本稿では、例えば「椅子の上から箱の中に降りる」という事象を、椅子の上という起点と箱の中という着点を含む複雑経路局面と分析する。

放射の種類（type of emanation）
抽象的放射事象において、疑似的な移動物がどのようなものかの類型を指す。本稿では、視線を疑似的に移動物と解釈する放射の種類をLOOKとして分析する。

様態（manner）
移動物が移動する際の様子を指す。本稿では、例えば歩いて移動する様子をWALK、走って移動する様子をRUNと下位分類する。

両表示(ambi-positional coding)
　ある概念を主動詞語根と主動詞語根以外の要素で同時に表示する表現パターンを指す。

あとがき

　本書の執筆および本研究の遂行にあたっては、実に多くの方にお世話になりました。この場を借りて感謝の意を申し上げます。
　まず指導教員主査の長屋尚典先生からは、本研究におけるテーマ設定、調査の遂行、分析手法、理論的意義に至るまで、さまざまな側面からアドバイスとサポートをいただきました。松本曜先生からも、本研究の調査デザイン・分析・理論的背景の基礎となる Motion Event Descriptions across Languages プロジェクトのプロジェクトリーダーとして、数多くのアドバイスをいただきました。長屋先生と松本先生の両先生からは、本稿の執筆作業においても丁寧なご指導をいただき、深く感謝しております。
　長屋先生を含め、東京大学言語学研究室の先生方からも本研究に対して非常に有意義なコメントとアドバイスを数多くいただきました。修士課程での指導教員だった梅谷博之先生（現：明海大学）は、ケチュア語という日本では研究者の少ない言語の研究を志す筆者を温かく見守ってくださいました。海外からの貴重な書籍の取り寄せをはじめとする手厚いサポートは本研究の礎となっています。小林正人先生からは、アヤクーチョ現地でのフィールドワークを後押ししていただきました。初のフィールドワークで勝手がわからない筆者に丁寧なアドバイスとサポートをいただき、以降のフィールドワークにつながる大きな経験となりました。西村義樹先生からは、本研究に対し、意味論の観点から含蓄の深いコメントを数多くいただきました。論文の内容のみならず文章表現にも鋭く丁寧なコメントをいただいたことは、本稿の大きな支えとなっております。白井聡子先生からは、本研究室での交流が始まって間も無いにもかかわらず、本研究の内容に深く関連する事例や、議論の核心に迫る鋭いコメントを数多くいただきました。チベット＝ビルマ諸語における

動作の方向を表す動詞接尾辞は本研究のテーマであるケチュア語の方向接尾辞を類型論的にとらえるうえで大変興味深い事例であり、本研究にさらなる深みを与えてくださいました。最後に、2018年で言語学研究室を定年退職なされた林徹先生（現：放送大学）からは、筆者が学部生の頃からケチュア語の研究を見守り、トルコ語というケチュア語と似た文法的特徴を数多く持つ言語の観点から数多くの興味深いアドバイスをいただきました。退職以降もお会いするたびに研究活動を応援していただき、本研究を遂行する上で大変励みとなりました。このように数多くの先生から本研究のみならず研究者としての人生を支えていただきましたこと、心から感謝申し上げます。

　本書の内容は、松本曜先生がプロジェクトリーダーを務めるMotion Event Descriptions across Languagesプロジェクトにおける共同研究から多くの示唆を得ています。ここにプロジェクト参与者全員の名前を挙げることはできませんが、特に次にあげる先生方には論文集の執筆や研究成果の発表・共有を通じて大変お世話になりました。プロジェクトリーダーの松本曜先生（国立国語研究所）、吉成祐子先生（岐阜大学）、河内和博先生（慶應義塾大学）、守田貴裕先生（京都大学）、眞野美穂先生（大阪大学）、小嶋美由紀先生（関西大学）、長屋尚典先生（東京大学）、古賀裕章先生（慶應義塾大学）、高橋清子先生（神田外語大学）、石塚政之先生（東京大学）、山本恭介先生（東京外国語大学）、江口清子先生（大阪大学）、松瀬育子先生（ネワール言語文化研究所、国立国語研究所）、高橋亮介先生（上智大学）、モニカ・カフンブル先生（University of Warsaw）、バデマ先生、鈴木唯さん（東京大学）、谷川みずきさん（東京大学）。

　本研究を進める上では、研究発表の場におけるコメントとアドバイスが大きな支えとなりました。上に挙げた先生方や若手研究者の皆様は言うまでもなく、学会での発表を通じては、特に次に挙げる皆様から多くの有意義なコメントをいただきました。石川さくらさん（東京外国語大学）、内原洋人先生（東京外国語大学）、佐々木充文さん（東京工業大学）、柴谷方良先生（Rice University）、島健太

さん（東京大学）、中本舜さん（メキシコ国立自治大学）、林真衣さん（東京大学）、細羽洸希さん（東京外国語大学）、宮川創さん（国立国語研究所）、吉田樹生さん（東京大学）。中でも鈴木唯さん、島健太さん、谷川みずきさん、吉田樹生さん、林真衣さんは、日頃から同じゼミ生として互いの研究から大きく学ばせていただきました。

　本研究の遂行に際しては、アヤクーチョ・ケチュア語の話者およびアヤクーチョ市の皆様の献身的な協力が不可欠でした。とりわけ Irma Osno さんには、学部生の頃から聞き取り調査に快く協力していただき、本稿に限らず研究人生の大きな支えとなっております。Irma Osno さんをはじめ、実験調査に協力頂いた 15 名のアヤクーチョ・ケチュア語話者の方々には、心より深く感謝申し上げます。無論、本稿の誤りは全て著者の責任です。実験調査に直接協力頂いた方の他にも、調査協力者のご親族・ご友人の皆様、Hotel Misky Samay 従業員の皆様、El Centenario Mercado de Ayacucho 従業員の皆様、Centro Artesanal Shosaku Nagase 従業員の皆様にはアヤクーチョ滞在中の生活を支えていただきました。さらに、本研究の書籍としての出版にあたっては、ひつじ書房様の丁寧なサポートが欠かせませんでした。

　本稿の内容の多くは、2019 年 2 月から 4 月にかけてアヤクーチョ市で行ったフィールドワークの成果に基づいています。このフィールドワークの遂行中に、新型コロナウイルス感染症のパンデミックが発生し、ペルー国内の行動制限・国境封鎖により調査の続行、帰国が困難になりました。このような状況下で現地滞在および帰国に向けてサポートいただいた皆様に心より感謝いたします。指導教員である長屋尚典先生と研究プロジェクトのリーダーである松本曜先生をはじめ、ラテンアメリカを専門とする研究者としてアドバイスいただいた内原洋人先生、在ペルー日本大使館の皆様、東京大学文学部および言語学研究室事務員の皆様、国立国語研究所事務員の皆様、Mickey Travel 従業員の皆様およびハイヤードライバーの皆様、アヤクーチョ市民の皆様、筆者の家族にも大変お世話になりました。

　また、本研究は JSPS 科研費 JP21J13736、JP19H01264（代表：

松本曜）、JSPS 研究成果公開促進費 JP24HP5050、2019 年度東京大学博士課程研究遂行協力制度および 2019 年度布施学術基金学術奨励費（若手研究者研究費）、2024 年度東京大学学術成果刊行助成制度の助成を受けています。また、本研究は国立国語研究所基幹型共同研究プロジェクト「対照言語学の観点から見た日本語の音声と文法」（代表者：窪薗晴夫）の支援を受けています。

　最後に、母の蕾華、父の春男、妹の花鈴、猫の海は、温かく研究生活を支えてくれました。さらに、フォルクローレを通じてケチュア語研究のきっかけとなった東京大学民族音楽愛好会の皆様や、筆者の研究について紹介する場をくださった鷗友学園女子高等学校の皆様をはじめ、友人や恩師の激励もこの研究の大きな支えとなっております。

　全ての方のお名前を記せないのが遺憾ながら、本研究をご支援、ご激励いただいた皆様に改めて心からの感謝を申し上げます。

索引

A

A実験 87, 88, 97, 236, 251, 257, 262

C

C実験 88, 175, 239, 254, 259, 263

M

MEDALプロジェクト 86
-*mu* 51, 74

P

pasa 71, 241, 243, 245, 246, 249, 267
-*pu* 74
put/take動詞 72

R

-*rqu* 51, 53, 73, 269

W

-*wa* 43, 45, 74

Y

-*yku* 51, 53, 73, 170, 262, 263, 265, 268

あ

移動事象表現タイプ 7, 8
移動タイプ 83

か

客体移動 9, 84, 90, 172
客体移動場面 90
客体移動表現 8
境界越え 229, 232
経路 6, 70, 83, 84
経路タイプ 228, 232, 275
経路局面 84
経路主要部外表示 168
経路主要部外表示型言語 171
経路主要部表示 168, 228, 274
経路主要部表示型言語 168, 171
経路動詞 6, 71, 172, 236, 239, 265
経路表示 88
経路表示手段 265, 275
経路両表示 3, 98, 108, 169, 274
ケチュア語 1, 13

さ

使役経路動詞 72, 172
使役手段 83, 85
使役手段動詞 73
視覚動詞 73
主体移動 8, 84, 90, 98, 172, 228, 275
主体移動場面 89, 90
主体移動表現 8
主要部 8, 86
主要部外要素 86
上下移動 229, 231, 232

た

多機能性 245, 251, 265, 275

単機能性　245, 265, 275
単純経路局面　84, 91, 92
単純経路局面場面　92, 230
抽象的放射　9, 84, 172
抽象的放射場面　92
抽象的放射表現　8
直示　7, 9, 70, 83, 85
直示動詞　72
直示表示　88
動詞枠付け言語　7

は

附随要素　7, 8
附随要素枠付け言語　7
複雑経路局面　84, 91, 92
複雑経路局面場面　92, 230
放射の種類　83, 85
方向接尾辞　2, 51, 73

や

様態　6, 70, 83, 85
様態動詞　6, 71
様態表示　88

諸隈夕子（もろくま ゆうこ）

略歴

1995年生まれ。神奈川県出身。東京大学大学院人文社会系研究科博士後期課程修了。博士（文学）。現在、弘前大学人文社会科学部助教。

主な論文

「ケチュア語アヤクーチョ方言の示差的目的語標示と情報構造」『言語研究』163号（2023年）、「Quadrisyllabic Ideophones in Southern Quechua: Constrained Peculiarities in the Phonology」『アジア・アフリカの言語と言語学』16号（2022年）、「ケチュア語アヤクーチョ方言の自他交替：心理動詞の両極性に着目して」『東京大学言語学集電子版』42号（2020年）。

ひつじ研究叢書〈言語編〉第209巻
アヤクーチョ・ケチュア語の移動表現
実験的手法を用いた類型論的研究

Motion Event Descriptions in Ayacucho Quechua:
A Typological Study Based on Experimental Research Methods
MOROKUMA Yuko

発行	2025年2月20日　初版1刷
定価	8800円＋税
著者	©諸隈夕子
発行者	松本功
ブックデザイン	白井敬尚形成事務所
印刷・製本所	亜細亜印刷株式会社
発行所	株式会社 ひつじ書房

〒112-0011　東京都文京区千石2-1-2　大和ビル2階
Tel: 03-5319-4916　Fax: 03-5319-4917
郵便振替 00120-8-142852
toiawase@hituzi.co.jp　https://www.hituzi.co.jp/

ISBN978-4-8234-1269-1

造本には充分注意しておりますが、落丁・乱丁などがございましたら、小社かお買上げ書店にておとりかえいたします。
ご意見、ご感想など、小社までお寄せ下されば幸いです。

刊行のご案内

日本語と世界の言語の名詞修飾表現
プラシャント・パルデシ、堀江薫 編　定価8,800円＋税

類型論から見た「語」の本質
沈力 編　定価6,800円＋税

刊行のご案内

A Descriptive Study of the Modern Wolaytta Language
若狭基道 著　定価45,000円＋税

言語の能格性
今西祐介 著　定価3,800円＋税

刊行のご案内

〈ひつじ研究叢書（言語編） 第187巻〉
アラビア語チュニス方言の文法研究
否定と非現実モダリティ

熊切拓 著　定価9,000円+税